城市研究系列

Urban Studies

城市研究系列

主　　编　　周　宪　［加］罗伯·希尔兹

项目总监　　任　晖

凤凰文库

城市研究系列

文化崩溃

创意阶层的衰落

Culture Crash

[美] 斯科特·蒂姆伯格 著

杨春丽 译

江蘇鳳凰教育出版社
Phoenix Education Publishing, Ltd

图书在版编目(CIP)数据

文化崩溃:创意阶层的衰落/(美)斯科特·蒂姆伯格著;杨春丽译.—南京:江苏凤凰教育出版社,2017.8

(凤凰文库.城市研究系列)

ISBN 978-7-5499-6698-1

Ⅰ.①文… Ⅱ.①斯… ②杨… Ⅲ.①城市文化—文化研究—美国 Ⅳ.①C912.81

中国版本图书馆 CIP 数据核字(2017)第 182381 号

Culture Crash: The Killing of The Creative Class

书　　名　文化崩溃:创意阶层的衰落
著　　者　[美]斯科特·蒂姆伯格
译　　者　杨春丽
责任编辑　丁　维
出版发行　江苏凤凰教育出版社(南京市湖南路 1 号 A 楼　邮编 210009)
苏教网址　http://www.1088.com.cn
照　　排　南京紫藤制版印务中心
印　　刷　江苏凤凰通达印刷有限公司(电话 025-57572508)
厂　　址　南京市六合区冶山镇(邮编 211523)
开　　本　787 毫米×1092 毫米　1/16
印　　张　16.25
版　　次　2017 年 8 月第 1 版　2017 年 8 月第 1 次印刷
书　　号　ISBN 978-7-5499-6698-1
定　　价　48.00 元
网店地址　http://jsfhjycbs.tmall.com
公 众 号　苏教服务(微信号:jsfhjyfw)
邮购电话　025-85406265,025-85400774,短信 02585420909
盗版举报　025-83658579

苏教版图书若有印装错误可向承印厂调换
提供盗版线索者给予重奖

出版说明

城市研究领域很深广，涉及多学科内容。经济、政治、文化、环境、资源、规划、可持续发展等主题，都与城市有关。这些主题大致涵盖了实体的物质空间和抽象的文化空间，也许在一定程度上与当代生活有关的问题大多是城市问题。

"城市研究系列"即是对中国城市化进程中可能遭遇的各种问题在理论上的一种回应。"系列"以经典性与前沿性为导向，理论研究与实证研究并重。在内容方面重点关注与城市主题有关的经典性著作、各学术流派的代表作、当代前沿问题研究、城市研究新理论、城市文化现象与发展方向的探讨等。这些内容不仅追溯了城市发展的历史进程中诸多富有影响力的节点，也契合了当前社会的热点和趋势。

"城市研究系列"既重视国外先进的城市研究著作的引入，也重视国内城市研究领域中优秀的原创著作的出版。我国的城市研究起步较晚，引入国外先进的学术理论，其目的是丰富我们认识城市的路径，建立更加科学的观照体系，从而形成并完善我们本土的城市理论系统建构。

作为中国城市化进程的目击者、参与者、解释者、引领者，我们有责任告诉世界这个历史悠久的农业大国在这一巨大的城市化转型中所发生的一切。而城市本身所具有的多样性与复杂性，也值得我们去探究，去呈现，去引领。

我们期待“城市研究系列”这一高水准的中外城市理论研究出版平台所带来的新角度和新方法，所开启的新视野，所探讨的新问题，能为我国新型的城市化进程提供充分的学术支持。

江苏凤凰教育出版社

献给萨拉，她帮助我们度过这一波创意崩坏的浪潮；

献给伊恩，愿他能亲眼看见这个故事如何结束。

在任何一代人里，只有艺术家面对当下……艺术家绝对不可缺少，因为唯有他在面对当下时能辨认规律。唯有他能用感官意识告诉我们世界是由什么构成的。他比科学家还重要。

——马歇尔·麦克卢汉，1968

他无法听到事物的出现。它比声音的速度跑得更快。你从它那里得到的第一个消息就是一股强劲的气流。这时，如果你还在原地，你就听见了它出现的声音。

——托马斯·品钦，《万有引力之虹》(*Gravity's Rainbow*)

目录

引言：我们一起垮掉

我很快习惯了在屋里团团转。那时我常对自己说，一切都会过去。但是，又有不幸的消息传来，然后我一筹莫展——或者迫不得已把严肃的信息传递给自己在乎的某个人，这样我无论在哪间屋子里，唯有手握电话，慢慢转圈，努力理清头绪或者尽力让电话那端的人感到好受一些。这么做，就很难稳稳地站着，只能转圈儿。

这一次我在俄勒冈州的波特兰，一位大学老友家的地下室里。我刚刚睡醒，准备到乡间出行一天。这时，手机响了，手机的小屏幕上闪着我妻子的脸庞，此时她正在洛杉矶我们的家里。她丝毫没有浪费时间："银行正在起诉我们。"她起床后，正好看见快递员将一条公文贴在我们的前门上。那人只说了一声"不好意思"，就离开了。我的妻子将复印的表格从门上揭下来——一式三份——这是世界最大的银行之一率先采取的法律行动，要把我们的小房子收走。为了让妻子从绝望中走出来，我对她百般安慰。此时，我感觉自己踱步的速度之快，足以在我朋友的石头地板上踏出一条深沟。

银行采取行动，这并非完全出乎意料。已经有一段时间，我们连续收到坏消息和不祥的警告，但总是虚惊一场；还有用英语和西班牙语撰写的通函寄到我们的住址，说要提供“帮助”。2008 年，房地产界有一位敢于冒险的巨头收购了我为之撰稿的那家报纸。这位巨头使公司走向破产，在这前后几个月的时间里，报社解聘了几百人，比员工的三分之一还要多。我们本该预料到这些事情会发生。这份报纸连续更换主人，变换各种管理制度，但是我们通常对此视而不见，告诉自己，我们只是尽心竭力地服务于“读者”——这位读者，我们从未谋面，但我们希望吸引他理想化的兴趣和好奇心。然而，市场的力量、新科技、企业莫名其妙地更换主人，当这些因素联手撕碎我们的企业时，读者亦无能为力。

在接下来的几年里，我的家庭过得十分艰难。我持续写作，但是稿费越来越少。有天晚餐时，我居然对五岁的儿子说，我们将从他出生以来一直生活的这个家里搬出去，只是还不知道什么时候搬家，也不知道搬到哪儿去，搬家的原因我们还真的跟他说不清楚。当时，他正坐在我们光景好的时候购置的北欧风格的幼童高脚椅上。他抬起头，说：“不过，我们会搬回来的，是吗?”大约一年后，一切成为事实。锁匠上门，用一把锁将我从人生的第一处房子里赶了出来。我不自觉地注意到锁匠来时开的汽车很新，很奢华，我那辆开了 17 年的本田哪儿比得上啊！

当然，有许多人和我同病相怜。与我下岗同时发生的，还有华尔街几家举世闻名的银行和贸易公司也倒闭了，这说明倒霉的并非只是记者。过去 20 年里，我一直在新闻行业里撰写与各类型文化（摇滚乐队、平面艺术家、钢琴调音师、古典音乐作曲家、先锋派漫画家）相关的文章，因此我认识许多遭遇挫折的人。我认识的建筑师们亲眼看见自己的行业突然崩溃。有一些我特别钟爱的书店急匆匆地廉价处理存货，继而关门停业。我有一位才华横溢、精力旺盛的朋友，原本是摄影师，为迁就工作的稳定而去做图片编辑，但还是丢了工作，等于两度失业。在俄勒冈州，我有一位表兄，他创办了一家小型的平面设计公司，尔后公司倒闭，他住进了弟弟的地下室。有一对夫妇，在美术馆工作，性情温和，有美术天赋，最终还是去中西部的一个家庭农场务农了。对创意行业不离不弃的人们，他们的婚姻和友谊常常蒙受额外的损失。有一位邻居，他那可爱的小女儿常和我的儿子一起玩耍，因而我认识他。他是一位动画片制作者，他不仅失去了工作，最后还失去了健康和婚姻。有一位风景画画家，是我一位亲密的朋友，他眼看着自己的收入随着市场的崩溃而缩减一半。有一天晚上，他带着曼陀林过来，我俩开始演奏原声二重奏，我们唱起悠扬忧伤的乡村歌曲。这些歌曲有一些是经济大衰退时期的。（乐队是用来娱乐的，而不是用于心理治疗。大难临头，幽默感在我们各自的妻子那里都不奏效，她们不清楚我们还能在中产阶层中支撑多久。）不久，我的这位朋友和他的家人卖了房子，离开了美国。我担心我们也有可能必须离乡背井去流浪。

我作为一名有敏锐观察力的记者，这样走进创意阶层，是相当常见的。我生长在中产阶层的家庭，从未幻想有一天成为富豪，但是我相信只要我尽最大努力去工作，让自己浸润于人类思想和语言的精髓（有人曾经使用这样的术语，如今听起来都成了古董）之中，我便能真正成为优秀的人。我的家庭讲究实际，暑期找份工作，拥有 3A 级的信用等级，定期更换机油。我读完詹姆斯·乔伊斯的《都柏林人》（*Dubliners*）之后，获得了一个看问题的新方式：在你能够看见的世界的背后，若你窥视的角度恰到好处，还能看见另外一个世界。我周围的人常常对我说，他们不信宗教，但是追求“精神之崇高”。这两者我都不追求，因为艺术和文学没有十字军东征，不行膜拜仪式，无须馨香的蜡烛，却一直在做所有宗教该做的事。

上小学时，我无休止地播放甲壳虫乐队的专辑《左轮手枪》，最终了解乔治·马丁制作的专辑的每一个细节；上高中时，我沉溺于库尔特·冯内古特的作品，读了又读；上大学时，我一头扎进托马斯·品钦的著作里，同时比利·霍利戴的歌声令我心醉神迷；后来做实习生时，我又迷恋伊丽莎白·毕晓普和路易斯·布努埃尔。总之，即使我并不期盼自己成为爵士乐乐手或超现实主义的电影制作人，我仍想接受伟大艺术作品的熏陶。有人在文化领域工作，既没有致富也没有破产，我属于这类人的第三代。我祖父在巡回演出的歌舞团里弹钢琴，也给黑白卡通片创作主题曲；我祖母在齐格菲尔德的综艺表演中当舞蹈演员。他们的儿子，也就是我的父亲，撰写政论文章，并以此为生。我母亲，和她那个家族中的许多女性一样，在学校教书；她们当中有些是英文老师，将自己对文学的热爱传播出去。我的姑姑和叔叔在罗德岛设计学院受过专业训练，他们是平面造型艺术家。

我是在斯坦福大学医院出生的。我父亲在越战中受了重伤，正在康复期间，研究了学校的新闻专业，所以我后来从事新闻事业也就有了某种象征意义。我少年时梦想成为"作家"——高中时就小有成就，发表过短篇小说——找一份当记者的工作，对于我这样在郊区长大，不喜欢风险的孩子来说，算是不错的选择。当我攻读新闻学硕士学位以及无薪实习时，身负巨额学生贷款。因此，但凡力所能及的，我都去做——为大学的报纸供稿，在唱片店工作，去书店工作，获得最低的报酬。这一切就为了一个目标：将我的壮年时代都奉献出来，记载文化的缔造者，记录文化的形成。我经常免费供稿，因此赢得一个不幸的荣誉：一家不付薪酬的出版物的正式撰稿人。但是，有那么一段时间，我的生活过得相当好。我做第一份真正的工作时，白天把有截稿时间的报道发送给报社，晚上就沉浸于烟雾缭绕的摇滚乐俱乐部里或者在诗人詹姆斯·梅里尔所言的那"黄杨木造的永恒的迷宫"里追寻巴赫。

我三十出头时已经在给美国四大报业集团中的一家撰写稿件。我充满了新的能量，感觉脱颖而出，因而沾沾自喜。几年后，我就有了一份看上去是我梦寐以求的工作：为有生以来遇到的最好的编辑供稿，采访小说家，记述作家的故事，撰写文学界的学术动向。我夜以继日地工作，成就感有时就是这样产生的。我和我妻子与许多初为父母的人们一样，夜里至少被吵醒一次。我有许多书要读，了解它们的内容，但是我只要拿起一本来读，就立刻睡着了。2008年秋天，因为我是“多产”作者，我的收入得到少许提升，也赢得些许赞扬。然而，几周后，这一切戛然而止，一个戴着萨拉·佩林同款眼镜的、手持写字夹板的女士告诉我，五点前我必须清空桌子，离开这栋建筑。尽管白宫的一位发言人曾说过要保护那些努力工作、遵纪守法的人，但是对于丢了工作又竭力守住房子的人们来说，这种安慰可谓微不足道。（与此同时，给我们提供抵押贷款的那家大银行，一直因为我们缴纳的税款而免于倒闭，现在却拒绝和我们协商来拯救我们的房子。）因受安·兰德著作的启发，以及对那些在困难时期希望得到政府帮助的人的憎恶而导致的一场彻头彻尾的政治运动会左右选举结果，影响越来越大，足以在五年后使美国政府瘫痪。他们会谴责像我这样的人，说我们是“失败者”，有时说得更难听。

我讲述这个故事，并非因为这件事降临到我头上或者发生在我朋友的身上。放宽视野，看看我们文化的走向，就会看见我们身处的窘境甚至比经济大衰退还要严重。互联网和其他数字化的创新已经把一些行业咬去了一大块——例如，通过盗版甚至用完全合法的途径挖去音乐产业的内脏——这不仅仅是科技造成的问题。有些因素是新出现的，例如文件共享；有些因素的历史比美国的历史还悠久；有些因素是周期性的，几年后就会过去；有些因素是结构性的，时间愈久愈糟糕。有一套更大的错综复杂的关系在起作用——这些因素在有些情况下互不相关，但是到了21世纪最初的几十年，它们就结合在一起，挫伤了创意阶层的元气。

这些变化已经破坏了过去200年文化创造的方式，艺术家以及许多支持、传播艺术的人面临惨淡的经济前景。然而，还没有什么能够取代原来的方式。我们最终付出的代价是：艺术衰落，我们对自己、对他人、对人类永恒精神的理解大大削弱。

经济大衰退固然强化、恶化了这些变化，但是这些变化在更早的时候已经发生，即使经济的其他因素得以复苏，几乎可以肯定地说，这些变化在未来若干年会持续存在。互联网和智能手机固然是重要的因素，但不是唯一起作用的力量。目前人们对米利·赛勒斯和YouTube播放宠物猫弹奏钢琴的视频有诸多抱怨。但是，就威胁创意阶层的这些历史性的转变来说，我们显然刚刚开始，这段路还没有走到中途，当然更没有到达终点。

文化缔造者时运不济，令人惊骇；常常遭受冷嘲热讽的文化支持阶层——唱片店的职员、巡回乐队管理员、评论家、时事评论员，还有人们所说的剥削他人劳动的唱片公司等——正被迫走出文化产业。长久以来，这个庞大的文化中产阶层将艺术家和艺术受众联结起来，他们扮演的角色从未得到充分的赏识。倘若没有他们，大部分优质艺术就会沦落为杳无人烟的森林里的树木，独自凋零；而每一位艺术家，无论禀赋如何，都必须既是制作者，又是承办人，广告商。

几股至关重要的绳索已拧在一起，难以分开。它们使文化更廉价，那保证创意阶层欣欣向荣的中产阶层的根基已经动摇。它们强化了当前“金钱和成功乃唯一要事”这一理念。从长远来看，需要谋生的人就会找别的事去做。“如果谁都挣不到钱，”戴维·拜恩问道，“你认为还会有人坚持投入时间和精力吗？”能够在文化领域里工作的人只有那些不需要补偿的人——名人、富人、享有终身职位的学者。

我们是如何沦落到这般境地的？有历史原因，有经济原因，也有科技的原因，还有一些原因则涉及不断变化的社会规范。

自文艺复兴开始，我们就把艺术、文化同财富、权贵联系在一起。米开朗基罗、提香以及其他此类艺术家都成了文化的神；主教和皇帝都崇拜他们。这在当时也很有趣，但是这种关系造就了长期的、严重的问题。到了近代，霍雷肖·阿尔杰的故事在其后两个世纪以来营造了一种有巨大影响力的文化，这种文化对名人有至高无上的敬重，忽视历史的力量，对物质条件视而不见。另一方面，艺术家对市场经济感到不适，这至少可追溯至查尔斯·波德莱尔，这种不适导致放荡不羁的文化人的自我欺骗，并陷入另一个僵局。（无论如何，对19世纪的巴黎所做的历史研究清楚地表明，当时放荡不羁的文化人和中产阶层都与对方明确地划清了界限，然而他们的相似之处远远超过各自显露出来的特征。）

简言之，现代时期伊始，我们一直在欺哄自己。我们习惯把有创造性的人视为在空中翱翔的神或交了厄运而住在阴沟里的人。当然，有些人过去这样认为，有些人现在还这样认为。但是，这两种联想都使一个事实变得模糊，那就是：正如我们所理解的，文化往往起源于中产阶层，文化的传播和生命力依赖中产阶层的受众，而且使大多数文化实践者有幸进入中产阶层。当然，例外的情况也颇多。但是，像弗吉尼亚・伍尔芙以及布鲁姆斯伯里文化圈里的其他成员均属中上阶层，这也很正常；美国文化有很大一部分也扎根于中产阶层的市民。甲壳虫乐队在他们那个时代基本上也属于中产阶层，当然美国人会把他们和利物浦的无产阶级联系在一起；尽管滚石乐队自我神化为狂野危险的波西米亚人，他们也属于中产阶层。自20世纪60年代开始，英国的摇滚乐大多从艺术学校里的中产阶层崛起，包括华丽摇滚、政治上激进的后朋克。大多数爵士艺术家，无论黑人还是白人，无论传统的还是新潮的，起点都是中产阶层，他们希望最终还是中产阶层；许多人因为"退伍军人福利法案"[①]这一类的政策方案而过上了稳定的生活。大多数作家、视觉艺术家、建筑师、新闻工作者、博物馆或美术馆的馆长、广告人员均来自中产阶层，如果他们尽力而为，最终还停留在中产阶层。但是，这些故事鲜有人讲，而且在创意阶层中，有成千上万的人从未在杂志的人物简介中出现过，他们的经济基础更为模糊。

也就是说，艺术家和工匠这个看不见的阶层，他们的命运值得我们认真对待。我们对他们的了解甚少。因为几个世纪的谎言和误解，我们

---

① "退伍军人福利法案"（the G.I. Bill）是1944年美国通过的一项法案，保证对第二次世界大战后退伍的军人给予财政援助，其中包括提供资金帮助他们安家，接受教育。后来，这项法案将福利范围扩大至所有曾在军中服役的人。——译者注

没有稳定的环境去考虑他们。倘若要修复现在的裂痕，我们必须尽可能清楚地了解形势及其各个层面。

在创意阶层内外，创造性都令人神往。马尔科姆·格拉德威尔及他的追随者们目光敏锐、充满激情地描写产品设计师、计算机工程师从事创造性工作的方式，将他们和真正的、毋庸置疑的艺术家——W. H.奥登、鲍勃·迪伦和甲壳虫乐队——放在一起讨论，强调了所有这些人物的共同之处。像戴维·布鲁克斯这样的权威学者描写了中产阶层放荡不羁的文化人如何采纳创意人士的品位——穿休闲服装，喝精选咖啡，使用笔记本电脑，对审美有浓厚的兴趣；而且这跟他们谋生的方式无关。这些学者在很多方面的观点都是对的。但是，有一点很重要，需要指出：这些言行与众不同的公司职员和赶时髦的律师所效仿的那些实实在在的艺术家，大多数都不如他们生活得好。对艺术工作者以及那些在企业机构以外追求创造力的人来说，时髦的艺术生活方式——熬夜、穿黑色衣服——并没有给他们创造更多机会，也没有带来更多受众。

创意阶层究竟是什么？理查德·佛罗里达这位城市理论家在描述创意阶层方面做了最多的工作。他把这个群体定义为高强度使用大脑的任何人——这样，科学家、医学专业人士、软件工程师就和爵士乐小号演奏家、抒情诗人混在一起。这在有些情形下可能是有意义的。但是，要对创意阶层产生更有用的理解，我们应当考虑创造和传播文化的任何人。因此，我所指的是雕塑家、建筑师以及流行音乐节目主持人、书店的职员、剧场的设计师、出版社的编辑等等。至少自文艺复兴以来，有一个支撑文化的阶层一直起着关键性的作用。我们眼中孤独的、有创造力的天才形象主要是浪漫主义时代的圣物。没有创意人士，文化就无法抵达受众，因为孤掌难鸣。

任何“阶层”实质上的范围都很宽。比如，中产阶层，是一个模棱两可、弹性十足的术语，我们已经使用了很久。这个阶层一路发展而来，包含从汽车工人、小学教师到航空航天工程师等各行各业，涉及很多可能的层次和等级。（乔治·奥威尔曾说自己出身于“高低中阶层”。）但是，此类社会学术语的实用性并不依赖于其内涵的同质性。

一位我仰慕的小说家曾说，在行业协会、专业领域里工作的人们（建筑师、记者或出版商）无论有多强的创造力，他们和作家之类的人（受非理性、浪漫冲动的驱使而去创作、绘画等的独立艺术家，他们不会设想会有物质上的回报）几乎没有共同之处。我认可这些差异，但是我认为创造性艺术领域中的所有人，无论处于哪个层次，都有许多共同之处。科学将自身分为“纯科学”和“应用科学”两大类，接下来还有无数的学科分支，但是，从本质上看，它们都归结于同一类。已故诗人唐纳德·加斯蒂斯曾描述过投入创造性活动的冲动。我认为，创意阶层的人们无论身处何种职位，大多数人都有这种欲望。就一个重要的方面来说，我那位写小说的朋友是对的：这种生活往往意味着要放弃传统生活中的舒适性和确定性。

加斯蒂斯说：“在人生的某个阶段，通常在青少年时期，艺术家全身心地投入艺术。他们的誓言可能未构成体系或公之于众，但是他们心知肚明，自己确确实实立誓奉献。对这一点，我毫不含糊。这种身心的投入蕴含着重要的意义和强烈的情感，人们多年以后也许很难回想起来，尤其是职业生涯中经历的激动兴奋、荣辱沉浮以及短暂的成功，或者运气好的话，只是经历几场短暂的失败……我们可能变成了 J.F. 鲍尔斯小说中的牧师，教区的俗务缠身，因此，当初把自己奉献给上帝的高尚动力似乎有点自相矛盾。但是，对我们有些人来说，只要它还是一个唠嗑悄悄话和罪孽感的地方，它就一直在那儿。”社会评论家李·西格尔指出：“失去某种东西的缺失感让你在日常生活中得不到满足，所以你的心就转向这些看不见的东西。”

尽管加斯蒂斯对艺术行业充满浪漫主义精神，他却给自己的文章命名为“遗忘：主题变奏曲”。在艺术行业里，即使是最有才华的人，其结局往往不是成名，而是被人遗忘。我们所有的人，一旦走出校门不再由父母供养，就不再单纯地依赖最初的灵感，而是依赖一种基础结构。这种基础结构将创造力带入更大的文化环境里，而且以某种方式为那些创造、传播、评估这些艺术品的人们提供帮助。今天，这种不可或缺的基础结构存在风险，危及整个创意阶层。

创造性最终并不涉及自我实现，而是关乎工作、生活重心、行事缜密。短篇小说大师托拜厄斯·沃尔夫从实用的角度看穿了这个道理。“文学使我和其他人的生活成为可能，但它不是既定的事实，”他写道，“它必须由那些乐意忍耐孤独、承受不安定工作的人们日复一日地去创造。创作的确产生快乐，但它通常是呕心沥血的工作。”

我们无论从事歌曲创作，在伦纳德·科恩所称的“歌之塔”（最优美的歌曲永远存在的地方）里拥有一套顶层高级公寓，还是在书店里工作，传播对厄休拉·勒吉恩的热爱，我们都属于这个群体。

因此，我描述的这个群体涉及的范围颇广，但是我只关注这幅较大的地图上特别的几块。比如，我不甚关注詹姆斯·卡梅伦或者坎耶·韦斯特：名人、娱乐公司，无论境况好坏，几乎都不需要辩护人。在电影公司或者大型唱片公司这类机构里，那些幸运儿、得到充足的资金资助的人，只要他们不自毁，都能挣得盆满钵满，并向我们证明一切平安无事。虽然这些人物毫无疑问都具有创造性，但他们远远处于创意阶层现实的边缘，当属例外的情况。同样，苹果、脸书、华纳兄弟等公司的季度利润强劲增长，但这并不意味着整个创意阶层繁荣昌盛；石油巨头刷新纪录的利润也无法转化为中产阶层的繁荣与富足。当你把最富有的、曝光最多的艺人以及他们的宣传员、设计师从创意阶层里排除出去，剩下的就是一个庞大的群体，涵盖影视、小说、诗歌、音乐、新闻、戏剧等等。

创意阶层面临的挑战比看起来的还要多。在这一方面，我主要关注的不是创造性如何得以存在（人类体验中的这一方面永远都不会完全消失），而是才华横溢、勤奋努力之人是否一直有机会行使创造性。此处成败难料，风险远远大于唱片商店的雇员或建筑师的职业前景。这归结于某种东西，它不仅仅涉及审美，还与美国的身份，甚至与我们根深蒂固的民族神话和传说有关，即精英社会这一理念。无论是文化创造、传播还是文化批评，文化世界中的生活是否只有那些幸运儿或出身名门之人才有机会追求？如果文化领域内的工作仅属于富豪或那些有公司资助的人，那么我们就丧失了艺术赖以立足的独立的视角。对新闻记者来说，更是如此。

如果我们不慎重对待艺术工作，它就会像度假屋一样变成奢侈品。正如一个民主国家受益于一个庞大、安稳、见多识广的中产阶层，我们也需要一个富有活力的创意阶层。风景绘画、爵士乐独奏，不能保证让一个人气质更高贵，品行更端正。但是，若有一个范围宽广的阶层在文化领域安身立命，它就能确保社会更加美好。这本书要论述这个阶层为何值得拯救。

有朝一日，会有一个响亮的名字来指代我们正生活的时代，但是在当下，在 2008 年的经济衰退过后若干年，美国的生活仍然是充满污迹、破损不堪的一页书，难以看懂。有些美国人已经从经济大衰退中得以恢复或至少稳定下来。公司的利润处于不断刷新纪录的水平，繁荣昌盛的不仅仅是石油公司。科技公司变得和单一民族的独立国家那样庞大：苹果公司的市值赶上了沙特阿拉伯的 GDP。

对许多电脑程序员、监管社会媒体的公司经理以及符合佛罗里达对“创意阶层”的定义的其他一些人来说，前景是好的。电子游戏的创造性是由政府研究经费资助的；高科技繁荣发展。创意阶层应当是后工业时代美国经济新的发动机。受过良好教育、灵活运用笔记本电脑的这个群体愈加庞大，美国也随之强大。

但是，对于那些在基层从事思想、文化和创造性工作的人们（创意阶层中的劳动阶层或中等阶层）来说，前景不容乐观。图书编辑、新闻记者、影像店职员、各个类型的音乐人、没有终身职位的小说家——他们所属的许多群体因经济萧条和互联网令人沮丧的结合而雪上加霜。从他们的角度看，创意阶层正逐渐消失。

这种崩溃以不同的程度在各个层面上发生。唱片商店和独立书店持续倒闭；报社和杂志社公布一波又一波下岗员工的名单。淘儿唱片店2006年破产，致使3 000人失业。2011年，博德斯图书集团破产，大约700家书店关门，约有11 000人失业，这是近期一个最实实在在的例子。火箭录像店是洛杉矶挣扎到最后的几家音像出租店中的一个，不久也倒闭了。从大的规模上看，根据《美国新闻与世界报道》(*U.S. News and World Report*)的估计，在2007年以后的三年里，在传统的出版业和新闻业里，大约26万个工作岗位不复存在。根据报业裁员网站显示出来的信息，单就报纸业来说，2008年之后的三年里，就削减了4万多个职位。

在这些雇员里，有一些是躲在桌子或柜台后面消磨时间的年轻人；他们的确遇到了艰难的时刻，但是他们会寻机东山再起。但是，这些年，受过教育、才华横溢、经验丰富等这些因素无法保证一个"知识工作者"有能力谋生。(受过教育、才华横溢、经验丰富这些用以定义佛罗里达的创意阶层的标准，使这些应受珍惜的工作者等同于城市睾丸素的注射针剂。)曾任《洛杉矶周刊》(*L. A. Weekly*)副编辑的乔·唐纳利于2008年下岗后将自己的积蓄和变卖房产所得的资金全部投入一种文学杂志。他说："德克萨斯州的工作机会似乎增多了。里克·佩里州长创造了成千上万的工作机会，但是这些工作都在麦当劳里。当前每个人都有机会挣得15美分。人们现在都像鸟儿一样到处啄食，像动物一样处处猎食，千方百计寻找自由职业。他们就这样一周周、一月月地熬日子。"出生于英国的歌唱家、作曲家理查德·汤普森将当前的形势比作18世纪和19世纪粗暴的高地肃清运动。在那次运动中，贵族家庭夺取了苏格兰北部，将公地圈为私有，致使农民付出惨重的代价。汤普森说："贵族们喜欢在土地上狩猎，不愿意让农民在土地上实实在在地耕耘，所以人们被迫背井离乡，迁往加拿大和澳大利亚。”

在今天的英国，且不说那些正经历千辛万苦渴望入行的作家，即便对那些成就卓越的小说家来说，形势也极其严重。哈尼夫·库雷西，因他的小说和剧本（比如，《我美丽的洗衣店》[*My Beautiful Laundrette*]以及《郊区佛爷》[*The Buddha of Suburbia*]）而远近驰名，但是他目前也在苦苦挣扎。获奖的资深作家鲁珀特·汤姆森——也许更恰当地说，他受弗朗兹·卡夫卡影响——放弃了公职，搭建了一间无法站直身体的小阁楼。“我需要的钱，只要够我持续整日地写作即可，”汤姆森说道，“这笔钱不是一个大数目。”作家、新闻记者罗伯特·麦克拉姆将2008年以来的变化称为一场革命。“我这一代人是在企鹅图书、黑胶唱片和BBC的年代长大的。对于这一代作家来说，文化的生态环境仿佛已被彻底摧毁。”“使那些创意阶层（以前靠版权为生的电影制片人、音乐家以及各种创作人员）的生计遭受损失的”不单单是这位英国人所称的2008年以后的信用危机或彻底毁掉的安全网络或亚马逊，“而是信息技术革命”。麦克拉姆把版权称为“西方知识分子传统的骨髓。互联网提供的异乎寻常的机会与人们对秩序井然的版权体系的需求，如果图书世界、音乐世界不好好地调和这两者之间的冲突，各色各样的艺术家只能艰难谋生”。

历史上的一些群体也曾因为经济和科技的变化而挫伤元气，他们已经被编织成了神话。查尔斯·狄更斯满怀同情地描述了伦敦市民如何千辛万苦地熬过英国19世纪的社会动荡；英国民歌评价了被工业革命摧毁的田园文化。在约翰·斯坦贝克笔下，干旱尘暴区难民的形象跃然纸上；伍迪·格思里创作的歌曲也描绘了大萧条时期这些在世界上无家可归的难民。他的一位后继者布鲁斯·斯普林斯汀做了同样的事情——记录美国日益衰退的工业经济。

但是，总体上说，人们忽视了最近经济和科技转型使我们创意阶层付出的代价。贾米·奥尼尔是加利福尼亚州北部的一位作家，他曾说，我们中的许多人现在正生活在大萧条之中。“然而，因为我们尚未创造一种传统形象，我们很难让这个词固定下来。”他在一篇文章里写道。这篇文章问了一个问题：“今天的多萝西娅·兰格在哪儿？”

衰退中的创意阶层可能正经历真正的痛苦，但是至少到目前为止，和真正的穷人相比，还没有那么容易沦落到无家可归的境地。这个正在衰退的创意阶层也许无法提供足够的戏剧效果来让人们重视小说家、作曲家或摄影师。

不过，新闻记者也低估了这种情形。媒体作为企业，和音乐产业一样，也因互联网、公司合并而遭到毁灭性的打击。媒体事实上也不愿意去讲述这种受侵害的故事。当然，有些报纸颇具责任感，报道了抵押贷款危机以及针对税收和赤字的政治战争。但是，我们在日报的页面里，更难看见人们丧失生计、失去家园和婚姻、孩子得不到教育这类故事。这些人因为创意阶层被掏空、社会安全机制被彻底毁掉而苦难重重。与此同时，对奢华的房屋、时尚、名表、雪茄、跑车等的报道一直是杂志和报纸专题文章的重要内容。

像佛罗里达这些乐观主义者认为，美国不再制造工业商品，而且永远不会再制造工业商品，因为美国现在生产的是文化和思想。他们这么认为，也许是对的。不幸的是，靠创造文化和思想来谋生，已经到了最艰难的时候。本来不该这样。人们普遍认为，互联网使文化大众化，同时使文化工作者的前景更光明。阿利森·格洛克是一家刊物的记者、撰稿人。她最近回到了南部家乡，因为她和自己的丈夫——一位小说家——无法在纽约继续生活下去。“难道互联网就不该让这个阶层产生？”

与21世纪的新经济尤其是与互联网有关的多数文章的口吻都介乎摇旗呐喊和乌托邦之间。克里斯·安德森对互联网怀着终极的乐观主义精神。他在自己的著作《长尾理论：为什么商业的未来是小众市场》（*The Long Tail: Why the Future of Business Is Selling Less of More*）

里捍卫互联网“对文化及其各种内容(从主流文化到非正统文化最遥远的边缘)无限制、不加过滤的使用权”。他暗示说,我们有了移动电话、MP3、硬盘数字录像机,我们就能一遍又一遍地看《吉利根岛》(*Gilligan's Island*),不受丝毫限制。现在我们可以享受日本的动漫,能够通过网络“联结”起来,玩多人游戏。

2009年,安德森的第二部著作《免费:激进定价的未来》(*Free: The Future of a Radical Price*)问世。该书充满睿智的论证,认为互联网压低价格,新的收益流以及计算机设备的低成本意味着商业和消费者都从中受益。思索一下,的确美好,但是“免费”中蕴含的人力成本就会显而易见:出版商解雇职员,音像商店关门歇业,纪录片的制片人发现有人没有征得许可就将电影上传到了YouTube。

当然,创意阶层的崩溃不能全部归罪于互联网。戴维·布鲁克斯颇具影响力的著作《乐园里的布波族:新上等阶层的崛起》(*Bobos in Paradise: The New Upper Class and How They Got There*)追溯了一个多民族的精英领导阶层,追溯了拿铁咖啡店,对回归的时尚进行消费的群体,手工制作的奶酪店等构成的幻想曲。在有些地方,奶酪店依然存在,但是布鲁克斯所预测的大多成了泡影。在2000年时,他写道,我们“恰好”生活在“一个转型期之后”,随着文化战争的平息,在政治上“确立了一个平和的中产阶层”,一个国家也被一种糅合了资本主义精神和波西米亚特质的生活方式所改善。当生活忙碌前行之时,这都比较容易接受。即使在2008年经济崩溃(加利福尼亚州因好莱坞和硅谷的缘故,是美国受创意阶层影响最深的一个州。而此时,它的失业率超过12%)之后,盲目的乐观主义依然存在。

佛罗里达论证说,创意阶层会使城市富于“科技、才华和宽容”,使城市焕发生机。他在2010年出版的著作《大重启:新的生活和工作方式如何驱动危机后的繁荣》(*The Great Reset: How New Ways of Living and Working Drive Post-Crash Prosperity*)里绞尽脑汁,设法解决过去几年中的困难。但是，他仍然相信，知识工作者能重整旗鼓，比以往更强大。

其他的人则持怀疑态度。计算机科学家杰伦·拉尼尔一直在做虚拟现实的开拓性工作。他说，新经济“对拥有计算机服务器的人有益处。因此，有一个与主服务器关系密切的新兴的精英阶层。他们有时候就是社会网络的网站；其他时候，他们是对冲基金或者保险公司；还有一些时候他们就是一个商店，就像苹果公司的商店”。拉尼尔在他的第一本书《你不是一个小玩意儿》(*You Are Not a Gadget*)里揭穿了互联网的骗局，紧接着在《谁拥有未来？》(*Who Owns the Future？*)一书里论证说，互联网已经摧毁了创意阶层中的中间阶层——音乐家、摄影师和新闻记者——的生计，它会变本加厉，危及中产阶层里其他的工作。一切只是刚刚开始。

安德鲁·基恩是硅谷的另外一位业内人士，他也看出了互联网的危险。他说：“当然，它使一个小群体的科技工作人员非常富有，尤其是那些懂得如何掌控数据的人。谷歌、YouTube、与大品牌有联系的若干博主，还有社交媒体中的贵族——LinkedIn、脸书等。”基恩在他的第一部著作《业余爱好者的狂热》(*The Cult of the Amateur*)里研究了互联网这一人们信以为真的、使文化大众化的力量，还研究了为互联网义务劳动的热心人如何使真正的专业人士丧失生计。他说，这不仅仅是互联网或内容开放的问题，这是文化和经济更大规模的转型问题。“在我们生活的时代，越来越多的人认为自己脑海里孕育着一本书、一部电影或一首歌。但是，靠这些东西谋生却越来越艰难。”

当人们用谷歌作为借口解聘图书管理员，当“免费”享用信息引起报纸发行量下滑导致报社解聘员工时，文化就付出了实实在在的代价。结果就是中子弹文化吗？许多艺术和信息屹立不倒，但就是没有人去创造吗？

文化工作者失业后何去何从？不仅在书店或音像店工作的人是低收入者中的一类，而且这类工作长期以来一直给艺术家——比如，帕蒂·史密斯、昆廷·塔伦蒂诺、R.E.M.乐队的彼得·巴克以及乔纳森·莱瑟姆——提供实习的机会。

乔·唐纳利与他人共同创建了洛杉矶的文学季刊《Slake》。他目睹不计其数的朋友放弃写作、艺术和演艺。“我看到许多人进入市场营销或者帮助那些想变得更‘酷’的公司。艺术家现在所做的就是帮助品牌形成一种定位。他们最终做的是造型和装潢。我们当前已沦落至此。”

在这艰难的时代，遭受挫折的不仅仅是演员和作家。埃里克·莱文是创意阶层的一个实业家：他在亚特兰大经营灵韵咖啡专卖店，有两家咖啡馆，聘请了艺术家和音乐家做咖啡厅的服务员；他还在小五点社区经营一家名为“犯罪记录”的唱片店。这家唱片店生意兴隆了 20 年，然后，在垂死挣扎之后，靠一个社区的全力支持得以拯救。他的一家咖啡店 2013 年关门歇业。有人问他是否有人受了伤害，他回答说：“我认识的每一个人。”他强调说，独立的商人和作家、音乐家是同舟共济的。“美国小镇大街这个主题园区也在遭罪。如果你喜欢仓储式零售商店，它们就赢了。企业成为赢家。”

艺术——当然，还有各种叙事——能够刻画一个时代、一个地方和一种文化，反映一个民族的内心世界和外在生活。贾米·奥尼尔有一部作品反映新的衰退所伴随的沉寂，他说：“但是，这个时代的故事大多是我们不愿意讲述的。”

我试图理解我们如何走到今天这一步——中产阶层憔悴了，那些愿意使文化大众化的人也遭到毁灭，我把随之而来的故事拼凑在一起。这不是一部学术著作。我不是历史学家，也不是教授。我一方面是从业很长时间的文化新闻记者，一位兢兢业业的记者，尤其是将故事讲给那些被社会变化倾覆的人们；另一方面，我是一个读者，粗略地阅读了一个世纪的社会批评和文化的历史。在 19 世纪，大众受众出现了，耀武扬威的中产阶层和遭人弃绝的放荡不羁的文化人这两者存在冲突。在这样的背景下，我的经历有助于我弄清事实，看穿今天的危机。我的报道和研究让我深信，记者、编辑、平面设计师、摄影新闻工作者都明确无误地属于这个阶层。他们和音乐家、书店的工作人员一样，目睹了曾经支撑他们的商业模式遭到严重的瓦解。我会在撰写本书的过程中用其中的一章讨论新闻记者的苦难。

我已经竭尽全力将许多不同的线索集中在一起，从整体上看，讲述的是一个故事。这个故事就在我们周围，可鲜有人去讨论它。我们一直在零散的片段中看见这个故事，所以一直没能看清。

第一章　当文化繁荣之时

我指的是那个特殊的时刻，创造之繁花仿佛从一种社会联系——一座美术馆、一个邻里社区或一间兼做音乐俱乐部的酒吧——中盛开。我常扪心自问，这样的全盛时期为何在此时此地而不在其他时间、地点发生。

——戴维·拜恩，《音乐的奥秘》(*How Music Works*)

回顾文化在往日岁月中奏效的部分，这有益于我们矫正文化中扭曲、出错的部分。

要创造伟大的艺术、音乐或文学，需要什么？有一条人们忽视的因素：一辆太旧太破的车，必须朝下坡方向停放，才能再次启动它。在20世纪60年代洛杉矶的艺术界以及70年代奥斯丁的叛逆乡村音乐[①]亚文化里，我们都听过类似的道理。“我当时开的车是1937年的庞蒂亚克辉腾，离合器失灵，没有启动装置，”洛杉矶的一位艺术家比利·阿尔·本

① 叛逆乡村音乐(the outlaw country)：又称激进乡村音乐(the progressive country)，指强调歌词的社会主题以及革新演奏技巧的乡村音乐。——译者注

斯顿回忆道，“我买不起电池，所以把车停在小山坡上。车没有顶篷，座椅垫套已翻卷破烂。不过，它终归还是带轮子的车。”威利·纳尔逊早期在他销售吸尘器和《圣经》时，也曾表达过同样的意思。无论是在加利福尼亚州还是得克萨斯州，地形测量学都能使各种汽车司机不付维修费就能启动自己的汽车。在波士顿，可能仅仅是因为公共交通很普遍，所以对别处发生的这类故事我们未曾听闻。

在前几个时期，艺术创造往往是自上而下的事：天主教堂组织唱诗班，佛罗伦萨极有势力的商人委托画家绘画。后来，浪漫主义运动和19世纪的波西米亚文化界都坚持认为艺术家应当和社会保持距离：居住在高贵优雅、对世事超感知的环境里或者生活在灌满苦艾酒的享乐主义的群体里。而现代主义运动将这一特质向前推进，使其进入与世隔绝的境地。20世纪的创造性特质有它自己反叛的、个人主义的精神特质，但是艺术家们无论在城市里还是在他们创造的亚文化里，都在共同奋斗，将自己的工作做到最好。他们是空旷山谷里优秀的小提琴手，是沙漠里潜心于艺术的熟练的画家，不过，创意阶层和它的机构已经高度城市化。我们因而明白了经济学家所说的集聚效应。

禁不住想说，当伟大的艺术家们聚在一起时，某种东西就会自然地、不可避免地发生。但是，有时候，即使才华存在，有些东西依然会夭折。例如，在20世纪50年代，印第安纳波利斯不仅有相当多的爵士乐艺术家——维斯·蒙哥马利、弗雷迪·哈伯德、勒罗伊·文尼格，还有钢琴家卡尔·珀金斯——而且爵士乐演奏者呈现了与众不同的、休闲的、轻柔而有节奏的声音。冈瑟·舒勒赞扬这种音乐，认为它“是高水准的爵士乐，比大都市中心那种司空见惯的、令人厌倦的、大名鼎鼎的爵士乐强多了”。这座城市在50年代大约有50万居民，是莎士比亚事业最鼎盛时期伦敦居民的两倍多，比70年代繁荣昌盛时期的奥斯丁人口还要多。但是，当有人伯乐识马，在“导弹舱”这家深夜营业的夜总会里发现爵士乐吉他手维斯·蒙哥马利之后，蒙哥马利就离开了这座城镇。其他人也如此。部分原因是，起支撑作用的、繁荣兴盛的创意阶层——唱片公司、音乐新闻记者、俱乐部的老板等——人数还不够充足。

艺术家，包括不同艺术类型的艺术家，他们之间的邂逅也会产生恒久的、令人彻底改变的功效。蕾切尔·科恩在她的著作《偶遇：美国作家与艺术家的多维私交》（*A Chance Meeting: Intertwined Lives of American Writers and Artists*）中解释了这种功效是如何产生的："长期仰慕之后的精心安排，朋友不经意的介绍，或者在酒会上刚好临近站着。"有些时候，只是瞬间的交谈或短暂的友情，别无他有。而另一些时候，"就会出现使人发生剧变的强烈的忠诚，永恒的影响得以诞生，反叛的行为就此开始"。这样，就可能产生一个新的团体。

城市的艺术界之所以凝聚在一起，有些因素和艺术家本身没有关系，而是依赖现存的基础结构。简·雅各布斯研究城市生活方式的历史，是一位重要的作家。她论证说，城市要繁荣，要创新，需要有短距离的街区（通向熙来攘往的人流和街道）和古老的建筑物。她在《美国大城市的死与生》（*The Death and Life of American Cities*）中写道："有些思想或许最终可带来丰厚的利润，或许最终在其他方面颇具成效，无论如何，在新建筑物的高消费的经济中，对任何类型的新思想来说，都不存在有风险的试用、误差和实验的余地。旧思想有时可以使用新建筑。新思想必须使用老建筑。"

哪一种化学反应使围绕 CBGB 俱乐部的纽约朋克音乐界成为可能？戴维·拜恩最近对此做了归纳总结。他在《音乐的奥秘》中写道："我们的白天（甚至黑夜）常常千篇一律，百无聊赖，和电影迥异。电影里的每一个人在充满灵感的时刻或激动人心的地方不断地穿梭，有意识地创造根本性的变革。"但是，围绕着那个小世界——帕蒂·史密斯、电视乐队、金发女郎乐队、雷蒙斯乐队、拜恩的传声头像乐队——成长的伟大的乐队，其本质清晰地说明，地震一般声势浩大的事正在发生。他说，这种事情更多地是来自于机构。就摇滚乐来说，有合适的地点，场所有合适的容积，这是为新的音乐创造条件，因为“并非每一个空间都适合各种类型的音乐”。应当允许音乐家无论白天还是黑夜都自由出入（最好供应啤酒）；应当允许他们演奏自己的歌曲；他们应当与音乐主流有一点疏远。（“一个成功的音乐界给人选择的自由。”他写道。）最后，他还说到重要的一点：“廉价的房租有助于艺术家、音乐家和作家在自己的成长期即使收入不多也可以生存。廉价的房租不仅让他们有足够的时间成长，也让滋养、抚育艺术家的创造性的文艺社群有足够的时间得以形成。”拜恩模式的变体适用于几乎每一个艺术类型。

我们仔细观察过去几个截然不同的文化界，就能梳理出塑造一种繁荣的、范围更大的文化不可缺少的几个关键因素。在本章，我一以贯之地围绕这些问题：在创意阶层曾经拥有的这些黄金时代里，在商业、国家、研究院和艺术家之间最富有成果的关系里，我们能看见什么？一个放荡不羁的文化群体极力和所有的权力中心、控制中心保持距离，这个群体的作用又是什么？

在不是特别久远的年代，诗歌曾经吸引普罗大众，而且诗人和美国文化中其他更重要的事件角力，这一事实很容易忘记。诗歌千方百计地要摆脱一个时代，并为另一个时代的到来而重新塑造自己，因此在诗歌创作过程中总是涌现兴奋感。新的诗歌——被称为“自白诗”（Confessionalism）——并非从学术界的争论中汲取能量，更多地是修改弗洛伊德、荣格、女权主义的思想，并从中汲取能量。在第二次世界大战后的岁月里，这些思想渗透进受过良好教育的美国人生活的地下水里。

在 20 世纪 50 年代，包括西尔维亚・普拉斯、罗伯特・洛威尔在内的新一代诗人崛起。他们住在波士顿和剑桥，聚集在红砖排屋里和杂草丛生的庭院里。他们一支接一支地抽烟、就寝、起床，一方面强力推行罗伯特・弗罗斯特的诗歌，另一方面又为谁能从老一代作家手里接过文学的火炬而争论得面红耳赤。他们愿意代表美国 20 世纪中期发生的一些变化，而且，在他们不间断地去疗养院的过程中，把他们的艺术变成了一种更加黑暗的、更加个性化的表达方式。这个诗人群体也使得出版界和媒体为之振奋。有几位诗人变成了明星，很多诗人在60年之后依然令读者和作家心醉神迷。

当然，在任何年代，在任何算得上大城市的地方，才华横溢的人都会慢慢地聚集在一起。大学，有时候是公共基金，对这些诗人有莫大的吸引力。温文尔雅的诗人理查德·威尔伯在第二次世界大战期间开始写诗，记录战争可能会击碎的思想和感情。他从战场归来后，受益于“退伍军人福利法案”，才能在哈佛大学学习。其他一些人则和研究院保持一定的距离：W. S. 默温是一个神秘莫测、像农牧神一样的诗人。他是1956年回来的，比威尔伯晚一年。他在欧洲工作数载，为广播电台翻译诗歌和戏剧。还有其他一些处于休眠状态的才子，是民间的文学学会唤醒了他们的才华。安妮·塞克斯顿是一位住在郊区的家庭主妇，在经历了精神崩溃之后，看到一期公共电视节目正在讲授如何写十四行诗，于是她就开始将自己纷乱如麻的焦虑感倾注在诗歌里。

在波士顿大学教书的罗伯特·洛威尔几乎将所有的诗人都联结在一起。这一点，他比罗伯特·弗罗斯特有过之而无不及，那时弗罗斯特80多岁，活动地点在阿默斯特学院。彼得·戴维森在对该时期的回忆录《逐渐消逝的微笑》(*The Fading Smile*)里写道：“回想起来，罗伯特·洛威尔的声音控制了20世纪50年代末的波士顿诗歌界融洽的氛围。他的声音，无人能听错：消沉、迟疑、哀鸣，带着鼻音，是由家族遗传和文学素养带来的、一种怪异的南北方语调杂交混合体。他的声音随处可以听见。他朗诵、教书、社交、翻译，而且在半公开的痛楚中戏剧性地表达自己的苦难。”

洛威尔在1959年出版了诗集《生命研究》(*Life Studies*)，他由此从刻板的、受T. S. 艾略特影响的声音转换至自白诗。这一扭转吸引了文学界的注意力，给他周围的十几位重要诗人指出了更明确的转型方向。

洛威尔生于美国一个颇具名望的文学家庭，戴维森称他为“不完美的巨擘”。他引起高度的关注，包括来自纽约的出版界到波士顿-剑桥学术界的关注。但是洛威尔所起的作用可能比他的文学成就（若没有他的人格魅力，他的文学成就也会黯然失色）更加重要：他不仅竭力将更大范围的美国文学界凝聚在一起，而且他还把诗人和作家互相之间联络起来。这些诗人和作家有些是朋友，有些是学生，还有一些是竞争对手。他的角色类似旧金山“垮掉的一代”的亚文化中一个与他迥异的诗人——劳伦斯·弗林盖蒂。

但是，美国战后文化繁荣兴旺，这并非只是说洛威尔、年纪稍长受过创伤的斯坦利·库尼茨（早期因常春藤联盟的反犹情绪而被疏远离开了哈佛大学）、觉醒的女权主义先锋阿德里安娜·里奇、写抒情诗的广告商L. E. 西斯曼抑或进入这个圈子的其他作家。此时，美国的文化是一种机缘巧合的生态，诗人兼评论家达纳·乔亚称之为“那些罕见的瞬间，学术的、中产阶层的和波西米亚的文化在这些瞬间成功地合而为一”。虽然许多诗人因为大学的缘故而待在波士顿或剑桥，但是这个故事讲的不只是哈佛大学、波士顿大学、布兰迪斯大学、塔夫茨大学。当然，这些大学至少都短暂地雇用过一些关键成员。戴维森记录的那些诗人在任何一个时间点上至少都有一半**不是**在大学任教。普拉斯、塞克斯顿、里奇是年轻的妈妈，西斯曼挨家挨户推销吸尘器，后来在普伦蒂斯-霍尔出版社任广告文字撰稿人。威尔伯美妙动听的诗歌可能是这个时期影响最持久的杰作，他有一半时间在哈佛和卫斯理学院教书，另外一半时间他用于写作、翻译；他还改编了伦纳德·伯恩斯坦的《赣第德》(*Candide*)，使这部轻喜剧在纽约的剧场上演。

二战后，学生和作家从前线归来。此后大约10年，对研究院的作家们来说是一个饱经沧桑、互相依赖、共同生存的时期。许多诗人和小说家在年轻时有一连串的作品问世，此后，他们在大学里就职，自在地步入职业生涯的中途。乔亚说：“你会喝醉，被解雇，然后四处求职，又找到工作。他们雇用你不是因为你品行良好，而是至少臆断你在文学上会有杰出的成就。”大部分工作都是临时的，或者兼职的自由职业，所以诗人和作家就在研究院和商业界进进出出，从事最适合他们的工作。

洛威尔在《巴黎评论》(*Paris Review*)发表的一篇访谈中提到他的教职时说:“我认为，这对我作为一个人来说非常重要。不过，我的教学工作是兼职的，既没有真正教职的业绩，也没有真正教职的负担……眼下，我不知道它和写作有什么关系。”

其他机构和大学一样重要，比如，波士顿成人教育中心(有人在这儿教学，有人在这儿学习)、波士顿的WGBH电视台(有时候会播放诗人的作品)、许多的教会(会展开诗歌创作和朗诵的专题讨论)，特别是剑桥的诗歌剧场。戴维森是哈佛大学出版社的一位编辑，还担任《大西洋月刊》(*Atlantic Monthly*)的诗歌编辑。在这些非学术的机构中，诗歌剧场可能是中流砥柱，并在1955年前后进入最佳状态。在这一年，诗歌剧场搬到了帕尔默街，拥有49个座位，上演了由威尔伯翻译并改编的莫里哀的喜剧《愤世嫉俗》(*The Misanthrope*)。剧场，再加上洛克菲勒基金会提供的数目可观的资金，让默温在葡萄牙、西班牙以及法国南部生活了七年之后又回到波士顿，并尝试撰写诗歌剧本。唐纳德·霍尔作为初级研究员曾在哈佛待了一年。在这一年，他还担任《巴黎评论》的诗歌编辑，与他人合作编辑了一本重要的诗歌选集，预订剧场诗歌朗诵会的入场票。

剧场很简陋(因为空间不够，演员们通常只好在附近商店里更换戏服)，但是它不仅举办诗歌朗诵会，而且为波士顿的诗人提供就业机会和聚集的场所，它将诗人的作品从洛威尔的圈子外面带到镇子里。剧场在20世纪60年代起火烧毁，到此时，它不仅上演了重要的现代派作家的作品，还有年轻作家——比如，约翰·阿什贝利、弗兰克·奥哈拉——的作品。邦妮·兰推动了剧场的运作。她曾是一位女演员，按照戴维森的说法，她成了一位“紫眼睛、嗓音沙哑、富有魅力、性感的”梅·韦斯特式的人物；她登台演戏，担任舞台监督，装饰舞台背景，最后英年早逝。

弗罗斯特在阿默斯特学院漫不经心地教书，同时，有大约半年时间，在剑桥的布鲁尔街的一栋房子里，听众包围着他，他是众人仰慕的偶像。在戴维森的回忆里，弗罗斯特的独白从一个话题过渡到另一个话题，“他每次朗诵，拉长了声调，从从容容几个小时。他在空中摊开手掌，仿佛乐队的指挥依照自己的节奏打着拍子；他的声音给人以无限的抚慰，难以用语言形容”。戴维森是一群年轻诗人中的一员，他们负责“在午夜前把弗罗斯特送回家”，因为这位年长的诗人在诗歌朗诵后精神更加亢奋，所以他得走路回去；在途中他慷慨陈词，把充沛的精力消耗殆尽。这一切发生在银行家和对冲基金经理占领波士顿前的几十年，那时，过着绅士派头的贫穷生活依然是可以的。当时，西斯曼住在剑桥房租廉价的地方；西尔维亚·普拉斯和特德·休斯矢志在大学外面当诗人，以每月 115 美元的房租住在灯塔山。

回顾 20 世纪 50 年代，诗人有那么多施展才华的机会，确实也是异乎寻常的！《大西洋月刊》《纽约客》（*The New Yorker*）以及《国家》（*Nation*）（那时所有这些期刊都腾挪出比今天更多的空间登载诗歌），还有现在已经停刊的杂志《党派评论》（*Partisan Review*）都出版这些作家的作品。玛克辛·库敏在波士顿成人教育中心遇到了塞克斯顿，在接下来的几年里帮助塞克斯顿振奋精神，作品硕果累累。库敏也开始在《基督教科学箴言报》（*Christian Science Monitor*）、《星期六晚邮报》（*Saturday Evening Post*）和《好当家》（*Good Housekeeping*）等报纸杂志上发表轻松诗。《特里林何以重要》（*Why Trilling Matters*）的作者亚当·基尔希是一位诗人兼评论家。他说：“那一代人充分利用了两个世界。他们是第一代进入大学的作家。但是，他们自己不这么看。现今的诗人们攻读一个艺术硕士学位，接着就在大学当老师。他们对公众不了解，对学术界外面的诗歌机构不了解。”

我们回顾诗歌界的状况，思考是什么促使《献给联邦阵亡将士》（*For

the Union Dead)、《给先知的建议》(*Advice to a Prophet*)、《儿媳妇的快照》(*Snapshots of a Daughter-in-Law*)等作品问世。我们想到的不是诗情画意的黄金时代(当然,那个时代涌现的优秀著作的数量的确非同寻常),而是睿智、才华横溢的人们凝结成的群体。那些年有默契和合作,也有竞争和离间。无论是在生龙活虎、充满理想抱负的新闻编辑室,还是在土壤肥沃但是竞争激烈的音乐界,这样的群体可以从任何地方冒出来。

诚然,很难想象艾米莉·狄金森或菲利普·拉金在这样的温室里能茁壮成长。但是,对许多作家来说,文化人在波士顿和剑桥聚拢的能量是一粒兴奋剂。洛威尔经历了创作的清淡时期——他称之为"5 年 5 首烂诗"——之后来到了哈佛大学,在波士顿随着周围的文学界活跃起来。他和普拉斯、塞克斯顿一样出入精神病院,但是他一旦多产,就有火一般的热情。诗人菲利普·布思谈到洛威尔时说:"他举办宴会跟他打网球一样情绪激昂。只要听众多于一个人,卡尔(Cal,对洛威尔的昵称。——译者注)就把谈话变成他最具竞争力的运动。……他的追求有很多,最喜欢的事儿是谈话。卡尔发挥非同寻常的智慧;他那不羁的悟性从未错过给自己加分的机会。对他来说,餐桌就是朗伍德的中央球场:他仿佛从写作或行业谈话中完全抽身,如释重负,竭尽全力尝试书本里提到的每一种技巧:打网前球、吊高球、狠劲击球。"任何与高手交锋过的乐手或篮球运动员,都能体会其中产生的效果。

洛杉矶是一座比较新的城市,在文化上不及波士顿的自我意识那么强。爱胡闹的一帮冲浪运动员、来自干旱沙尘暴地区的难民、富有男子汉气概的骑行者都聚在这里,成就了南加州第一个重要的视觉艺术圈子。在整个 20 世纪 60 年代,一个团体就在这里形成,成员包括埃德·鲁沙、罗伯特·欧文、埃德·金霍尔茨,还有站在较远处的戴维·霍克尼——他当时住在洛杉矶好莱坞山尼克尔斯峡谷幽静的住所。艺术家们开拓了艺术全新的发展前途。他们不露声色，对大众艺术满怀熠熠发光的思想，让艺术资助人和艺术品经销商这个群体充满生机，这在旧金山湾的南部是史无前例的。洛杉矶的艺术家、地下电影的制作人以及建筑的创新者因彼此强大而得以滋养。尽管这个群体的核心是白人男性，洛杉矶的艺术世界逐渐扩大，女权主义的亚文化得以发展壮大；以沃茨区为中心，擅长爵士乐和装配艺术的黑人的艺术圈子也举足轻重。

在这些年里，华莱士·伯曼多次举办装配艺术展，直到警方以色情绘画的罪名用手铐将他带走，装配艺术展才戛然而止；欧文创作了极简主义的、宁静安详的雕塑；金霍尔茨装配妓院造型，还装配了暴民以私刑拷打、肢解受害人这一场面的造型，讲述的都是骇人听闻的故事；鲁沙用绘画呈现好莱坞的标志、电影的商标以及其他通俗艺术的图示法；维雅·塞尔敏斯创作了风格极简约、极具视觉冲击的铅笔画。（亨特·德罗霍乔斯卡-菲尔普的著作《乐园里的叛逆者：洛杉矶的艺术界和 20 世纪 60 年代》[*Rebels in Paradise: The Los Angeles Art Scene and the 1960s*]使这一代艺术家获得了迟来的主流世界的关注。）

随着 1957 年弗鲁思美术馆的建立，洛杉矶 20 世纪 60 年代的艺术界就早早地拉开了帷幕。在爱达荷州的农场长大的、身材魁梧的男子汉金霍尔茨，还有那位有远见卓识但是一直不可靠的馆长沃尔特·霍普斯一起建立了这个美术馆，起初占地面积不大，却是第一家举足轻重的美术馆，后来又有几家，都起着中流砥柱的作用。其他的美术馆，比如，3M 公司的继承人弗吉尼亚·德万经营的韦斯特伍德美术馆使人们意识到非艺术家的创意阶层的重要性。任何业务都依赖买卖关系以及类似的精于算计的模式，但是优秀的艺术品经销商总能找到一种方式，既促进商业又刺激艺术，鱼与熊掌兼得。

弗鲁思美术馆并非一直如此。它早期是由散漫、缺乏条理的霍普斯经营，管理上丝毫不务实。弗鲁思的黄金时代之所以降临，是因为两种迥异的鉴赏力的汇合。1958 年，在加利福尼亚大学洛杉矶分校教书的纽约艺术家阿道夫·戈特利布有一天和妻子一起闲逛，无意间进入拉谢内加大街弗鲁思的新址。霍普斯后来回忆："突然，有个家伙进来了。我曾看到过他几次，但是这样的面对面，还是第一次。"

> 这个家伙的声音低沉，有回声，是虚假的卡里·格兰特的口音，很特别的风格。不管怎么说，他走进来，使劲儿伸开双臂，叫道："阿道夫！埃丝特！我是欧文·布卢姆啊！你们好！"这时，他朝我使了一个眼色。"这地方真让人意想不到！"他说道，"洛杉矶最好的美术馆！来，我介绍你们认识一下馆长！"他走过来说，"沃尔特，这是阿道夫·戈特利布和他的妻子。"好了，我暗自佩服："这家伙着实出色。"戈特利布夫妇最后离开美术馆之后，我就说："欧文·布卢姆，我想你和我应该到街对面喝一杯。我们可能有些生意要谈。"欧文用他那独特的口音说："我想我们确实有生意要谈。我听说你正在找一个人。"

就在那一年，布卢姆买断了金霍尔茨全部的作品。当然，艺术家们给弗鲁思供货，但是美术馆的鉴赏力来自于它的两位馆长。虽然霍普斯和布卢姆相辅相成、相得益彰的列侬-麦卡特尼式的领导风格只持续了几年，但是他们为艺术界描绘了DNA式的蓝图，使之能够继续自我复制。

洛杉矶位于美国西部的边缘，地理位置也塑造了它的艺术界。这个时期来到洛杉矶的艺术家，很多都没有城市背景，不是知识分子出身。有些是喜欢大马力改装车的流动农业工人，有些是对电影痴迷的冲浪者；他们不太喜欢由抽象表现主义控制的纽约艺术界，尽管抽象表现主义在世界其他地方影响也很大。"纽约的艺术家充满焦虑，满怀抱负，"布卢姆说，"这两样东西西海岸的人都没有"。如果一座城市没有以博物馆为基础的艺术界而有广告牌、高速公路、好莱坞电影，那么通俗艺术几乎就是民间艺术，是日常生活的意象。

相隔不到几个星期，有两个人仿佛两颗手榴弹一般落入洛杉矶的艺术生活。1963 年，布卢姆将安迪·沃霍尔（他的首个展览是前一年在弗鲁思美术馆展出的金宝汤罐头）带到美术馆，举办名人丝网印刷画的展览。整个城市的艺术界为之震撼。鲁沙感到“一种强烈的亲切感……仿佛是对当时正流行的那种艺术合乎情理的背离”。一周以后，东边几千米处帕萨迪纳美术馆（霍普斯是这里的馆长）将马歇尔·杜尚吸引到了镇里，破天荒地举办了作品回顾展。这两次展览以及这两位大艺术家来到昏昏欲睡、保守的南加州，转移了艺术家、收藏家和经销商的注意力，使他们面向沃霍尔的波普艺术以及杜尚在第一次世界大战前后那些绝望的岁月里创立的达达主义风格。

就“二线城市”来说，这种令人震撼的事件并非罕见。1945 年，查理·帕克和绰号为“晕眩”的吉莱斯皮从纽约来到好莱坞，在比利-伯格俱乐部演奏爵士乐。在一个地方看到有人弹奏比博普这种节奏复杂、小群体的爵士乐，甚至比洛杉矶观众不分种族的场合还要少见。南加州传统的有强劲节奏的爵士乐的圈子不是一成不变的，它是接下来 15 年不断创新的源头。同样，在 1976 年，朋克摇滚乐的化身——性手枪乐队——在曼彻斯特的小自由贸易厅，在几十位观众面前举办草率粗劣、有挑战性的演出，他们不仅激励了未来集聚在一起的音乐家——嗡嗡公鸡乐队、史密斯摇滚乐团、快乐分裂乐队、新秩序乐队以及堕落乐队等最后的所有成员——而且也给下一代独立摇滚乐带来了灵感。在所有这些事件中，艺术家和音乐家莅临现场起了决定性的作用。

沃霍尔和杜尚的作品展出之后，洛杉矶的艺术界活跃起来。霍普斯及其妻子雪莉经办的、漫游各地的讲座-幻灯片放映系列宣传促使一群收藏家联合起来。有些成了真正的资助者，委托新的艺术作品或者现代音乐作品。“像斯坦利·格林斯坦这样的收藏家们在五金文具店设立账户，艺术家们可以在买颜料和画布时记账。”艺术评论家戴夫·希基回忆说。拉谢内加大街开了多家美术馆，开始举办每周一的街头艺术狂欢夜。单在 1964 年，霍克尼从英格兰来到洛杉矶，完成了他首批以游泳池为主题的绘画作品；艺术家诺厄·普里福伊协助创立了沃茨塔艺术中心；市政领袖们共同努力，在市中心开办音乐中心。不断成长的洛杉矶也渐渐成为美国第二大城市。其艺术风格源自加利福尼亚州灿烂的阳光及其汽车改装、冲浪文化的素材，“锋刃派绘画”“拜物主义”、光与空间给洛杉矶的艺术盖上了独特的烙印。

1965 年，《艺术论坛》(*ArtForum*)杂志从旧金山迁移到弗鲁思美术馆的楼上，使几年前还比较与世隔绝、地处偏僻的一块领域拥有了自身举足轻重之感，并和一个更大的对话产生了联系。(这本杂志也雇用了鲁沙担任艺术指导。)相比之下，同年落成的洛杉矶艺术博物馆对该地区的艺术界影响不大，主要因为领导保守，缺乏对本地工作的关注。

加利福尼亚州生机勃勃的战后经济持续增长(经济多半是由公共开支对繁荣的国防工业的投入而推动的)造就了更大的势头。(“退伍军人福利法案”帮助洛杉矶战后爵士乐界的许多乐手接受教育，帮助学校招收的学员满额，给艺术家偶尔提供工作机会。)那时，财富在流动，美国的中产阶层日益壮大。充满阳刚之气的本斯顿多次在摩托车比赛中取胜，从而在一定程度上支撑了自己的艺术；富含理性的欧文在好莱坞公园赌马，在舞蹈(他经常跳林迪舞)比赛中获奖，以支撑自己的艺术。在威尼斯海滩(弗鲁思美术馆的许多艺术家和观众，还有一些建筑师，都聚集在这里)做一个苦行僧式的艺术家是可行的；在银湖周围的小山里，如此做也是可行的。

另外两个行业都为艺术界提供氧气。新好莱坞[①]在片场体系日渐衰

---

① 新好莱坞，又称“美国新浪潮”(American New Wave)，指的不是一种电影制作风格，而是电影制作的一个时期，即 20 世纪 60 年代中期至 80 年代早期。该时期，一批新的年轻的电影制片人崛起，影响了电影的类型、制作、营销手段。在新好莱坞的电影里，导演(而不是电影公司)起着关键作用。该时期制作的电影在很大程度上遵循传统范式，但是其叙事逻辑和电影题材往往另辟蹊径。片场制度没落、电视崛起之后，电影的艺术质量下滑，商业上的成功率受损。新好莱坞时期则成为电影艺术和影视商业的复兴时期。——译者注

退的废墟中抽出新芽，这意味着一些志趣相投之人——极具盛名的是丹尼斯·霍珀——对现代文化充满好奇心，成为有创造性的发起人和资助者。与此同时，现代主义的建筑在空间、金钱、人口增长和汽车文化的影响之下开始发酵，与艺术世界相交。有时候，著名的建筑师，比如弗兰克·格里，和艺术家的社交及学术生活融合在一起；还有一些时候，正如加油站、盒子式公寓建筑物、日落大道上的店铺给鲁沙带来灵感一样，蔓延的大都市也成为艺术家灵感的源泉。

但是，到了 20 世纪 60 年代末，当欧洲人对洛杉矶艺术世界的兴趣达到高潮时，有些东西开始退出这座城市的艺术生活。到了 1966 年，霍普斯已经离开西海岸，弗鲁思美术馆关门歇业。第二年，《艺术论坛》迁至纽约。1968 年德万随之去了纽约，布卢姆几年后也离开了。德万说："我们佯装这里是有很多收藏家的艺术中心。但是，事实并非如此。"

尽管艺术正趋白热化，艺术界却停顿下来。20 世纪 70 年代的经济衰退放慢了艺术买卖、艺术创造的速度。彼得·普莱根斯是一位艺术家兼评论家，他从 1974 年开始针对这个时期撰写他的第一部著作《阳光缪斯：西海岸的现代艺术》(*Sunshine Muse: Contemporary Art on the West Coast*)。他说："洛杉矶到了 90 年代才真正开始繁荣，因为成功的收藏家只有少数几个。当娱乐界人士开始收藏时，洛杉矶最终才有了一流的收藏家。"

《艺术论坛》迁走之后，城市便缺少了本可以推动艺术界更加成熟的那种严肃的批评性话语。普莱根斯说："它只存在了很短一段时间，但是这很关键。"他也离开了这里，最终去了纽约。"你需要评论。你需要一些辩论文章——这本杂志上一篇负面的评论，那本杂志上一篇正面的评论。"他如此说道。艺术批评引起的争论使艺术家的亚文化更加风靡，让公众都参与对话，这不同于人人都心满意足的摇旗呐喊。"艺术批评从一开始就和现代艺术并肩携手，"普莱根斯说，"批评家撰写文章，评论马奈；诗人作诗，讲述马奈的故事。像这种情况，还有塞尚、毕加索、波洛克，还有离现在更近的现代艺术家，比如，海伦·弗兰肯塔勒和路易斯·布儒瓦。事实上，现代艺术若没有批评相伴，又会走向何方呢？”

诗歌最后被学术界吸收，失去了与文学主流、知识分子主流之间的联系。与诗歌相比，洛杉矶的艺术度过了一段休耕期，然后，又发芽开花。到了20世纪90年代，涌现了一个可观的收藏阶层；博物馆星罗棋布，比如，现代艺术博物馆、哈默博物馆、盖蒂博物馆；艺术学校也发展壮大。有些博物馆的馆长有远见卓识，比如，保罗·席美尔，他们为城市的艺术提供一个环境，一种叙事。在21世纪，弗鲁思美术馆里艺术家的作品开始在拍卖会上以几百万美元的价格出售；巴黎的蓬皮杜中心庆祝来自洛杉矶的战后的艺术作品；鲁沙成了事实上的国际文化大使；洛杉矶成为一座主要的艺术之都，而且这个地位一直保持不变。

另外一个例子是得克萨斯州的奥斯丁，它展现了一个艺术（在该市是音乐）圈子是如何形成的。在10多年的时间里，乡村音乐和摇滚乐——及其听众——都是疏远的。当长头发的英国人和本省的城市居民鲍勃·迪伦开始处于支配地位时，局势更加恶化。当飞鸟乐队1968年试图用《牛仔的心上人》（*Sweetheart of the Rodeo*）这个专辑弥补隔阂时，他们在纳什维尔的赖曼礼堂演出时引来阵阵嘘声和咒骂声；一个乡村音乐的唱片节目主持人带乐队进入录音室，当着乐队的面在广播里讽刺他们的音乐。（乐队的歌手罗杰·麦吉恩说：“我记得我曾经在洛杉矶一家乡村音乐广播电台的布告板上看见《牛仔的心上人》的封面图。我欣喜若狂……但是当我走近一点儿，我看见了红色的字‘不要演奏——这儿不是乡村’。”）《牛仔的心上人》是乐队在商业上的第一次失败。与此同时，迪伦具有乡土气息的专辑《约翰·卫斯理·哈丁》（*John Wesley Harding*）也让摇滚乐界迷惑不解。乡村音乐在纳什维尔占上风，加利福尼亚州则盛行反正统文化①。这种联姻要走艰辛的路，因为这是一个文化上两极分化的国家，有暗杀，有暴乱，而且对于那些煽动反政府活动的青年，总统严厉斥责。

不过，几年后，纳什维尔（先驱者和狩猎水牛的猎手曾在这座城市安家落户）会吸引一批音乐家，这些音乐家希望缔造一种音乐风格，比纳什维尔音乐工厂大量炮制的产品更加热情奔放。20世纪70年代奥斯丁的艺术家将乡村音乐、民间音乐、布鲁斯音乐和福音音乐粗糙地拼凑在一起。这种混杂交融的音乐在接下来的几十年里将此地变成了一个具有传奇色彩的、现场音乐的城市，使"叛逆乡村音乐"以及所谓的"另类乡村音乐"运动得以诞生。有些音乐家成为国际巨星，比如威利·纳尔逊；还有一些一直是受人尊崇的重要人物。他们当中的佼佼者对连续几代音乐家都产生了不可磨灭的影响。

得克萨斯州混合了许多种族和族裔群体——用真假嗓音交替歌唱的日耳曼后裔歌手、用手风琴演奏的法裔卡津人、墨西哥裔的特哈诺歌手等——一直有丰富的音乐和音乐混合体。简·里德在她的著作《乡村摇滚乐奇异的崛起》（*The Improbable Rise of Redneck Rock*）中着重强调："在一个非常保守的州里，奥斯丁是最具波西米亚风情的城市。"她解释说："形形色色的艺术家自然乐意相信自己能在这儿寻觅到一种亲切友好的氛围，也许还能找到接受能力强的受众。但是，主要的巡回演奏者常常故意避开本州首府，因为在达拉斯、休斯敦、圣安东尼奥这些更大的城市里，会有更大的概率获得可观的门票收入。在音乐会的间隙，奥斯丁人用手头的资源自得其乐。民歌歌手们在大学校区弹奏吉他，赚一点散碎零钱。摇滚乐手住在社区里，在公园免费音乐会上模仿他们心中的偶像，竭力模仿他们最优秀的小过门，依靠为大学的男生联谊会、女生

① 反正统文化（counterculture）：指20世纪六七十年代美国青年中形成的一种文化群落，表现为反传统的生活方式和思想道德观念。——译者注

联谊会弹奏例行的舞曲支付他们的日常开支。”换言之，如果美国其他中型城市天气再热一点儿，种族隔离再严重一点儿，墨西哥食物再好吃点儿，奥斯丁就和它们一模一样啦！

到底发生了什么事？和波士顿、洛杉矶一样，奥斯丁有很强的个性特征，促成了自身彻底的改变。威利·纳尔逊已经看见，作为纳什维尔的一名作曲家，会有非常有益又令人沮丧的一段时间。当他在1972年迁至奥斯丁时，他不仅吸引了其他外来的音乐家，还想方设法打破思想“左倾”的嬉皮士和保守的乡村音乐爱好者之间的阻力。埃德·沃德是《滚石》杂志的第一代撰稿人，他在20世纪七八十年代都住在奥斯丁。他说：“威利散发着某种力量。”沃德曾亲眼看见地狱之天使俱乐部的成员因服用中枢兴奋剂而妄自尊大，但是纳尔逊走到舞台上，面带微笑，轻言几句，就平息了这些成员即将爆发的一场致命的恶战。沃德说：“他有这种为社会机构导航的、难以置信的能力。”一直以来，奥斯丁的文化氛围比起得克萨斯州大多数的城镇都更包容，更随和，这倒也无妨。

纳尔逊在文化的关键时刻来到这里。叛逆乡村音乐界的大部分能量来自于在纳什维尔受到的挫败。在那里，“乡村城市音乐”运动使用管弦乐法，怀着走中间道路的大众化的夙愿，因而乡村音乐唱片的销售遭到削弱。(早前加利福尼亚州的贝克斯菲尔德也发起过一场运动，反对纳什维尔传统。)音乐街这一机构并未佯装自己的产品和艺术有关。有人问纳什维尔的吉他手、唱片总监切特·阿特金斯：纳什维尔的声音是怎样的？他拍着自己口袋里的零钱说：“就是这样的，是钱的声音。”奥斯丁悠然闲适，也不是马克思主义的温床，即使在这样的城市，那种毫不掩饰的商业主义也让人痛心。然而，它赋予奥斯丁的艺术家们(当然他们的风格各异)一种使命感，一种要塑造一个属于他们自己的地方的欲望。

地理环境至关重要。奥斯丁不算大，不足以吸引英国、纽约或者加利福尼亚所有主要的乐队。但是，除了有成千上万的大学生以外，还有其他优势:它的位置接近得克萨斯州的地理中心,而这个州有许多城市,在文化上有很强的防御性。从休斯敦、圣安东尼奥、达拉斯、沃思堡、阿灵顿到奥斯丁大约是3小时的路程,对于一个年轻的乐队来说,这样的路程是不难的。用不到4小时的时间,你就可以从奥斯丁到拉雷多、加尔维斯敦、科珀斯克里斯蒂或者到达美国首个大学爵士乐研究项目所在地——登顿。位置较远的拉伯克——这里是巴迪·霍利及开创性乐队"平面人"的故乡——也尽力彰显其艺术魅力。所有这些城市都有一所大学,或者人口很多,或者有一个新兴的音乐界,或者三者都具备。但是,它们中的大多数都缺乏大量的俱乐部、比较宏伟的礼堂或者可供艺术家的作品出版、发行的音乐出版物。得克萨斯州不缺少音乐家、乐迷或音乐前途,但是在整个20世纪五六十年代,它并没有卓越的音乐圈子。音乐批评家戴维·门科尼在科罗拉多州和得克萨斯州都生活过,他曾说:"奥斯丁和丹佛有些类似,一直都有一些事情在发生,但是,前后并不连贯。"因为山脉和距离将它的音乐生活和其他思潮隔绝了。他说:"如果你想逃避一切,你就会来这儿,同外界完全隔绝。"

还有一种压力来自于得克萨斯州更大范围的文化环境。到了20世纪60年代末、70年代初,年轻人和市民在政治、宗教上受到的限制少了,但是得克萨斯州的大部分地区和整个美国一样,变化相当缓慢。因此,当叛逆乡村音乐和"宇宙牛仔"运动之火在得克萨斯州各地星火燎原之时,它们的典范并未给人带来同样舒适的感觉。如果奥斯丁位于其他州(比如,马萨诸塞州),它会史无前例地成为一块磁铁。门科尼说:"如果你在得克萨斯州,而且你有一丁点儿怪异(比如,留长头发),你来到奥斯丁,它就是一块乐土。得克萨斯州不是激进的州里最激进的那一个,但是在激进的州里,它是最强势的一个。身居奥斯丁,你就位于敌人的防线后面。"奥斯丁的警察不那么强势,那时,它的人口大约是25万,而且与1970年前后同样大小的城市相比,它的生活费用是最低的。

和洛杉矶一样,机构至关重要。犰狳世界总部和思雷德吉尔这两个俱乐部扮演了弗鲁思美术馆和诗歌剧场的角色。前者是一群嬉皮士于1970年建立的;后者是由酒贩子、乡村歌手成立的,原先就设在他经营的汽车加油站里,是民间乐手们长期光顾的场所。这两个俱乐部在这些年如日中天,大受欢迎。在奥斯丁南部一个废弃的角落里,坐落着一座旧的兵工厂,犰狳就设在此处。它开张的那年夏天,特别炎热、难受,没有人指望它能长久营业。埃德·沃德回忆说:"这地方很大,有一个可供产业工人使用的厨房,一个很大的啤酒花园,提供食物。整个俱乐部的构造非常经济实惠,所以他们不必每天晚上都赚钱。"俱乐部的主人埃迪·威尔逊曾经是学哲学的学生。他在威利·纳尔逊观众爆满的演出期间售出的啤酒,其量之多,前所未有。他跟得克萨斯州的孤星啤酒公司洽谈,商讨如何将长颈瓶装的啤酒卖给长头发的嬉皮士。沃德说:"他们设计的海报上,一只犰狳正从沙漠里走出来。很管用。"节目主持人吉姆·富兰克林是海报的设计者。他主持节目时,身着奇装异服,头戴巨大的牛仔帽;夜里却睡在俱乐部阁楼的一张床垫上。

奥斯丁的音乐圈子开始发展,它和纳什维尔的竞争就有了焦点。沃德回忆说:"因为威利在奥斯丁,一直在纳什维尔独立开辟道路的其他作曲家说:'威利能做的,我也能做。'这些人又吸引了其他人。所有这些作曲家很快就在奥斯丁的犰狳登台演出了。"在这里的并非只有那些带着原声吉他的形单影孤的人。纳尔逊说服瞌睡司机乐团这个西部摇摆乐乐团离开旧金山湾来到奥斯丁。

在思雷德吉尔俱乐部,民间音乐和布鲁斯乐迷们的群体比较小,也更拥挤。门科尼说:"他们的观众每天晚上都去,不在乎谁在台上演奏。往往是重在参与——民歌歌会或自愿者即兴表演。贾尼斯·乔普林就是这样起步的。他们仿佛是俱乐部的常客。这培养了一种折中主义,用其他方式无法形成的折中主义。"

很快,比较小型的俱乐部也开张了,虽然面积小,但可以应对突发的事件。到了20世纪70年代,本地文化在四周弥漫。因为缺乏主要的文化传播渠道，这种文化将由广播、电视传送，音乐现场演奏的时代即将到来。1974年，现场直播的电视音乐节目《奥斯丁城市边界》(*Austin City Limits*)启动；1987年，“西南偏南”音乐节得以成立。门科尼现今居住在北卡罗来纳州的罗利，他说：“有人一直问我，我们如何使‘西南偏南’这样的音乐节在这里诞生的？我就说：‘光阴倒流75年，开十几家现场演奏音乐的俱乐部，想办法经营下去。’”

即使没有传统的音乐产业结构(即商标、录音室、广播电台)，俱乐部和音乐家的数量也在激增，构成规模巨大的人群。有些音乐家来自其他城市，比如盖伊·克拉克和汤斯·范·赞特来自休斯敦的音乐圈子，克里斯·克里斯托弗森来自纳什维尔，弗雷迪·金从巡回演出归来，他们发展得相当好，有时候会在这里待相当长时间。道格·萨姆性情易变，不拘一格，他20世纪60年代末待在旧金山，尔后又回到这里。他和成熟、老练的纳尔逊扮演了罗伯特·弗罗斯特的角色，指导年轻的音乐家。

在奥斯丁，非艺术家的创意阶层——尤其是俱乐部的拥有者以及几位有同情心的政治家——是至关重要的。对于地区性的热门事件，电台的反应一向比较迟钝，但是KOKE电台的一位音乐节目主持人从一堆专辑中抽出几张唱片，便开启了现代乡村音乐的节目安排。这堆专辑是“KOKE乐迷因封面上是长头发的艺术家而丢弃在一旁的”，简·里德说。这个节目一开始只在周末播放，对羽翼未丰的音乐界是至关重要的，因为在奥斯丁以外的摇滚乐和乡村音乐电台几乎完全忽视了这里正在发生的一切。在美国的大部分地区，20世纪70年代中期无线电波传送的都是英国乐队齐柏林飞船的摇滚乐，还有前卫摇滚乐；“乡村摇滚乐”意味着老鹰乐队或杜比兄弟合唱团的叛逆版本。

到20世纪70年代结束时，奥斯丁的叛逆乡村音乐除了威利·纳尔逊的几张唱片以外，尚未在奥斯丁以外的地方真正得到广泛而热情的支持。沃德说：“得克萨斯的音乐有时候有太浓的得克萨斯味道，无法销售到美国其他地方。”当然，奥斯丁并未使纳什维尔相形见绌。在纳什维尔，音乐一年比一年更保守，淡然地走向团体化。但是，在接下来的几十年里，发生了很重要的事情。每周好几个晚上花时间——花钱——去看演出的意识一直持续存在。围绕安东夜总会和大陆俱乐部的布鲁斯音乐圈子使摇滚布鲁斯传说中的雷鸟乐队得以诞生，造就了吉他大师史蒂维·雷·沃恩。甚至还形成了一个朋克音乐圈子，而且越来越强大。在《奥斯丁记事报》(*Austin Chronicle*)这份免费的报纸里，音乐的新闻报道产生的影响非常强大，在 20 世纪 80 年代，当这份报纸出版的时候，城市的一些区域几乎瘫痪。在音乐圈子里奥斯丁成为一个传奇，城里有很多可以演奏的地方。因此，住在城里是有些艺术家人生的一个重要阶段。比如，露辛达·威廉斯早年在奥斯丁度过了非常重要的岁月；风格多变的艺术家亚历杭德罗·埃斯科瓦多也把这里当作永远的家。到了 90 年代，莱尔·洛维特、吉米·戴尔·吉尔摩、帕蒂·格里芬、罗伯特·厄尔·基恩、乔·埃利还有其他人都在这里经营自己的事业；再过几年，在这里经营事业的还有勺子乐队以及小加里·克拉克。纽约、洛杉矶、纳什维尔这样的音乐产业之都还不甚明白是怎么回事，奥斯丁的另类乡村音乐和独立摇滚乐已并肩成为自朋克摇滚乐以来最重要的摇滚乐类型。奥斯丁成为世界上养育现场音乐的主要城市之一，而且一直享有这一声誉。

波士顿、洛杉矶和奥斯丁之间确实有诸多不同，年代和音乐种类确实有差异，然而，依然有几个十分醒目的共同特性。我们可以用 X 光来看它们，忽略它们在才华和个性方面的巧合之处，将它们共同的轮廓显露出来。

第一点就是我们所说的正职原理。在拉斯维加斯居住了几十年的希基说：“有一份与艺术创作隐约相关的事业，比如洛杉矶有电影业，拉斯维加斯有赌场，这大有裨益。”在洛杉矶的艺术大爆炸时期，电影、书画刻印、建筑业提供了临时或全职的工作机会；在 20 世纪 50 年代洛杉矶

“冷爵士乐”圈子里，许多音乐家白天在音乐室里为管弦乐队努力拼搏，晚上又追寻自己的创作灵感。这些相互关联的工作也会产生观众和潜在的资助人。

奥斯丁音乐界有着类似的运行方式。得克萨斯大学和州议会大厦将人们吸引到奥斯丁，给他们工作机会：城里的一些词曲作者，还有第一波朋克-摇滚乐手，都是依靠在州立法机关里校对法案谋生的。许多音乐家和听众是学生或刚毕业的学生。叛逆乡村音乐独行其是，有叛逆的语言和行为。尽管如此，公共资金也使它具备了发展的可能性。

当然，波士顿是学术界的一个群岛。大学在艺术家、观众、知识分子这三个圈子里都起着非常强大的作用。加州大学洛杉矶分校的音乐学者罗伯特·芬克研究美国历史中的文化生活。他说：“城市中心日渐衰退，一所大学提供兴致勃勃的观众。这样的市中心和大学是最完美的结合。还有一种相当方便的方式在他们中间游走，至少在夜里是这样。一所大学带来的主要是一个由18～22岁的人构成的不断变化的群体：若干个学生辍学或逗留，成为艺术家；但是那些剩余的学生，无论‘城里’发生什么怪异、平庸的事情，他们都是观众。”

并非只有音乐界如此。20世纪60年代的洛杉矶是可以想象的、学术性质最不明显的艺术圈子，有时候它甚至是不屈不挠地反对知识分子的。但是，艺术学校把老师和学生带到了城市里。乔伊纳德艺术学院不拘一格地吸引人才，比如，来自俄克拉荷马州的埃德·鲁沙，来自东京的艺术品经销商水野礼子。加州大学洛杉矶分校将维雅·塞尔敏斯从纽黑文吸引过来。在接下来的几十年里，这一吸引人才的情形愈加明显。

戴维·布莱克是一位年轻学者，他曾经研究大学以及所产生的非学术的影响，有着重要的研究成果。他说：“大学城的文艺圈子通常和大学都没有正式的联系。”但是，一所大学塑造附近的文化。它培养各种机构，比如，唱片店、美术馆、有乐队演奏台的酒吧、举办朗诵会和音乐系列演讲的咖啡屋。若不是大学的缘故，这些机构不会如此密集地存在。另外，大学这一人才荟萃之地会有良好的鉴赏力：其思想意识会把文化视为一种探索，而不是纯粹赚钱的活动，它鼓励新闻评论，产生一种严重的悖论。布莱克特别指出："文艺思想的本质就是客观公正。你追求最好的思想，最好的艺术。无论追求哪一方面，都不考虑实用价值或飞黄腾达。但是，上大学，你可以找到一份工作。因此，在客观公正之下有潜在的压力。一个大学城的文艺圈子所做的事情，其中之一就是聚焦于这些压力。"倘若艺术家们能够以最好的方式平衡这其中的矛盾（比如，一个乐队既能持守自己的原则又能谋生），他们往往就成为文艺圈的英雄，成为城市原则（即自我感）的一部分。当然，城市原则会加强围绕这些原则成长起来的文化。

第二点，这样的创意圈子蕴含着看得见的艺术风格运动。亚当·基尔希说："你需要拥有的，就是一代年轻人。如果他们拒绝陈旧的观点，这很有用。他们开始互相滋养，很快就有了一个'流派'。有时候，这只是一种表达方式，他们在说：'请注意我。'"艺术家们随着年龄的增长，有时会逐渐偏离一种美学流派的限制，但是，一个流派常常起着关键的作用，它使艺术家的地位得以确立。"请看 20 世纪前 10 年的伦敦，你就看见了庞德和艾略特；弗罗斯特也在那儿待过一阵子。"那时没有人把他们视为伦敦最负有名望的作家。"他们那时鲜为人知，但是他们后来成为现代主义者。"必然的结果是，进步的与保守的、艺术中心和艺术"落后地区"、互为竞争的单位——纳什维尔和纽约，它们之间互相影响、互相作用，促进汹涌澎湃的文化。如果一切都是平稳的，那就会风平浪静。

第三点，也是最重要的一点：艺术繁荣的第一个阶段往往来自于三教九流、无秩序的源头，但是，无论这一簇火焰烧得多么明亮，它还会因为没有机构而黯淡。这一点我们在 20 世纪 60 年代的洛杉矶看到了：火焰噼啪作响，但是没有完全熄灭。（俄勒冈州的波特兰市走了类似的道路——拥有来自很多领域的大批的艺术家，但是，没有什么机构能把他们聚拢在一起，直到近几十年才有所改观。）有时候这个过程可能以反方向进行：机构先出现，但是，那时候需要有独立艺术家。明尼阿波利斯就是这样的，它的市领导们把赌注压在艺术上。克里斯蒂·埃德蒙兹曾在波特兰、纽约、洛杉矶和澳大利亚的墨尔本举办过艺术节，经营过文艺表演项目，与许多城市里的机构有过合作。她说："明尼阿波利斯将艺术和文化视为其战略的一个部分。因此，它凭借20世纪70年代的生活质量（艺术也包括在其中）吸引了许多《财富》500强的企业。"但是，在一开始的时候，即使像格思里剧场、沃克艺术中心这样的机构或美术馆拔地而起时，艺术家还没有真正出现。"你有了机构性的基础设施。但是，在这之后，你还要寻求一种方式去吸引、聘请、支持独立的艺术家；否则，你开始引进百老汇，你的城市就是一家路边餐馆。"在19世纪的大部分时间里，英格兰处于类似的窘境中：那时，它可能拥有世界上最成熟的古典音乐听众、最美丽的音乐厅，但是几乎没有乐手，没有作曲家。德国人开始称之为"没有音乐的国度"。

在波士顿、洛杉矶和奥斯丁，我们清楚地看见这些原理的运作方式。这三座城市都吸引了一群杰出的艺术家，而且这种状态至少持续了一段时间。洛杉矶的美术圈子在几年时间里挣扎着逐渐走向衰落，而其他的机构（艺术学校、博物馆、艺术报刊）最终充满了艺术世界。同样，奥斯丁在1970年前后凭借俱乐部而红火起来。城市及周遭的音乐产业可能发生变化，俱乐部可能开张，也可能关门歇业，但是机构是稳定的，聚会地点和音乐节的生态环境变得更密集，更复杂。只有波士顿的机构逐渐衰退。诗歌剧场烧毁了，周围却没有什么可以取而代之。供诗人发表作品的杂志为诗歌留下的空间越来越少；有些杂志停刊了。当教会和电视台不再邀请诗人时，诗人想要施展才华，就只剩下一条出路：大学成为城市里唯一的选择；研究院是一个必要但不充分的条件。

只有人才或机构是不够的，这两者需要以正确的方式结合起来。行动者-网络理论是研究文化圈子的一种有效的方式。这一理论是由法国社会学家布鲁诺·拉图尔详细阐释的，我们通常用这一理论研究科学技术的历史。芬克是拉图尔理论的仰慕者，他说："在许多不景气的城市里，艺术却能存在。但是，并非每座城市都有适合行动者的网络。没有网络，行动者无法成就大事，但是，你又不可能随意将一个人置入某一个网络体系里。如果没有合适的行动者，什么事都不会发生。"

第二章　日渐消失的店员和地方感的逝去

> 两只鸟只好一起唱歌，但是并不成功，因为真夜莺用自己的方式唱歌，而人造的鸟儿靠发条装置歌唱。皇帝的乐师说："这不怪它，它的时间控制完美无缺，遵循我的方法，分毫不差。"然后，让人工鸟儿独自唱歌。它就像真鸟儿似的，大受欢迎。当然，它的外表更漂亮。它熠熠发光，宛若一簇胸针和一堆手镯。
>
> ——汉斯·克里斯蒂安·安徒生，《夜莺》

杰夫·米勒也许和贾斯汀·廷伯莱克不太相像，但他是好莱坞一个响当当的乐手。或者，确切地说，米勒曾是好莱坞一个响当当的乐手，直到 2011 年劳动节那天，他接到了他的雇主——好莱坞那家最好、最重要的电影租赁商店的店主——打来的电话。米勒这位长着大胡子、貌似泰迪熊的乐手 10 年来一直帮助经营火箭音像店。导演、演员、有雄心壮志的人们经常光顾这里；这里的职员都是执著于音像，并对此难以释怀的人。但是，现在有了在线影片租赁提供商 Netflix，有了音像的流式传播，实体音像店的租赁收益受损；昔日有人还把这里视为目的地，如今，一切在顷刻间就结束了。

几周以后，无法避免的停业宴会在拉布雷亚大道举行。米勒在美国钢铁地带的宾夕法尼亚州土生土长，最初受旧的惊悚电影以及艾博特-克斯特洛喜剧搭档（Abbott & Costello）的吸引而迷上电影。他回忆着当时的停业宴会，说："着实令人震惊。有些女人是哭着进来的。有些人带着自己的家庭成员和我一起合影留念，因为他们是和火箭一起成长的。"火箭音像店的资助人，有些是社区里的电影爱好者，还有一些则是名人。米勒记得，威廉·H. 梅西为了准备出演电影《不羁夜》（*Boogie Nights*）里的角色，曾租借 20 世纪 70 年代的色情电影；考特尼·洛夫也曾光顾，直到有一天她发现店里的存货中有缺乏同情心的纪录片《科特和考特妮》（*Kurt and Courtney*），当时她大为光火，严厉斥责音像店的工作人员；弗兰克·德拉邦特脑海里孕育电视连续剧《行尸走肉》（*The Walking Dead*）的时候，他租借的是僵尸电影。

火箭音像店最忠实的名人顾客就是费伊·达纳韦，她常常到店里来咨询米勒，询问他对外国导演的看法。"她说：'我准备上一门电影课，但是，我想我只要来这儿和你们这帮伙计们谈谈就行了。'"她会在店里做各种各样的活动，偿还这份人情。

火箭音像店极负盛名，长期受社区拥戴，但是，霎时间轰然倒塌。这是火箭的故事，这故事不是独一无二的：过去几年里，成千上万的书店、唱片店、录像店都倒闭了。随着这些店铺的破产倒闭，和米勒一样的人在经济危机以来最糟糕的职业市场里失去了工作。2008 年市场崩溃之后的几年里，很多人光景凄凉。但是，由于经济和文化的其他变迁（财富向上层流动，互联网激发的"革新浪潮"，越来越多的伪平民主义者不敬畏专门知识），一些领域比其他领域遭受着更严重的打击。商店的职员，无论自己的知识多么渊博，都不符合"创意阶层"最具影响力的定义。理查德·佛罗里达把这些人归于服务阶层，他对服务阶层的前景并未持乐观的态度。但是，在过去几十年的时间里，这些人都是消费者和文化之间的重要渠道，而且他们的工作场所也是一些优秀的作家、电影制片人、乐队的培训基地和聚会地点。

好了，我们知道他们属于娱乐界。的确有些职员只是在打发时间。凯文·史密斯执导的电影《店员》（*Clerks*）把店员塑造成住在郊区、满口脏话的瘾君子；作家尼克·霍恩比和导演斯蒂芬·弗里尔斯将《高保真》（*High Fidelity*）里的店员和音乐爱好者塑造成自鸣得意的、耽溺于时尚回归的、精英主义的失败者。不过，公平地说，有些店员确实在消磨时光。

但是，在几十年的时间里，店员的工作一直吸引着那些聪慧、努力拼搏的创意人才，使他们能够汇入文化的洪流——一次一个客户。有时候，他们连大学学位或者职业上的人脉关系都没有。当然，这种情况并不多。乔纳森·莱瑟姆就属于白手起家、有特殊才能的这个人群。在他读大学之前、攻读学位期间以及前功尽弃之后，他曾在纽约以及旧金山湾区的书店里工作，之后他才成为在国际上受人尊崇的小说家。

莱瑟姆说："我把书店里的工作视为我的大学。"（他的纪实作品集《感化入迷》[*The Ecstasy of Influence*]强调了自己无所不包的兴趣以及他那种发人深思的、对钟爱的作品的讨论方式，最优秀的店员都具备这些特征。）"在实体店售书是我在读艺术硕士预科期间成为作家的一条神圣之路。这是我想做的工作，也是我有资格做的唯一的工作。"那些年深深地影响了他作为一名读者的品位。"你走进书店，发现了并非你正在寻找的东西。店员一周七天全天候地工作——我的阅读就是这背后的工作塑造的。你渐渐地厌恶假经典——所谓的每人每年应当读的那两本书。"店员的工作也塑造了他即将形成的创作风格，即他那有名的大杂烩式的、题材混合的创作风格。他对我说："当你看见周围千变万化的多样性，你无法只是持守那些神圣的金科玉律。"

当然，莱瑟姆并非是唯一的，作家玛丽·盖茨基尔和十二月党乐队的歌手科林·梅洛伊（现在也是一位作家）都是从书店起步的；"朋克教母”帕蒂·史密斯曾经在纽约杂乱延伸的斯特兰德书店以及第五大街的斯克里布纳书店工作过。摇滚乐队“我的晨装”的灵魂人物吉姆·詹姆斯、R.E.M.乐队的吉他手彼得·巴克曾分别在肯塔基州的路易斯维尔和佐治亚州的雅典市的唱片商店里工作过。朋克摇滚乐特别受到那些曾经在书店工作过的艺术家的推动。这些音乐家,比如理查德·希尔、汤姆·维莱恩,他们在20世纪70年代早期来到纽约,曾在格林尼治村(这里被称为黑色电影的中心)的电影书店辛苦地工作,后来成为电视乐队的成员。昆廷·塔伦蒂诺(几乎称得上凯文·史密斯的电影《店员》中的一个人物)在加利福尼亚州曼哈顿海滩市一个名为“音像档案”的音像店里工作。他在音像店工作的过程中形成了自己独特的艺术风格,将垃圾文化、亚洲电影以及欧洲影迷痴狂的爱好糅合在一起。音像店就是他的电影学校。

这些地方不仅讲述都市那些具有波西米亚生活方式的艺术家的故事,还讲述普通人的故事。曾担任国家艺术基金会主席职务的诗人兼批评家达纳·乔亚20世纪50年代生活在南加州名为霍桑的一个喧闹的城镇里,父母都没有大学学历。“在我的孩童时期,每十个街区就有一个售旧书的书店,”他回忆说,“经营书店的往往是一个性情暴躁的老人;如果你来过几次,他就会评价你挑选的书——交流方式不像电影里呈现的那样充满魅力。但是,这表明你和其他人都在阅读,而且有想法;这是一种社交。因此,大部分的文化都蕴含在人与人之间的邂逅里。”

我对文化艺术品充满好奇,心醉神迷,会去找寻那些可能已经遗失的文化艺术品;同时,我是一个记者,在天性上被那些遭到忽视的、无名的人和事物深深地吸引。我从少年时代开始,在店员们的身边度过了很多时光。在十几年前,我意识到店员是一个濒临灭绝的物种,因此开始找寻最优秀的店员。我因而得以认识一位叫查尔斯·豪瑟的小伙子。他是一个科幻迷,在洛杉矶的天窗书店工作。他对戴维·福斯特·华莱士的作品充满炽热的爱。源于他的激情,《无尽的玩笑》(*Infinite Jest*)

这部 1 000 多页的宏伟巨著一度成为书店的畅销作品。我对几家旧书店培养了浓厚的感情，直到它们关门歇业为止。

我在唱片店也度过了许多时光。在一家大型的唱片店——比如我在 20 世纪 90 年代早期经济衰退时期曾工作过的、安纳波利斯的淘儿唱片店——雇员的阵容颇似一部有关二战的旧电影：威风凛凛的得克萨斯人、布鲁克林的犹太人、来自平原地带的单纯朴实的男孩，他们同仇敌忾，一致对外，保卫美国。在唱片店，有另类乡村音乐的购买者，戴着与巴迪·霍利同款的眼镜；有瘦骨嶙峋的独立摇滚乐手，可能是十二月党乐队的演奏者；有哥特摇滚乐手，穿着快乐分裂乐队的 T 恤衫；还有神情恍惚、超脱现实的爵士乐乐迷——都在为音乐服务。

我这种情况并非独一无二。洛杉矶的音乐记者史蒂文·米尔金说，好店员把寻找音乐变成一种乐趣。“这就像一些餐馆有专业的侍者，比如，穆索-法兰克烧烤餐厅和斯帕戈风味餐厅都有专业的服务员。你坐下来，他们的服务让你感觉舒适。这不完全是鉴赏的问题——这是一种服务的愿望。”

凯伦·皮尔逊即为一例。他是一个土生土长的伯克利人，有哲学头脑。他监管好莱坞变形虫独立唱片店店员的雇用事宜，将唱片店的店员视为保护文化记忆的“一个群体”。“他们有一种特质，不循规蹈矩。我认为，无论是唱片店还是书店，从总体上看，这群人正从独立商店中渐渐消失，因为随着仓储式商店独步天下，零售业就变得格外单一。我的工作大部分的内容就是抵御这些事情的发生。”皮尔逊提到的某些特质在出售古典音乐的唱片店里最为明显：人们选择从流行乐行业的中心退出去，使自己因推销一种陷入困境的音乐形式而沦为一种濒临灭绝的物种。在好莱坞日落大道淘儿唱片店的古典音乐室里，我遇到一个名为埃里克·沃里克的店员。他在闲谈中引用尼采和威廉·福特文格勒；他在描述唱片时会流露出令人心神荡漾的赞扬或者刻薄歹毒的蔑视。他会对一首曲子激动万分，而对另外一首无可奈何地、不耐烦地摇头。英国音响师的声音为何最浑厚，流动社会的残酷性，乐队指挥为何比我们普通人的动作更丰富，对所有这一切，沃里克都有理论去解释，有绵延不绝的理论。有些时候，本来一开始就是一个简单的问题，最后却在学术上弄得我招架不住。这个穿短裤、身材瘦高的沃里克早些时候是一个室内乐的乐迷。他有很强的日耳曼特征，穿吊带花饰皮裤兴许更合适呢。在他的内心深处，他是一个叛逆者，一个理想主义者，但是他在以一颗谦卑的心为音乐服务。

加里・卡拉马记得自己 20 世纪 70 年代末刚从纽约来到洛杉矶时，偶然走进一家甘草比萨音像连锁店，在一个出售朋克摇滚乐的女孩的帮助下，他对一些新歌曲产生了兴趣。“她会推荐歌曲，然后跑回来在店内的音响系统为我播放这些曲子，”他说道，“我记得我从这家店走出来的时候，带了警察乐队、B-52 乐队、Devo 乐队以及 the Knack 乐队的单曲唱片。我爱上了洛杉矶。”

受到熏陶的卡拉马很快换了工作，就业于一家唱片店。这份工作引领他后来成为位于圣莫尼卡的美国公共电台 KCRW 的唱片节目主持人以及《六英尺下》(*Six Feet Under*)、《嗜血法医》(*Dexter*)等电视剧的音乐顾问。卡拉马还和菲尔・加洛合作撰写了《唱片店的岁月：自黑胶到数字再到黑胶的轮回》(*Record Store Days: From Vinyl to Digital and Back Again*)一书。他们在书里仔细审视了一些地方，比如，奥斯丁的滑铁卢唱片店、波士顿的纽伯里漫画店，还有其他许多业已关门歇业连员工都带走了的店铺。在 21 世纪的今天，对于像卡拉马这样迁入大城市的人，进入音乐行业的那一道阶梯已不复存在。

毫无疑问，这些人和其他的批评家、美术馆馆长或者文化产业经理人一样，他们塑造了我的文化经历。(迈克尔・沃德是洛杉矶的一位收藏家，收藏激光唱片和 78 转黑胶唱片。在淘儿唱片店，他爽快地以 200 美元买下了瓦格纳的一套盒装唱片，还有其他一些唱片。在说起音乐销售者时，他这样评价道：“他们是艺术创作灵感不可或缺的助手。”)音乐教育逐渐退出公立学校，要学习经典，很多人只能使用非正规的渠道——从亲眼见过著名演奏家的那些长辈那里学习，从沃里克那样坚持不懈的推销员那里学习。沃德谈起这扇进入音乐的大门时说：“把这些人带走，这扇门就关了。这个时代就算过去了。所以，当我说唱片店非常重要时，我不是感情用事。”

沃里克在店里奔忙。有一张唱片收录了贝多芬的一首钢琴协奏曲，他对此激动万分，正为一个室内乐乐队准备这张唱片。在他精选的曲目栏里，他写了一句话：“唤醒杰作，这是音乐创作的全部使命。”总体上看，他的目标是让那些咨询他的人“不太以市场为导向”，不要过于依赖市场疯狂推介的作品。他俨然是一档两条腿行走的广播节目。他说，20 世纪五六十年代是古典音乐的黄金时代，指挥和演奏者在这个时期都达到了新的顶峰，录音技术也走向成熟。在早期立体声年代，繁荣发展的水星现场体验唱片公司以及迪卡唱片公司，他都特别喜欢。沃里克坚持认为：“高质量的工程就是要做到这一点。它并不壮观张扬。它彻底清澈透明，一眼望到尽头，丝毫不将注意力引向自己，没有渲染自己的中高档次，没有大肆宣传自己的辉煌与显赫。它不需要超强低音。”相反，在他看来，德国的德意志留声机公司就是“德意志垃圾摇滚乐公司”。

但是，音乐销售和音乐创作一样，可能都有千百种方式。倘若说沃里克是一个古典音乐的天主教徒，说他跟精神世界的联系是通过圣徒（严肃的收藏家）和罪人（坏的工程师）构成的网络进行调和的，那么就可以说眼神忧郁的汉穆拉比·凯巴比是古典音乐的清教徒，一个神秘主义者。我遇到他的时候，他正在达顿的布伦特伍德书店整理唱片箱子。他直接从源头获得信息，然后尽力把火种直接传递给走近他的任何人。他说：“无论是谁，在他们离开我之前，我都会连珠炮似的向他们讲解，讲解历史。”那时，他刚刚开始攻读雷德兰兹大学的研究生学位，身上穿着塔可钟快餐店褪色的绛紫色 T 恤衫，留着年轻的波西米亚人常有的络腮胡子。“讲故事，可以让人理解一首曲子。”他说。他还向我透露他使用的稀奇古怪但是奇迹般有效的熟练技巧:“如果你感受到了一首乐曲的魅力,即使你的手烧伤了,你仍会去弹奏它。”他说这话是比喻赫伯特·冯·卡拉扬对西贝柳斯作品的态度。当他谈起俄罗斯多才多艺的钢琴家斯维亚托斯拉夫·里赫特时,他说:“他是用下巴弹奏的。你看他弹琴时,你就看见他那俄罗斯风格的下巴——大,有分量。他一触到琴键,他的下巴几乎随之弹跳起来。”

沃里克在古典音乐的熏陶中长大,性格外向,情绪几乎是亢奋的。凯巴比与沃里克刚好相反,他内向,沉默寡言,把音乐视为一种秘密,由“禁忌的知识”建造的,由一个信徒传递给另一个信徒。当顾客们向他咨询时,无论他们是为自己或者为朋友咨询,凯巴比都会提出一系列的问题,有些问题是相当隐私的:他们阅读什么书?他们早起还是夜猫子?他们住在哪里?他们的品位是保守的还是进步的?他们目前的生活状况如何?他们喜欢什么音乐,古典音乐还是别的什么?“我等待着什么,仿佛是他们的自由联想,一直等到他们想出自己需要的答案。”尽管他对顾客的品位很敏感,他对现代音乐、对世世代代受到不公平待遇而遭到忽视的作曲家依然有一种“道德责任感”。

在一些人看来,店员的工作是通往某处的一座桥梁。戴维·墨梅尔斯坦在20世纪80年代中期时还是一名大学生,喜欢音乐,但对音乐尚未有特别的责任感。那时他开始在韦斯特伍德的淘儿唱片店管理古典音乐那一层。他回忆说:“事实上,并非每个人都有鲜明的观点。”但是,他和他的同事一晚上连续播放同一首协奏曲不同的录制品,播放三四次(那时,淘儿半夜时分还在营业,甚至更晚),他的理解就深刻了。他接着说:“这就产生了‘阐释’的理念,即一首曲子可以用不同的方式演奏。这有点儿类似戏剧的思维方式:即使是同一个剧本,比如,《哈姆雷特》,你也能看到演员用7种不同的方式呈现出来。因此,你可以在你的架子上储存贝多芬的《第九交响曲》的10个不同的版本,每一个版本都有自己的个性。”其他店员对他所受的教育也起着重要的作用。“他们年龄偏大一些：研究生，还有因为热爱音乐而放弃其他事业来做店员的中年人。”墨梅尔斯坦会给《纽约时报》(*New York Times*)和《华尔街日报》(*Wall Street Journal*)撰写音乐和电影评论。

蒂莫西·曼根在韦斯特伍德的淘儿唱片店柜台后面劳碌时对“阐释”也有了一些认识。那时他有一个同事，疯狂地热爱管风琴，弹奏和弦电风琴，陶醉于李斯特的音乐，顽固、狂热地仰慕指挥家奥托·克伦佩勒。曼根说：“在音乐学校，他们不教这些东西。我从来没有学过与音乐阐释或演奏家有关的课程。”曼根在巴尔的摩的皮博迪音乐学院获得了音乐硕士学位，目前在《橘郡纪事报》(*Orange County Register*)担任古典音乐评论员。他说：“店员的工作涉及音乐历史和理论、针对作曲家的系列课程，让你的耳朵能够辨认音程、和弦。我认识很多学音乐的学生，他们都没有受过这样的训练。但是那些没有上过音乐学校而在唱片店工作的家伙们却得到了这样的训练。他们仿佛是巨型留声机。”

10年以后，变形虫独立唱片店依然坚挺，但是达顿书店已经消失，淘儿唱片连锁店也不复存在。在这些地方工作的人们——以及整个美国做同类工作的人们——都已经找到了别的事情去做。文化失去了一个重要的成分；它受到了重创。

究竟发生了什么？

每一个行业都有自己的故事，但是共同的特性好像是互联网。

书店经历了尤为艰难的时光。亚马逊及其他网络资源以很低的折扣出售书籍，而且无须在拥挤的城市建筑物里占据空间。在和亚马逊、网络资源的竞争中，书店一直在打败仗。在过去几年里，波士顿已经失去了华兹华斯书店，洛杉矶没有了达顿的布伦特伍德书店、都市书店、乡村书店和推理书店。美国的任何一座城市，你都能列出一个类似的单子。博德斯图书集团连锁店已成为历史。出售旧书的书店仍在快速地消失，很难再见到它们的影子。波特兰力量强大的鲍威尔书店在这座城市的读者中占据很大分量，而且网络上图书的销售量也是领先的。即使是这样的一家书店也裁减了一些经验丰富的雇员，而且裁员可能尚未结束。

史蒂夫·诺珀说，唱片店的倒闭是音乐产业更大的内部坍塌的一部分。他是《滚石》杂志的记者，撰写了《自我毁灭的欲望》(*Appetite for Self-Destruction*)，呈现了唱片业的历史。如著作标题所示，唱片公司本应预见互联网盗版产生的威胁，但是盗版现象还是对它们造成了致命的打击。以互联网驱动的新的商业模式以每首流行歌曲 99 美分的价格出售单首乐曲，然后和苹果品牌的设备分享，这取代了以往一张 CD 以 15 美元价格进行销售的形式。这种商业模式进一步缩小了产业规模。诺珀写道："苹果基本上夺取了整个音乐业务。"他依旧思念丹佛的淘儿唱片店，还有印第安纳州一家名为赫格威奇的店铺，这家店铺使他在报社的第一份工作没有那么孤独。你可能享受 iTunes 或者音乐流式传播带来的便利，同时又承认它们使商店参与竞争时举步维艰。

那些店员辛苦劳碌，将图书、音乐、电影放进我们手里，他们自己的损失已足够严重。他们的离去不只是减少了在文化界谋生的人数。出售图书和唱片的商店、出租音像制品的商店，每关闭一家，文化爱好者相聚、联络的场所就消失一个。我们失去了我们的文化环境，城市的结构也遭到损伤。

美国人一直担忧大城市还有仿佛在城市里生了根似的地方性的贫穷。近来，有很多大城市持续恶化，比如底特律、巴尔的摩；甚至在最富有的城市里，有些区域也不断恶化。然而，导致一些城市不宜居住的因素不是贫穷，而是财富过多。文化商人关门歇业，有各种复杂的原因：除了科学技术这一破坏性的因素以外，房屋租金猛涨，把这些店铺挤走了。最近一次经济衰退使美国中产阶层的失业状况持续很久，造成严重的损失——根据家庭财务稳定中心的统计，中等家庭自 2007 年以来在财富上遭受了极大的损失，这些损失的财富只有 45%重新返还家庭。但是，即使在处境艰难的时候，房地产的价格也在上升，而且，在有些情况下，房地产还急剧增值。股票市场汹涌澎湃，公司获得创纪录的利润，在税收降低、公司离岸外包的年代，富豪阶层繁荣兴旺，这一切都意味着富人能够迁入城市，把其他人逼出去。

在纽约市，从市郊到市中心，豪华公寓的价格把创意阶层一步步推向布鲁克林区和皇后区。即使是在新泽西州偏远的城市霍博肯，资历不深的银行高级职员有能力支付 4 200 美元的月租居住在一套一居室的公寓里，已经把创意阶层挤走了。独立摇滚俱乐部 Maxwell's 是音乐家和作家长期的聚谈场所，在 2013 年也关门歇业。在旧金山湾区，房地产的价格已经开始对中产阶层进行经济上的族群清理。在 2011 年 6 月及之后的两年里，旧金山的房租提升了 30%，大幅度上升的驱逐和迁徙如影随形。在经济衰退之后，奥克兰、丹佛、迈阿密和波士顿等城市房租上升也超过 10%。对于价格固定的物品（比如，书籍、唱片等）来说，费用上的增加如此巨大，一个小零售商无论多么努力，多么有创意，都很难承受这样的费用。城市这个环境原本可以促进眼光挑剔的大众和文化之间的交流，但是费用如此攀升，别说书店的店员，就连作家和音乐家在没有信托基金支撑的情况下，也几乎不可能居住在城市环境里。随之而来的就是，城市不可能维持任何意义的城市背景，任何意义的自我感。诗人温德尔·贝里曾说：如果你不知道身在何处，你就不知道你是谁。

什么使社区正常运行？有很多文献论证这一点，包括新城市主义者的很多论述。简·雅各布斯是 20 世纪中期城市事件最雄辩的记录者。（艾尔弗雷德·卡津的著作《城市里的漫步者》[*A Walker in the City*]以及瓦尔特·本雅明的论文，都是她的普鲁斯特式的前奏。）雅各布斯反对那种街区长得无法进入的城市卫城，反对毁灭性的中央规划。她赞成小商店的存在，鼓励市民步行，经历机缘凑巧的事；赞成街道两边多功能的区域和大楼，方便服务于市民。独立的文化商人和其他类型的场所之间的相互影响对这一切都是有益的。

漫游,这是小商店特别鼓励人们去做的事情。如果小商店关门歇业,人们往往就不会在邻里社区散步了。丽贝卡·索尔尼关注城市中的场所,是一个伟大的、异乎寻常的作家。她在《浪游之歌:走路的历史》(*Wanderlust: A History of Walking*)中写道:“从最理想的眼光看,散步是一种心境,身、心与世界合一,三者仿佛一起和谐地交谈,三个音符突然产生共鸣。散步使我们的自我处于身体和世界里,不会被迫忙碌。它让我们自由地遐想,但又不至于完全陷入沉思。”在书籍、唱片、音像制品中徜徉就类似于这种状态——这是一种大脑的从容漫步。

这些场所发挥的功能之一也是“第三场所”的功能。“第三场所”这个术语是城市理论家雷·奥尔登伯格创造的,用于指代那些家和工作场所之外的、非正式的聚会场所,它们以自己独特的方式对我们的福祉发挥着至关重要的作用。他在1989年出版的著作《那绝好的地方》(*The Great Good Place*)里说:“第三场所,以中立的立场存在,有助于顾客保持在社会平等的状态里。在这些场所里,交谈是最基本的活动,是人格和个性得以施展并受到欣赏的主要手段。第三场所大多保持低姿态,人们意识不到它们的存在。社会上正式的机构对个体都有更高的要求,而第三场所通常既在下班时间开放,也在其他时间开放。每一个第三场所的性质首先是由它的常客决定的,其标志是轻松、休闲的氛围,这和人们参与的其他更严肃认真的圈子形成鲜明的对比。和家相比,第三场所是一个截然不同的地方,然而它却赋予人们心理上的安慰和支持,因而,从这个意义上看,它又和温暖的家极其相似…… 它们是社区活力的中心,是民主的基础,但是,很悲哀的是,它们在美国社会景观中占据的位置愈来愈少。”

当然,酒吧、咖啡屋和其他类似的场所可充当存在于家和工作场所之外的温馨之地。但是,热爱音乐、电影或文学的每一个人都有一个对自己至关重要的商店——或者至少曾经有那么一个商店。小说家迈克尔·沙邦在他的作品《电报街》(*Telegraph Avenue*)里,塑造了一个旧唱片专卖店——布洛克兰唱片店，它那一箱箱的灵乐、爵士乐、乡土音乐唱片将一群热爱音乐的、与社会格格不入的人聚集在一起。这些音乐爱好者来自伯克利和奥克兰，年龄不同，种族各异。当然，作家也热爱书店。《我的书店》(*My Bookstore*)这本书收集了作家们新近撰写的与自己至爱的书店有关的散文。小说家理查德·拉索在这本书的引言里写道，书店和图书馆一样，“是浩瀚的世界里最悠长、最美好、最扣人心弦的对话的物质反映。书店工作人员会告诉你，是谁在说什么”。

然而，这种对话会戛然而止。达顿书店已经消失。从前，它曾经在室外有一处宽阔的庭院，是人们阅读、讨论的理想场所。犀牛唱片店也已关闭。在20世纪70年代末，它曾使一个重要的再版唱片公司得以诞生。洛杉矶的韦斯特伍德，它曾是一处罕见的温馨之地。就在几年前，格林尼治村及其周围变成了一个巨型购物中心。在这之前，除了淘儿和维京唱片，曼哈顿下城还承载着其他多如牛毛的独立唱片店，从布利克-鲍勃唱片行(现在变成了一家冰冻酸奶连锁店)到位于西村的再度归来唱片公司、A大街的艾瑟里亚唱片行，还有休南区(SoHo，即休斯敦街以南地区。——译者注)的疯狂摇滚唱片行。纽约城里独立摇滚圈子的许多成员都就职于疯狂摇滚唱片行，诗人普里西拉·贝克尔也如此。它在王子街的店面如今是一家房地产代理机构，对冲基金经理在装饰奢华的顶楼办公。艺术影院，包括布利克街影院、第八街剧院、塔利亚影院等等，都发生了类似的事情。所有这一切，不仅仅在大城市里发生：路易斯维尔的唱片店“耳朵狂喜”关门歇业，由帕纳拉面包连锁店的一家分店取而代之。2013年，密西西比州的首府杰克逊失去了时髦的小型唱片店“比博普”；在德克萨斯州东北部的城市普莱诺，拥有10万种图书、占地约2 230平方米的遗产书店于2010年倒闭。所有这些单位都有雇员，有些单位的员工数量还很多。

小说家、旅行作家皮克·耶尔周游世界，所到之处，便在书店里徜徉。他是乔叟书店最忠实的客户。这是一家独立书店，位于一座时髦的城市——圣巴巴拉市——的一座不那么时髦的购物中心里。经济动荡，几家博德斯书店、巴诺书店来了（又走了），这家乔叟书店依然不倒。耶尔不断地造访这里，部分原因是这里的一位 24 岁的店员。这位店员曾让耶尔喜欢上了奥地利小说家托马斯·伯哈德；他还给耶尔搜寻到一本介绍导演沃纳·赫尔佐格的书，这本书不出名，耶尔压根儿不知道世上居然有这么一本书！这样的一家书店，赋予了人与人的沟通，也呈现了一种令人拍案惊奇的成分。“它使我不再循规蹈矩，而网站很难做到这一点。”耶尔说。

“去年，我正准备给世界建筑文物保护基金会做一次演讲，”耶尔接着对我说，“我想到，倘若你把单独的一栋木屋从一个传统的、全部是木屋的邻里社区拆除，你就扰乱了甚至摧毁了整个社区的韵律和完美，俨然打掉了安吉丽娜·朱莉这个美人儿的门牙（我这么以为）；一次小小的撞击，这个女人的完美无瑕以及她的品格、魅力都可能在顷刻间粉碎了。因此，我们对本地商店的所思所想，我们对它们的情感依恋不能算作非理性的伤感或者怀旧情绪；这些思想、情感是从我们本能的意识里奔涌而出的，因为直觉告诉我们：最微小的变化会造成最严重的后果。将一个‘不’字从一个句子里拿掉，整个文本会彻底改变。将一个唱片店从一个社区里移走，这不是说唱片、友人、个人的历史或记忆消失了（你还能在别处找到这些）；而是说，周围的一切发生了微妙的变化。”

微妙的变化一旦凑够数，一个城镇或者社区就会彻底改变。索尔尼在《闯入天堂之门》（*Storming the Gates of Paradise*）中写道：“场所是至关重要的：它们的原则、规模、设计会包容或者排斥民间团体、漫游、平等、（经济和其他方面的）多样性；会涉及对水源、垃圾处理方式的理解，以及有关消费或节约的理念。它们用一张地图反映我们的生活。”但是，如果我们从地图上跌落下来，会发生什么事？我们在哪儿都能生活吗？

店员不复存在，他们的工作场所不复存在，这是整个文化遭受的损失。但是，这触摸不到。2008 年关闭的达顿的布伦特伍德书店可能是洛杉矶最优秀的书店。它的经营者道格·达顿曾说："这很难理解，有太多的偶然与巧合。"在他最喜欢的书商中，有一位是诗人，也是一个侦探小说迷，他的名字叫司各特·万伯格。达顿说："你只需提起推理小说，他的谈话就会滔滔不绝。谈话会涉及方方面面的事情——讲到人与人之间的嫌恶，说起浪漫的故事，谈论两颗心灵深深的契合。这种交流的渠道是非常重要的，但是在渐渐消失。"（万伯格 2011 年去世，这座城市的文学界的人士都在悼念他。）

有一个更大的、可以触摸的维度：当计算机使受过教育的"知识工人"失业时，作为文化负责人的店员，他们的消失构成了更大转变的一个部分。现在失业的不再是装配线上的工人，而是书店里自学成才的店员。接下来计算机就要夺去图书管理员的工作：许多图书管理员已是不受欢迎的"公共雇员"，因为许多网络空想家和学校的董事都认为，有了谷歌，图书管理员已经过时。计算机的效率之高已然更加残酷，人越来越难跟上科技，这时，其他的白领工作也逐渐消失。人，作为一个物种，已经太精明，在科技开发上太先进，因此我们就开始漠视真正的作为个体的人，可能还要漠视人道主义价值观。

科幻小说常常描绘未来的世界，计算机已经代替——或者企图颠覆——人类。比如，弗兰克·赫伯特的小说《沙丘》（*Dune*）开篇就是"会思考的机器"刚刚和人类发生过战争。（人类打了胜仗，禁止生产计算机或建造机器人；那些有超常智慧的"思想者"（mentats）承担了更加精密的思维工作。）在菲利普·K. 迪克的著作里，几乎每一样东西都非同寻常，都是自动化的，包括宠物。（可查看改编成电影《银翼杀手》［*Blade Runner*］的小说《机器人会梦见电子羊吗?》［*Do Androids Dream of Electric Sheep?*］）人类更为尴尬的处境是，在如今的发达社会里，自动化对蓝领的职业——装配线、银行出纳、服务业——造成的伤害已是生活中一个不争的事实。唐·德里罗的小说《白噪音》(*White Noise*)中的一个人物,在1985年遇到一台自动柜员机时,他面对这台机器暗自哀伤,因为它怪诞,没有人性。如今,我们对这一切都见怪不怪,心平气和。

科技,起初只取代那些无须特殊技能的工作,现在已经开始奋力直追,走向那些需要真才实学的领域。医生、律师、对冲基金经理眼下还是安全的。但是,那些和文化有关联、将书籍、唱片和电影放入客户手里以获取报酬的人们,是濒临灭绝的物种。计算程序会向你推荐你喜欢的图书、唱片和电影,它们能说会道,方式简单明了,而商家无须给计算程序购买医疗福利。

安德鲁·麦卡菲和麻省理工学院的同事、经济学家埃里克·布林约尔松合著了《与机器赛跑:数字革命如何加速创新,推动生产力,不可逆转地改变就业和经济》(*Race Against the Machine: How the Digital Revolution Is Accelerating Innovation, Driving Productivity, and Irreversibly Transforming Employment and the Economy*)。麦卡菲说,写一篇短篇小说或者拍摄一部电影,这种实际的创造性工作暂时还不能由计算机取代。“但是,”他说,“这并不意味着自动化和科技对创意阶层没有威胁。创意阶层的成员需要正职,而一些传统的正职(比如,昆廷·塔伦蒂诺在音像店的工作)正濒于灭绝。”他说,作家也一样,网络正拼命压低他们的劳动力的价格。

人工智能复制人的能力(比如,网站推荐图书或唱片),在过去几年里来势凶猛。“有些计算程序的能力让我感到震慑,”麦卡菲说道,“我们现在有了数字产品,可以替代商店的店员。亚马逊有足够多的钱、足够大的决心在全世界把这件事做好。”

麦卡菲是麻省理工学院斯隆管理学院的研究员。他说,他的有些同龄人认为今天的困难类似于工业革命时期,是转型期,它们创造的工作机会最终会多于被它们所摧毁的工作。他不同意这个观点,说:“我们正在讨论的是一个崭新的事实。你招聘人才的时候,不再看重他们的肌肉力量、他们的沟通能力或者他们对图形的辨识能力，那么，想开公司的一位企业家会环顾四周，说：‘请告诉我，我为何需要人工劳力？’单纯只属于人的那部分素质正在缩减。”

麦卡菲建议，创意阶层里那些有雄心壮志的人员可以回到属于他们的某一个传统的工作岗位上——去做服务员。他说，跟其他许多选择相比，服务员的工作更不容易替代，因为人们光顾餐馆，其部分原因是想和其他人交流，而运动控制技术尚未足够成熟，机器人充当服务员这一理念尚未变成现实。但是，麻省理工学院的工程师们已经成功研发出一种名为 Presto 的点菜平板仪器。有了这个仪器，顾客就可以在一个平板电脑上点餐，无须离开餐桌就能付费，而且在等待食物上桌时还可以在平板电脑上玩游戏。硅谷的一家公司 E La Carte 已经开始把这些仪器安装到餐馆里。运动控制技术也在迅猛发展。在无人驾驶的出租车出现以前，开出租车至少在眼下光景还是不错的。

“我有一种感觉，我们最好去读读科幻小说，”麦卡菲说，“那样的现实正向我们走来，速度比我们预期的要快得多。”

第三章　长期临时工和心甘情愿的被压迫者

有一样东西，它使一个人力量强大，同时它又可能把保护它几十年的体制击得粉碎。我们很难明白其中的道理。

——托马斯·弗兰克，《明亮而疯狂的工厂》(*Bright Frenetic Mills*)，《哈珀杂志》(*Harper's*)

乐观主义者说，经济大衰退及其后果中蕴含着巨大的机遇，创意阶层到了品牌化的时候！乐观主义者说，正职是20世纪的特色——和汽车尾部稳定器与手动缝纫机一样，已经不合时宜。幸亏有了手提电脑和廉价的互联网，幸亏世界经济发生了结构上的变化，我们生活的世界才充满了“有自主权的人”——“自我品牌创建”的“独奏演员”，有能力过上灵活的、富有意义的、独立自主的生活。我们都是自由职业之国的公民——我们不是因循守旧、枯燥乏味、身着法兰绒套装的组织人的后裔，我们的祖先是戴浣熊毛皮帽子的拓荒者，是吃苦耐劳、白手起家、建设美国的成功人士。正如汤姆·彼得斯这位商业权威所说：“我们都有自己的公司，即我公司(Me Inc.)，我们都是首席执行官。”

但是，建筑师、电影制片人、作家、音乐家、书店的老板、平面设计师和创意阶层中其他被精简的人员，皆因互联网的出现以及当前企业巧取豪夺的能力和作风而变得过时了。对于这些在新的“零工经济”中靠工作积攒报酬的人们来说，在自由职业之国里生活，想有饭吃、有屋住、有医疗保险，他们得使出九牛二虎之力。

有人正失去自己的房产，有人眼看着自己的婚姻化为泡影却无能为力，有人开始酗酒。还有一些人，常常数月、数年无固定工作。他们没有医疗保险，几近破产。

丹尼尔·平克曾经是副总统阿尔·戈尔演说稿的撰写人，他撰写了充满智慧和魅力的、有关自由职业生活的权威著作《自由职业者的国度》(*Free Agent Nation*)。该著作于 2002 年出版，至今仍有推崇者以嘉许的口吻引用它。平克在书中说："今天无论光景好坏，处于繁荣的峰顶还是破产的谷底，掷下去的骰子，对个人都有好处。因此，我对未来充满信心：将来会有更多人独立自主，掌握自己经济和人生的命运。"平克退一步说，当然，有时候处境会艰难。他说，有很多种类型的人都"能够摆脱刻板的规矩，不再俯首帖耳，而是淋漓尽致地发挥自己真正的潜能"。(此次运动的豪言壮语类似于 20 世纪 70 年代的作品。那时的著作说，婚姻或一夫一妻制是服务于老古董们的，人们应当进入群交的、精神自由的世界里。)

《堪萨斯怎么了？》(*What's the Matter with Kansas?*)一书的作者托马斯·弗兰克说："民主党和共和党一样深陷其中。'自由职业社会'这一理念已走得太远；我不知道你们如何将它扭转回头。而且，他们不仅将这一理念推销给管理人员，还推销给工人。他们认为，没有健康保险或医疗福利，这是一件很'酷'的事！"

但是，现实生活表明，自由职业者的生活并非总是那么激动人心。特别是近期经济衰退以来，人们的收入大约降低了 10%，境况令人担忧。苏珊娜·拉什曾经是华纳兄弟电影公司的平面设计师，目前是自由职业者，服务于洛杉矶及其周围的电影制片人和杂志。她说:“我认识的每一个平面设计师在过去 10 年中收入至少降低了 40%。整个行业都如此。无论动画设计师还是平面设计师，都如此。”这包括受聘的员工和自由职业者。事实上，许多自由职业者并没有把自己视为随心所欲的独唱演员，而是把自己看作长期临时工和心甘情愿的被压迫者。

在亚拉巴马州土生土长的马修·韦克该付的代价全都付了。大学毕业后，他在快餐店当厨师、当服务员，在建筑工地工作，在唱片店当售货员。当他在新奥尔良生活时，他在乐队里弹吉他，那时他的女朋友建议他不要再挤进面包车颠沛流离地在美国南部小俱乐部里演奏，而是去做一些经济风险较低的工作:音乐新闻。

韦克没有直接去找一份正式工作。他给一家银行撰写广告文字，免费给报纸写稿，卖广告，参加耗时 3 小时的城镇规划会议，什么工作都做了。几年以后，他成了一名作家，然后在南方几家报社当编辑。最后，他成为南卡罗来纳州格林维尔一家周报的正式撰稿人。该报属于大名鼎鼎的、受利益驱动的甘尼特报业集团。这家周报和其他报纸一样，为了守住市场份额、保持高收益而开始缩减成本。韦克说:“每个季度都和恐怖电影《13 号星期五》(*Friday the 13th*)一样:我会成为弗雷迪的牺牲品吗?”2011 年 6 月的一天，韦克和他的同事得知报纸要辞退艺术和娱乐版面的员工:这家周报准备重新使用集团内其他报纸的广告文字稿。克雷格·杜博在任甘尼特报业集团总裁期间，在集团范围内实行了大约 2 万次裁员或无薪休假，此次裁员是其中的一次。杜博目睹甘尼特集团公司的股价下跌大约 700%，他因健康的缘故于 2011 年退职。他带着 3 710 万美元的金降落伞[①]离开了公司。

韦克谈起失业后的生活时说:“首先，我没有了积蓄，如同简的嗜好

① 金降落伞(a golden parachute):指公司发给高层管理人员的大笔遣散费。——译者注

乐队失去了低音乐器演奏者。我向各种各样的出版物——地方、地区、国家各级别的刊物去求职。我发现，当时势艰难之时，人们要削减的首先是自由职业者。”再说，出版物也在缩减。“此时，《Spin》杂志已变成双月刊。我信箱里收到的《滚石》杂志几乎跟一本资料手册一样薄。会有更多的老鼠为了同一块奶酪而拼命厮杀。”（现在《Spin》杂志已不再出版印刷品。）

韦克在甘尼特报业集团工作时压力很大，但是，他住在一座三居室的房子里，随心所欲地购买唱片或去酒吧。失业之后，他回到自己的家乡——亚拉巴马州的亨茨维尔，住在他小时候住过的一座房子的一个房间里，这房子是他当律师的弟弟拥有的。有机会时，他写点稿子赚钱；为了谋生，他同时还照料一位耄耋之年的老奶奶。“这样，我就有事可做了，不至于要回到餐桌边当服务员，”他说道，“我已经40多岁了。”

我们很难体会他人生的倒退。韦克有工作的时候，他有能力收集艺术品。“我上大学时收藏的滚石乐队的海报，至今还保留着……”他说，“我去过公关部门吗？还有营销部门？我曾经去做吉他手斯莱史的访谈，后来又沦落到给丹尼斯餐饮公司的菜单写广告词？是的，这个世界会有那么一阵子是离奇怪诞的。”

负责品牌创建的教练总是蛊惑人心，激励创造型人才不要再为“人”工作，要掌握自己的命运。不出所料，他们对互联网摇旗呐喊、著书立说、设计网站，只关注那些在新经济模式下的成功人士那些振奋人心的故事。例如，平克撰写的《自由职业者的国度》以鼓舞人心的贝蒂·福克斯的简介作为开始，并且以她的故事作为著作的结尾。福克斯经营一个名为GrandmaBetty.com的网站，赚了不少钱，拥有大多数写博客的人（其中绝大多数都是没有报酬的）做梦才敢想的财富。

杰伦·拉尼尔对互联网经济巨大的免费福利一直持怀疑态度。他认为，对这种新模式的报道的驱动力是毫无成功把握的、霍雷肖·阿尔杰之类的故事。拉尼尔说：“几例成功的故事便创造了一种虚假的希望感。”他论证说，广播之首乐队能够免费提供唱片，这并不意味着在超级巨星水平以下的乐队都能这么做。同样，苹果公司有远见卓识的领袖史蒂夫·乔布斯去世后，人们竞相讨论标新立异者的价值以及一个人要付出多少努力才能如此成功，此类讨论产生的喧嚷欢闹喷涌而出。这说明，在后繁荣、后泡沫经济中摸爬滚打的每个人注定是一个失败者。拉尼尔借柯达公司这一事例加以说明。柯达公司曾经有14万名员工，支撑着整个纽约北部地区。后来Instagram收购了它，而Instagram是一个只有13名员工的网上图片分享服务公司。拉尼尔问道：所有那些中产阶层的工作去哪儿了？所有那些财富去哪儿了？“因此，只有极少数人能够依靠YouTube或众筹平台Kickstarter[①]过日子，而其他人只能靠希望活着。中产阶层这个大群体没有了。在这个社会，要么大获全胜，要么全盘皆输。”

今天的零工经济残酷无情，甚至对那些习惯了成功的人亦如此。达纳·乔亚是通用食品公司的副总，后来又担任美国国家艺术基金会的主席。在这两段工作之间的十多年里，他是一个自由职业者，是诗人、作家、评论家。乔亚说：“1991年我辞去工作后，艰难地熬过了几年。我写书评，为BBC做些零活，开讲座。有大人物来了，人们会邀请我做一次演说。如果你愿意做很多零工，在这些零工之间冒险、漂泊，还能糊口。”但是，当谋生正趋于不可能时，他获得了国家艺术基金会的工作。他说：“电子娱乐已经掌管人们的生活。阅读的比率低了，人们不再去看演出，这你都看到了。一切都垮了。人们不去看演出，这意味着艺术家谋生更难了。比方说，一位爵士乐手，他要找到零活去做，自己必须相当有名气。还有，政治上对艺术的支持也垮了。”他认为，一位自由职业的文人要想谋生不再有可能，这跟他仰慕的20世纪中期的那些偶像已截然不

---

① Kickstarter是一家商业金融公司，一个众筹平台，于2009年在美国纽约成立。它通过该网站进行公众集资，为人们的创意项目筹集资金。该平台最初服务于美国人，后来拓展至世界各地。——译者注

同。“零活越来越少，”他说道。有独立书评或思想交流版面的报纸数量大幅度下降，严肃的杂志厚度只剩下过去的一半。“如果我今年辞去工作，成为一个文学领域里的自由职业者，我想我是熬不下去的。问题不在于经济衰退，当然，经济衰退确实是一个不利因素。问题是文化崩溃了。”

文化在经历了这些变化后能在多大的程度上幸免于难？至少在3万年前，在旧石器时代，我们有那么一位祖先，开始在法国和西班牙的洞穴石壁上画了鹿和野牛。至少从那时起，人类一直在创造艺术。胸部丰满的女人的石雕，最初用动物的骨头创造的音乐，在时间上有可能更早；已故的学者丹尼斯·达顿在他的著作《艺术本能》（*The Art Instinct*）里论证说，在几千代人的进化过程中，创造性已经成为人的本能。因此，我们中间有一些人会一直从事这个领域。现代生活已经使专业化成为可能，这是石器时代的人无法享受的，但是，一个艺术家要想生存，从来都不是容易的。对未来的若干代人来说，拥有信托基金的年轻人仍然会当作家、视觉艺术家、音乐家和电影制片人，他们走向市中心，在那里平稳地生活。有那么几位——尤其是那些能够从父母那里获得充裕资助的人——踏上成功之路，并激励下一代人怀着侥幸的心理去冒险。

那些缺乏远见卓识、不晓得投胎于富裕家庭的人们在创意领域里过中产阶层生活的能力发生了变化。许多投身于文化的人才因失业而被迫成为自由职业者。有报道显示，即使在经济衰退正式结束之后，国家预算缩减，形势更加艰难，表演艺术领域的工作机会从2010年到2011年下降了16%。美国经济学家迈克·曼德尔是进步政策研究所的高级研究员。他说：“对表演艺术来说，当前的经济衰退就是经济危机。”据说，给作家的作品预付款大约是经济衰退前的一半。一个能独立发展的项目和一个没有遗产馈赠就无法支撑的项目，两者截然不同。

《纽约时报》最近说，自由职业的音乐家跟美国南部的民主党的命运相同。丹尼尔·J. 瓦金说：“过去的日子不错。但是，纽约从事自由职业的音乐家——城市这块布料里一条明亮的金线——正逐渐消失。在音乐取样、数字化、外包的年代，纽约的电影配音和广告短曲录制业基本坍塌。百老汇的工作机会也在减少。歌舞团越来越多地依赖录制的音乐。许多独立管弦乐队只剩下最后若干次稳定的协议，演出季节也慢慢减少，有时候连一次也没有。"所有这一切来得太快！人们刚刚还在讨论浪潮中，讨论休闲、"无领"的创意阶层以及携带手提电脑的"知识工人"将会如何重新定义和复兴美国的生活。创意阶层被理查德·佛罗里达吹嘘得神乎其神，他们本来应当把自己的魔力注入美国的城市里。

克里斯·凯查姆是一位自由职业者、作家，居住在布鲁克林。对他来说，一切都归结为居住空间。"房租，"他说，"是一切的根基。一位艺术家或者创造者，如果想拥有城市人口密集的空间带来的活力，他就要负担很高的房租，那会占去他收入的50%甚至更多。在市场外面做生意是不可能的，你常常努力地工作，只是为了付房租。"

凯查姆给《Orion》杂志写了一篇很长的、慷慨激昂的文章：《1%的人的统治：纽约收入的不平等和文化的死亡》（*The Reign of the One Percenters: Income Inequality and the Death of Culture in New York City*）。有些人关注占领华尔街运动，这篇文章跟他们的关注是一致的。凯查姆说："时代回到了金融阶层（即位于顶层的那个1%）的崛起，纽约由富人接管，推高土地和房租价格。"他说，他的艺术家朋友、从事电影制作的朋友大多数都在公司里任职，"他们都成了企业阶层的仆人"。

经济衰退渐渐过去，人们以为经济正在复苏，然而，美国城市里生活费用上涨，那些需要独立工作场所的创意人士，比如视觉艺术家，他们尤其觉得现实残酷。城市里的工作空间，艺术家们支付不起，这让他们更难以聚集在同一街区内。若在同一街区内，他们便可合作完成项目、评比作品。2013年，在布鲁克林滨水区的日落公园街区的仓库建筑群里，大约有50位艺术家不得不因为房租上涨而离开这里。当初，他们搬来这里，也是因为房价暴涨，他们当中有很多人不得不离开曼哈顿，离开布鲁克林树木更加繁茂的城市中心区域，搬到了日落公园街区。为了降低费用，一位艺术家一生中可能数十次搬迁自己的工作室。艺术家们促进一个社区的绅士化改造，尔后发现自己被逼迁走，这样的例子多如牛毛。人类从旧石器时代一路走来，艺术生活已发生了翻天覆地的变化。

在零工经济里辛勤经营事业的自由职业者有各种类型：有睡在车里、借路灯照明的艺术家；也有戈尔·维达尔这样的艺术家，他一直住在好莱坞山的豪华别墅里，直到 2012 年辞世；还有居于这两种情况之间的艺术家。自由职业者们，无论是兴旺发达的还是举步维艰的，他们中的大多数人都有一个共同点：完全没有社会福利，尤其是没有医疗保险。史蒂文·米尔金就是其中的一个例子。米尔金是作家，自由职业者，长期努力地工作，为《滚石》杂志和《纽约时报》撰写音乐和时尚报道。他在纽约的皇后区土生土长，机智、敏锐，有着斗士一样的脾气。他说："10 年前，我从事自由职业，每天写一份报道，过着不错的生活。"写报道的工作渐渐枯竭，近来他主要为真人秀电视节目和智力游戏节目做自由职业的研究员，写点稿子。即便是这些工作，现在频率也低了。这些不同种类工作的共同之处是都没有健康保险。米尔金不喜欢没有健康保险的生活。但是，无论在出版公司还是在好莱坞，计时工资都下降了，收入是一个难题——即使是电视历史上播放时间最长的《辛普森一家》（*The Simpsons*）这部电视剧，明星们的片酬也大幅度下降。2010 年，米尔金大部分时间都在洛杉矶到处借朋友的客房和沙发，后来搬进了一间车库。他说："你每次咳嗽都担心它费用很高。"

几年前，这些费用突然变得有形起来。在春天阳光明媚的午后，肾结石突然让米尔金疼痛难忍。他去了一趟急诊室，随后一张 3 万美元的医疗账单使他遭受了沉重的打击。他说："如果你没有医疗保险，没有钱买保险，医疗费用就更高。"幸运的是，米尔金有一位做事果断的亲戚介入此事，让医院减少了这笔费用，但是米尔金仍在为生存而苦苦挣扎。

“我拼命工作，不想宣布破产。”

他的故事并不罕见（平克在他的著作《自由职业者的国度》里论证说，这个世界，自由职业者人口越来越多，依赖雇主提供的医疗保险是没有意义的。这一观点值得钦佩）。有一位名叫弗朗西斯·安德顿的英国女士，20 年前来到南加州，是一位无线电节目制作人。她有时有些茫然，不知道自己是否生活在一个自由的国度里。“美国创造了流动和创业的神话：在这个国家，人们到处走，不断地重新开始自己的生活。但是，所谓的旧欧洲的国家则因为它们的安全保障机制而最终更能促进流动能力和冒险精神。”安德顿是 KCRW 电台的公共无线电节目《设计与建筑》（*DnA*：*Design and Architecture*）的制作人，她说，美国的这种窘境抑制了创意人才，“建筑设计师可能想开公司或者购置一块土地开拓一个项目，但是，他们不得不找一份带有健康保险的工作。人们做着自己不喜欢的工作，因为他们害怕放弃这份工作。作为一个自由职业者，我的经验让我明白，医疗保险昂贵得令人难以置信。再加上配偶和一个孩子，医疗保险这笔钱简直让人望而生畏。自己乐意追求的一份事业本该带来兴奋和狂喜，结果处处是险情。”

“患者保护与平价医疗法案”得以产生并且实施，其部分原因就是人们遭受着上述状况之苦。该法案在 2014 年年初开始生效，有一些条款尚需数年的时间才能完全实施。在我们的主要政党中，有一个党派正在不遗余力地废除这一法案，切断它的资金来源。广播和电视上有众多的声音，对“奥巴马医疗法案”深恶痛绝。这项法案也许因政治攻击而削弱，也许竟自巍然屹立，然而，它能在多大程度上缓解中产创意阶层的压力，目前尚不能预测。不过，旨在让自由职业劳动者受益的一项医疗保险计划，到目前为止，无论它的推行和实施多么不完美，它依然是近几年创意阶层获得的最稀罕的福音。我们会传扬英勇的饱尝苦难的艺术家神话般的故事。尽管如此，这些人毕竟是血肉之躯。“患者保护与平价医疗法案”至少是一个开端。

在零工经济中，有不断变化的联盟和环境，这对有些人来说，可促成一种更好的生活和工作方式。数字化世界里取得的一些进展使那种生活更容易。众筹平台 Kickstarter 和其他众筹网站已经创造了新的可能性：Kickstarter 已经资助了成千上万的项目，自 2009 年启动以来，提供的资金超过 4 亿美元。（经营 T 恤衫也好，拍摄色情电影也好，无论做什么，都可得到资助。）在这些项目中，资金最多的是 Pebble 智能手表，它筹集的资金超过了 1 000 万美元；其他许多大项目，比如电子游戏和电视节目，有资深的名人为之募捐。像电影制片人哈尔·哈特利、小说家尼尔·斯蒂芬森、独立音乐人斯图尔特·默多克这些举足轻重的人物所经营的项目都使用了 Kickstarter 平台；独立电影的制作在项目前期利用 IndieGoGo 这样的众筹网站已成为时尚。倘若项目没有达到预期的资金目标，有一些艺术家会对数字化的卖艺行为以及暴露于公众面前而感觉不适；另外，对有些人来说，要和艺术家交朋友，付出的代价就会很大。这个过程会产生许许多多的弊端和谩骂。但是，正如邦迪牌创可贴可以使伤口清洁无污，此类众筹平台也能使美好的事情成为可能。

这种以项目启动项目的过程是可持续发展的吗？即使是那些对数字经济充满激情的人们也持怀疑态度。“这到底能持续多久？众筹资金支持的自行车车灯、iPhone 手机壳、超薄钱包，这些产品有数量限制吗？”《连线》（*Wired*）杂志在 2013 年的一篇文章里如此问道。这篇文章说：“资金的众筹正处于临界点。它会流行起来（变成一种标准的、幕后的、稳定不变的资金筹集方式），还是像全球大型团购网站酷朋[①]的日常交易那样宣告失败，我们拭目以待。”

---

① 酷朋（Groupon）：是全球性的大型团购网站。“酷朋”一词由“团体”（group）和“优惠券”（coupon）两个单词衍生而来。这一大型团购网站，是供客户集体优惠选购的购物平台。酷朋于 2008 年在美国芝加哥创立第一家公司，尔后迅速扩展至波士顿、纽约和多伦多等；2010 年以后快速发展至全世界。——译者注

斯图是居住在布鲁克林的剧作家、摇滚乐手。他说:“我访谈过的每一个人都说,依靠 Kickstarter 进行众筹是他们做过的最艰难的事。你每天都在亲身经历它——你不再是一个作曲家,你不停地筹划、许诺、登门拜访……你耗尽了时间和精力才能获得那笔钱。尽是舟车劳顿,没有丝毫演出的喜悦。你为了实现对每一个人的承诺而精心策划;而当一切就绪,你还要践行这些承诺。”

众包(crowd-sourcing)和互联网本身一样,对人产生的效果优劣决定于人的气质。例如,互联网降低了对乐器教师的激励——在 YouTube 上观看如何在弦乐器上奏出复杂的和音不也可以吗?但是,互联网又使偏远地区的音乐教师用他们从未使用过的方式授课。

约翰·斯坦梅茨说:“我一直是一个自由职业者,这完全是机缘巧合。”他是一个作曲家、低音管乐手,还是一位教师。他从事多项活动——在加州大学洛杉矶分校教课,在洛杉矶合唱团里演奏,他发现,音乐现场演奏会越来越少或者迁移到国外。他说:“我并不艳羡那些一直参与同一群体的人。我喜欢多样性;现在依然喜欢。”

但是,他在 20 世纪 70 年代中期开始从事自由职业,自那时至今,形势一直在发生变化。2011 年,他和自己的妻子(一个小提琴手)就看到势头不妙:津贴减少,医疗费上升,自由职业市场更艰难。因此,他们决定减少开支,卖掉房子。斯坦梅茨辞掉洛杉矶歌剧院的工作以后,他的收入减少,不过,这对夫妻深感庆幸。有些从事音乐的朋友连家都失去了。

斯坦梅茨依据经济学家威廉·鲍莫尔在 20 世纪 60 年代出版的著作,将当前的形势视为鲍莫尔的诅咒或者“成本病”。有些人的劳动凭借科技而更富有成效(例如,装配线上的工人),而有些人的生产力却没有变化。鲍莫尔发现了这两种人之间的错配。演奏一曲弦乐四重奏、写一部小说或者雕刻一尊塑像,花的时间和过去一样多。这对一直渴求省钱的雇主来说产生了一个窘境;对雇员来说,也产生了窘境。那些历史悠久的艺术形式以及从事这些艺术的人们，到了21世纪就被时代抛在后面，因为其他领域更快速地跑在前面。对这种现状，斯坦梅茨深感忧虑。

斯坦梅茨说："我过去满怀信心地认为，愿意从事艺术的人总是有出路的。但如今我对此不再有把握。这最后一艘船依然漂在水面上，倘若每个人都要挤上它的甲板，空间怎么会够呢?"对于很多追求自由的创意人士来说，自由职业者的经济已经跌入另外一种陷阱。

第四章　独立摇滚乐那没有尽头的路

（2001年夏天在马萨诸塞大学）演出之后，我们接到邀请，参加在一个学生宿舍举办的聚会，是一次Napster[①]在线音乐聚会。他们没有播放唱片。相反，他们有学校免费提供的高速缆线连接，已经在Napster上汇编了一个长长的播放目录。这是我首次接触文件共享的世界，接触学生宿舍里的这台撼动音乐行业心脏的自动唱机。2001年发生了一桩稀奇古怪的事。唱片的销售量在连年不断攀升之后下跌了2.5%。接下来的那一年，销售量又下降了6.8%，而且，自此以后持续下滑，幅度越来越大。

——迪安·韦勒姆，《黑色明信片：一部回忆录》（*Black Postcards: A Memoir*）

有一种人，他们深深地体会在零工经济里谋生的苦与乐，那就是独立摇滚乐手。以前，这类人看起来邋遢，但颇具魅力；如今，唱片业崩溃，

① Napster是一种互联网在线音乐服务，它允许用户在互联网共享歌曲。开始是免费的，后来客户要付费才能下载歌曲。——译者注

接踵而至的是文化产品销售量的彻底改变，摇滚乐手遭受严重的打击。浪潮袭来，音乐行业首当其冲，被全面扫荡。这浪潮随后涌入21世纪文化创造者的其他领域。有习语说，煤矿里的金丝雀①，如今乐手就成为实施创造性破坏的煤矿里最早的一批金丝雀。独立摇滚乐手是没有公司做后盾的金丝雀。

回首往事，我们看见了一点让人震惊的事：总体上看，在最早、最热情地使用技术的人群里，有独立摇滚乐手——摇滚乐的主要乐器电吉他就是科技产品，摇滚乐在20世纪90年代兴盛，主要是由CD，尤其是由数字世界造就的。单说“独立摇滚乐”这一名称，它指的是乐手拒绝大唱片公司，拒绝音乐产业里企业化的机器设备：独立音乐类型就是全心全意的DIY，亲自动手。布鲁克林的音乐记者克里斯·鲁恩说：“在独立音乐世界里，人们认为科学技术会帮助他们，赋予他们更多选择。科技显得‘朋克’，是崭新的——它打碎了旧的偶像，创造了一个崭新的世界。独立艺术家看到科技是这样演变的，兴奋不已。”专注于DIY的人群仿佛顺理成章地摇旗呐喊，支持崭新的21世纪自我品牌化的、特立独行的精神。那么，独立摇滚乐艺术家的发展情况又如何呢？

大多数都很不好。也有若干个艺术家——比如，特伦特·雷诺、艾梅·曼和阿曼达·帕尔默——得益于唱片业的衰退，找到了和听众直接联结的渠道。《纽约时报》的小詹姆斯·麦金利称之为两种趋势的结合。这两种趋势是“作为乐手，总收入中唱片销售那一部分开始下滑；作为艺术家，一个品牌商品开始兴起”。年轻的乐迷不再像前面几代人那样享受追星、享受欢聚一起的亢奋的氛围，他们对便利、快捷有更高的要求。因此，在这样的时代，有些音乐家已使用直销方式或者用Kickstarter众筹的方式谋生。由独立现场摇滚乐手组成的广播之首乐队在互联网发

① 煤矿里的金丝雀(the canaries in the coal mine)：金丝雀对瓦斯十分敏感，17世纪时，英国人就发现在煤矿里养金丝雀可以预测矿内是否存在有毒气体。金丝雀烦躁不安或者死亡就说明矿内气体有毒，因此金丝雀是危险信号的先知者、预警者。——译者注

布唱片，价格不一。把独立摇滚乐授权给电视、电影和广告公司，这种收入来源20年前几乎都不存在了。有些独立唱片公司拥有精干的员工和执著的乐迷，并没有像大型唱片公司那样垮掉。教堂山的联合唱片公司即为一例，它表明，保证质量和风格的多样化在新的环境里是可行的。但是，由于音乐免费下载带来的重创，整个音乐业的财务状况彻底下滑，独立摇滚乐行业的财务状况大体上也在下滑。20世纪的最后一年，音乐业的唱片收益是146亿美元；到了2012年，数字下降至53.5亿美元。在十多年的时间里，唱片收益几乎损失了三分之二。

当然，社会上一直有食不果腹的艺术家、奋力挣扎的音乐人，摇滚乐行业尤其享受这样的神话：在利物浦、底特律或者饱受种族隔离之苦的南方，没有任何背景的穷小子，一夜之间成名。然而，即使对于音乐运动中的一些大腕来说，气候也是不利的。电台电视乐队是一个心灵和电子音乐完美结合的小乐队，是独立音乐界最成功的乐队之一。它的一个乐手凯普·马隆说："在脏水里，谁都无法干净——况且我们都在脏水里。我总不能把我的房租或者我女儿的学费下载下来吧！"布鲁克林的灰熊乐队，就自身来说，它推出的唱片位居美国公告牌榜单前10名；它给美国超级碗橄榄球赛的广告录制音乐；为电影《暮光之城》(*Twilight*)配了一首音乐；经常在午夜的电视节目里演奏；在拥有6 000个座位的无线电城音乐厅举办演出活动。有大约10年的时间里，他们不必经历乐队走向独立后的艰苦生活——睡在朋友家的地板上，在加油站吃牛肉干。但是，他们的生活并不富裕。歌手埃德·德罗斯特在布鲁克林跟他人合住一套小公寓，他说："我们当中有的人有医疗保险，有的人没有；我们每人基本上都只有一个住处，更没有人租用私人飞机。"吉他手丹尼尔·罗森对前途持审慎的态度："如果你靠创作歌曲谋生，你永远都不知道这种日子何时结束。"他们都意识到，音乐业务，到今天已经如此贫乏，那10年以后，它就更容易渐渐消失，成为幻影。历史上很多音乐家都这么说过。但是，那些音乐家就是当今音乐领域最大的成功者。

我们的眼睛越过独立乐队中最成功的案例，就会发现更加令人沮丧的数字。因为“独立摇滚乐”这个术语含义模糊，既可指基于吉他的风格，也可指与独立唱片公司的联系。很难计算这个群体确切的人数。但是，他们的演出不是现场的，又不是跟索尼公司签约的，他们的收入往往就处于一个陡立的曲线的最低端。艺名为“猫女魔力”的夏恩·马歇尔可能是独立摇滚乐队里最杰出的女艺术家，她的专辑《太阳》(*Sun*)曾出人意料地进入美国公告牌榜单前 10 名，然而她 2012 年破产了，丧失了抵押品的赎回权。阅历丰富的民歌摇滚乐手理查德·汤普森说：“年轻的艺术家不得不利用 YouTube 上各样的花招和噱头。为了广告效应，天知道他们能让多少人同时从尼亚加拉大瀑布上跳下来！为了让人们注意你的音乐，居然要此等荒唐可笑的花招！”

若一切都取决于自我推销，又会怎样呢？艾琳娜·西蒙娜在一家独立唱片公司出了两张唱片，这家公司停业了，她就尝试单干。她说：“他们很可能会消失。一个离群索居的艺术家就被那个给你一件印着她头像的连帽夹克的人取代了。”她说，没有了支持或资助，“依照达尔文的学说，只有音乐实业家才能生存。我不敢说，这对音乐世界来说是福音还是灾祸，但是，这肯定会有很多说法”。西蒙娜的唱片公司没有给她带来金山银山。“拥有一个唱片公司，我最渴望的不是金钱上的投资，而是保持安静的权利，与不断的自我推销绝缘。我是一个歌手，不是一个女推销员。并不是每个人都想成为实业家。”

有一个称为音乐之前景联盟的组织，在 2012 年研究了美国的音乐家和作曲家。此项研究包括一份调查、一些访谈还有财务调查。研究发现，音乐家和作曲家从音乐中获得的平均总收入在扣除支出前是 3.445 5 万美元。这些收入的来源(依照重要性递减的顺序)包括现场演出、教学、带薪演奏、作曲、录制唱片、短期工作、“其他工作”、商品。(平均来说，音乐家收入的 6%是从唱片里获得的。)在博客世界里，人们对音乐自我发行的奇迹制造了一片欢腾的气氛。但是，那些靠自我发行的音乐家所得的收入大约只有那些靠唱片公司运作的音乐家收入的一半：自我发行的音乐家年平均总收入是 2.651 8 万美元。这项研究的结论是："收集的数据，无论从定性还是定量的意义上均可说明，少数音乐家是富有的。尽管如此，美国音乐家总体上属于劳动中产阶层。"如果唱片公司的运作是旧时代的残余物，宛如一本书的附录，而且音乐家正步入运作自由的环境里，那么，大多数音乐家就直截了当地跌入中产阶层的底部。（2013 年有一项研究表明，43％的音乐家没有医疗保险，这个数字是全国平均数字的两倍多；在接受调查时，没有医疗保险的音乐家都说他们负担不起。）

有些事态的发展是独立公司掌控不了的。那个艺名为斯图的剧作家、音乐家带领自己的独立摇滚乐队——黑人问题乐队，他在百老汇推出的剧本《陌路相逢》（*Passing Strange*）变成一部由斯派克·李主演的电影。斯图如今居住在布鲁克林的一座褐沙石房屋里，在这里居住的基本上都是音乐家，他们从事的有通俗音乐、摇滚乐，还有自由爵士乐最边缘的音乐。斯图说："艺术家们什么都要亲自做，这确实让他们自己都震惊。"他说，艺术家所做的，常常包括广告宣传和管理工作。他和不同类型的音乐家交流，对话几乎是千篇一律的，这让他有些震撼。"10 年前，自由爵士乐手和通俗音乐家没有丝毫关系。但是，现在每一个乐队都要在推特上发布消息，尔后在脸书上建立一批追随者。我知道，有的乐手演奏的是怪诞透顶、不合传统的东西，但是他们也要在推特上发布消息。如果你不坚持一直在推特上更新消息，俱乐部就不想再和你续约了。这个年代，一切都是主流。这给艺术家很大的压力，使你成为一个截然不同的人。一切都是为了自力更生，都是为了让私营企业支持你。无论在哪里，拨款的世界都不够大，没有能容纳正在诞生的艺术的广阔天地。"

极少数美国人攫取了美国大部分的财富，他们在所谓的经济复苏（美国大部分人的经济在这所谓的复苏中损失惨重）之后飞黄腾达。少数人攫取财富，这背后的力量也严重地影响了爵士乐手的生活。近观他们的苦难即可知晓整个创意阶层尴尬的处境。

白宫的首席经济学家艾伦·克鲁格2013年在克利夫兰的摇滚名人堂里演讲时说:“美国整体经济正在发生什么事?音乐业就是一个缩影。我们的经济越来越成为‘赢者通吃的经济’,音乐业长期体会到这一现象的存在。”

1982年可当之无愧地称为独立摇滚乐开始的一年:英国颇具影响力的史密斯摇滚乐团成立了,R.E.M.乐队与IRS唱片公司签约,公开发行首张只有5首曲子的小专辑《老镇》(*Chronic Town*)(MTV崭露头角,它对摇滚乐行业产生的影响之大,不亚于有声电影的出现曾经对电影业产生的影响)。独立乐队的根据地都设在当地,常常在远离市中心的区域,比如美国的大学城,美国西北部太平洋沿岸细雨蒙蒙的偏僻地区,英国那些因正经历去工业化过程而晕头转向的城市;它们依赖很小的唱片公司、少而忠诚的乐迷群体。不管独立乐队的理想是什么,在它如日中天的时候,就有更大的力量在运作之中,只不过这些力量是在许久以后才明朗起来。1982年,音乐家中顶层的那1%的人从音乐会收益中获取了高得不成比例的份额:26%。文化从来都是不公平的:无论是在摇滚乐手、嬉皮士还是朋克乐手的年代,流行音乐一直有一个明星体系。到了2003年,位于顶层的1%的乐手获得的收益高达56%,是以前的两倍多。在20年的时间里,音乐会票价骤然上升;在进入互联网时代的几年里,几乎所有的收益——将近90%的收益——都进入乐队顶层那5%的人的口袋里。(持怀疑态度的人可能会说,从滚石乐队、斯普林斯汀乐队到老鹰乐队等,摇滚乐是年轻人的事,但是,世界上巡回演唱会前10名最大受益者的平均年龄目前是50多岁。)

这种两极分化在一定程度上归因于家喻户晓的唱片业的崩溃。导致这种崩溃的因素,既有非法手段(盗版),也有合法方式(iTunes媒体播放程序、Spotify流媒体音乐平台,等等)。当然,盗版对音乐家没有丝毫好处。像Spotify和Pandora电台这样的服务会支付微薄的版税(还会因为企业游说而逐步下降),这样音乐家可以在这些服务程序里放一首最走红的曲子,赚得几毛钱的补偿金。(乡村音乐歌手、怀俄明大学的经济学教授贾森·肖格伦说:“你知道要在Spotify上放多少首走红歌曲才能赚够每个月的最低工资吗?需要400多万首歌!”)这种两极分化还有一个原因:经济的严重衰退和所谓的复苏,这使得连带利益只分配给了顶层。戴维·拜恩在谈到唱片公司和Spotify及同类服务机构的合作时写道:“大唱片公司开心,消费者开心,网络服务机构的首席执行官也开心,皆大欢喜,只是最后没有人为那些真正创造音乐的人发声。”音乐家把自己的作品交给流媒体服务机构,针对这一点,四人组乐队的戴夫·艾伦将其描述为“每晚在你的晚餐里下一点儿毒药”。即使是那些与这个新世界言归于好的音乐家们(艾梅·曼、广播之首乐队的汤姆·约克)也感到Pandora和Spotify对他们的蹂躏。理查德·汤普森说:“仿佛回到了尚未有唱片的1890年,音乐会是唯一的音乐体验。”他创作词曲的版税断崖式下跌:与20年前相比,版税的单子“是过去的四倍,而收入只有过去的四分之一。倘若他们不给艺术家报酬,那么如果他们关闭Spotify,我会很开心”。公平地说,他们确实给了艺术家酬金,只是不多而已。大提琴手佐薇·基廷年轻又通晓科技。那些对数字技术摇旗呐喊的人们所鼓吹的一切,基廷都做了:她自己发行音乐;在推特上她有120万的追随者;2013年,在YouTube上的观看人次达200万,在Spotify上有40万的点播流,她从这两家服务机构获得的总收入大约是3 000美元。

这些困难,有一些是互联网占领音乐业之前就已经发生的。在20世纪,独立或“另类”摇滚乐以及无线电广播,至少在20年的时间里,因为节目主持人没有冒险精神,一直被迫局限于一个限制性的、重复的“古典摇滚”的格式里。到了90年代,独立摇滚乐和无线电就有了长足的繁荣发展的机会。1991年,当涅槃乐队将迈克尔·杰克逊从美国公告牌榜首的位置上挤掉时，旧金山湾区的音乐记者吉纳·阿诺德写道："我们赢了！"在20世纪90年代早期，美国无线电台的拥有者是5 000多个家庭和公司，员工都是本地的唱片节目主持人，他们大多挑选自己的音乐；在有些情况下，这些唱片节目主持人就来自当地的音乐界。有些电台运营很好，而大部分都不好。但是，当唱片公司都在寻找下一个涅槃乐队时，无线电台从那些狂人的装腔作势里、从二战后出生的那些人的怀旧情绪里走出来，转身变成商业电台，这仿佛只是迟早要发生的事。

但是，这种可能性因为1996年的"电信法案"而骤然停止。这项法案是馈赠给企业合并，尤其是馈赠给清晰频道通信公司的一个礼物。新闻记者埃里克·博勒特描述清晰频道时，说它是"无线电行业恃强凌弱的霸主"。它吞并了几百个无线电台，将所有播放目录标准化；其他的合并商也如法炮制。商业电台一直安然无恙，泰然自若，但是，现在一首新曲子通过无线电播放的可能性已丧失殆尽。如果受试的听众需要较长的时间辨认一首曲子，那么这首曲子就取消了，这样，听众听到的乐队范围就窄了。企业的合并者开始和电视台、广告公司、音乐会会场、无线电推广公司等进行垂直合并，购买或者"合作"，美国政府则听之任之。"听众调查"将音乐简单化，降低标准，因而有些音乐家就得不到认可。清晰频道公司如此无节制的狂热行为，付出代价的并非仅仅是那些得不到认可的音乐家。当公司仅从几个地点筹划无数的电台时，美国就有成百上千，也许是成千上万的音乐节目主持人遭到解雇。（博勒特写道："多亏了精明的数字编辑，电台节目听起来常常还带点儿本地的味道。"）

然而，在一定程度上，这件事还是文化上的原因。也就是说，尽管人们兴致勃勃地谈论互联网、"长尾效应"以及等级体系破碎的时代这种兼收并蓄的可能性，谈论这一切赋予人类的种种自由，但是，在市场和互联网计算程序的助推下，品位正趋于创造一种顶层的垄断。在流行音乐界，明星、位居中层的熟练学徒、底层困苦挣扎或充满渴望的艺术家，他们一直混合在一起。如今，流行音乐看上去就像美国的经济：是多数人遭受压迫的富豪统治。《纽约》(*New York*)杂志有很强的洞察力,记录了这一至关重要的变化:单是在互联网普及之前的1986年,就涌现了31首榜首歌曲,出自29位不同的艺术家。到了互联网时代,情况就完全不一样了。2008年至2012年9月间,在这将近5年的时间里,只出现了66首榜首歌曲,其中几乎有一半歌曲只属于6位艺术家:凯蒂·佩里、蕾哈娜、弗洛·里达、黑眼豆豆合唱团、阿黛尔和Lady Gaga。被打垮的不仅仅是独立摇滚乐队:阿黛尔的单张唱片销售量占2011年所有经典专辑的70%,是所有爵士乐唱片销售量的60%以上。也许作品畅销的艺术家外貌确实漂亮一些,但是发生在他们身上的事情堪比唐纳德·特朗普、里昂娜·赫尔姆斯利及其他若干个人收购了全美国的房地产。

当然,让一张唱片风靡一时从来都不是件容易的事——即使在最好的年代,也没有哪位艺术家敢依赖它。但是,和以前相比,经济衰退时期的摇滚乐,将收益带给了更小比例的艺术家。这个比例相当于音乐业的1%。

请设想一个音乐家的生活:他用数年时间培养自己的演奏技能或者作曲专长,在夜总会的演出里尽职尽责,为录制歌曲而苦苦寻找资助人。(同时,请设想这位音乐家已经找到了支付医疗保险的方式,那么他就无须去依靠某一个令人腻烦的音乐会来保证自己免于破产。)这从来都不是一条平坦的路;大多数人,无论内心多么圣洁,都会在路上的某一个地方被淘汰下来。今天,音乐家一觉醒来就会发现,自己刚刚花了成千上万元录制的专辑正在海盗湾网站上兜售,自己分文不得,又无能为力。另一位艺术家在脸书上发现,她的一首歌的视频出现在宝马车的广告和纽特·金里奇的竞选活动中,可她未得到分毫酬金。她可能还发现,美国运通公司的一则广告旁边提供了可以非法下载她的歌曲的链接。从一位未得到补偿的艺术家身上获利,这是非法的,但是要把这些文件从网上拿下来,所有的重担又都落在艺术家身上。在大多数情况下,一个发布盗版的网站在被勒令删除一个乐队的文件或图像后，几分钟后又把它重新上传到网站上（独立艺术家必须单打独斗，玩这种猫捉老鼠的游戏。然而如果艺术家和唱片公司签约，这些事情就由公司管控）。如今的世界就是一个品牌赞助盗版的世界。已故的卢·里德在他最后几次公开的表演活动中，曾抱怨美国电话电报公司（AT&T）、雪佛兰汽车、达美乐比萨饼还有其他一些品牌公司如何在刊登广告时旁边附着盗取他版权的音乐链接。

针对盗版及其他相关事宜（比如，限制网上贩卖假药）的立法和讨论，科技公司千方百计阻挠，不过它们使用的方式大致是一边高喊“审查制度!”一边散布无端的恐惧，说政府玩弄阴谋，强行控制言论自由。当众议院在2011年末、2012年初推行“禁止网络盗版法案”时，这一现象尤其明显。比尔·凯勒在《纽约时报》发表的文章里说：“立法已经在辞藻华美的多方攻击和新闻报道中迷失了方向。它的中心目的是把美国保护创作者的版权法推广到国外，因为盗版商已在国外建立了令人发指的非法买卖的极乐世界。”

立法有些方面确实做得过了头，有瑕疵，人们对立法的反应可以说明很多问题。享受互联网免费信息的网民，这一群先前看似不大会成为伙伴的人却结成盟友，他们在网络的管制之后设法使“禁止网络盗版法案”失灵：他们公开发表言论，说由牛仔组成的乌合之众（有人曾用这样的词汇形容：“十足的业余者组成的专门小组”）如何勇敢地面对好莱坞公司以及华盛顿那帮穷凶极恶的官僚。正如茶党运动①的抗议活动，这绝对不是草根运动：谷歌、脸书、eBay、推特等公司刊登了整版的报纸广

① 茶党运动（Tea Party movement）：其名来源于波士顿茶叶党（Boston Tea Party），亦有评论员将TEA引用为Taxed Enough Already的简写，意为“税已收够”。这是一个于2009年初开始兴起的美国社会运动，最初源于反加税运动的抗议。抗议者使用包括谷歌、脸书、推特、Myspace和个人博客等多种网络手段互相联络，策划纳税日的抗议活动。——译者注

告，积极主动地游说国会。在2012年第一季度，单是谷歌用于游说的资金就比以往翻了一番还要多，达500万美元，比好莱坞的美国电影协会(MPAA)、美国唱片业协会、迪士尼以及新闻集团投入的游说预算的总和还要多。自由开放的互联网上，许多理想主义的非营利组织从谷歌以及其他巨型公司获得金钱。

今天这如此糟糕的局面，其根源可追溯至10多年前的一个重要时刻。那时，一张CD售价15美元，经济繁荣发展，音乐产业如日中天；独立摇滚乐在无线电和新闻里依然体面地活着。然后，在2000年5月的一天，金属乐队的鼓手拉尔斯・乌尔里克带着律师和两个助手，坐在由司机驾驶的越野车里，来到文件共享服务商Napster的办公大楼。这座办公楼位于圣马特奥，外表毫无特色。乌尔里克已然是一个公共形象，代表摇滚乐行业最富有的乐队之一，有咄咄逼人的架势。他来到这里，是为了带去13个盒子，盒子里面是成千上万乐迷的名字，他们免费下载了金属乐队的歌曲。

他的一些乐迷，还有Napster的支持者，也在圣马特奥，他们做好了准备，等着乌尔里克及其律师的到来。有人讥笑他，说他是贪婪的摇滚乐手；另外一些人将他的乐队的CD砸得粉碎。那时，美国四分之三的大学生都在使用Napster文件共享服务，其主要经营者是一位年轻程序员的叔父——一个富有的风险资本家，但是公司仍然背着不合法的名声。新闻记者罗伯特・莱文写道：“只需看看可下载的音乐的广泛性，再加上大公司的对立情绪，就可使Napster看起来更像一个科技公司，而不是一次拥有口号和T恤衫的青年运动①的组织者。”

那天的辩论基本上达成和解。在接下来的新闻报道里，此次冲突基

① 青年运动(youth movement)：以青年为主体的政治、宗教或社会改革运动。——译者注

本上被定义为大卫与歌利亚之战[1]、少年人与成年人之战。在接下来几章里我们会谈到,美国唱片业协会打的官司策划不够周全;知名度很高的说唱歌手查克·D靠评论(称 Napster 是一种与权力斗争[2]的方式)获得微薄的收入。唱片业看不出有任何好转的迹象。独立摇滚乐手原本就不信任大唱片公司以及唱片业的体制和机构,因此并未欣然参与唱片业的活动,没有为反下载活动助一臂之力。克里斯·鲁恩那时还是明尼苏达州的一名大学生,他说:“在我这一代人中,关注 Napster、金属乐队和唱片业协会之间斗争的人,都会本能地发现,对音乐盗版忧虑不安是世上最落伍的事。对音乐盗版惴惴不安,等于公开支持艺术家中的百万富豪、贪婪的大型唱片公司、开公司的流氓恶棍以及反对新技术的蠢货。”

Napster 苦于各种各样的法律诉讼的挑战,于 2002 年破产,从此销声匿迹。但是,第二年,苹果公司建立了自己的 iTunes 商店,至少有一段时间,一切相安无事。现在,音乐和一个物质实体无可挽回地分开了,录制的音乐是免费的,或者几乎等同于免费。对有些艺术家来说,这并非是悲剧。他们说,音乐在人类历史的大多数时间里是靠着“礼物经济”——文化制品免费赠送——运行的,我们只是回到了最初我们起步的地方。克里斯汀·赫什是独立摇滚先锋乐队“随想诗神”的成员,她说:“音乐的未来和它的过去别无二致。我们在餐桌边侍候,我们募捐,我们写作、教课,再募捐,也许饿着肚子去给我们的音乐项目找赞助。或

① 据《圣经》记载,非利士人向以色列军挑战。歌利亚是非利士军中的一个巨人,以色列人看见他就惊慌害怕。少年大卫却用投石器用石头击中歌利亚的前额,击杀了他。见《圣经·旧约·撒母耳记(上)》第 17 章。——译者注

② “与权力斗争”(Fight the Power):是美国说唱乐组合公敌乐队 1989 年发行的一首曲子。这首曲子的酝酿和创作缘于电影导演斯派克·李在 1989 年的电影《为所欲为》(*Do the Right Thing*)寻找主题曲,首次在该部电影的配乐中出现。“与权力斗争”囊括了源自不同作品的小选段,涉及黑人文化和人权。1989 年,热衷于政治的青年视其为励志之歌;它一度成为公敌乐队最有名的歌曲。——译者注

者我们向上天演奏，我们能这么做就感到很幸运了。”

10 年以后，这些冲突在争斗中走向另外一个处境：音乐制造业的整个生态环境岌岌可危、濒临绝境。

科技变化有一个因素令人无所适从：它可以使原本在同一立场上的人们互相对立起来。在这个角落，有一个大学电台的唱片节目主持人，他睿智、责任心强，喜欢巨星乐队和三人独立摇滚乐队；在另一个角落，有一个名不见经传的独立摇滚乐手，在他的职业生涯中，他演唱诸如“忧伤的恋人华尔兹”(*Sad Lovers Waltz*)、“少年忧虑”(*Teen Angst*)这类倾向于某一群体的歌曲，但是他和自己的对手一样，都依赖唱片节目主持人和唱片的购买者。若在 20 世纪 80 年代或 90 年代，这两位歌手的照片都张贴在校园广播站凌乱不堪的墙壁上。埃米莉·怀特是国家公共无线电台的实习生，是位于华盛顿的美国大学公共广播电台的总经理；戴维·洛厄里是另类摇滚乐队 Camper Van Beethoven 和 Cracker 的歌手。他们没有成为同盟，相反，埃米莉·怀特和带着歌迷的戴维·洛厄里相互厮杀。

Napster 和 iTunes 等诸如此类的共享网站引起了许多冲突，乐迷和乐手之间不和谐的声音即为其中之一。在互联网时代，我们应当如何为文化付费？如果我们不付费，文化创造者们又何去何从？

2012 年的一个周末，怀特在国家公共无线电台的“好歌全搜罗”节目的网页日志里写了一篇名为《我压根儿就不曾拥有音乐》(*I Never Owned Any Music to Begin With*)的文章。她在文章中以理性的、就事论事的口吻说，尽管她是一个超级乐迷，搜集了11 000多首歌曲，然而，她几乎未曾购买过一首歌曲。怀特并非一个渴望文化免费的狂热分子，也不是一个顽固不化的乐曲盗版者，更不是一个玩世不恭的人，这只不过是我们在千禧年一代的方式而已。她似乎也怀疑这种情况有不合情理之处，但她不敢肯定错在哪里，不敢肯定如何解决这个问题。

在20世纪80年代中期到90年代初期，当人们称独立摇滚乐为大学电台音乐时，歌手、吉他手洛厄里声誉鹊起。洛厄里在一个社区博客网站Trichordist(是由致力于互联网伦理道德的艺术家组织开办的)上写了一篇长帖子，回应怀特。他分析说，怀特以及和她同代的这批人将音乐拿去听，不向唱片店、唱片公司、音乐流服务付费，这事实上等于骗取了艺术家的劳动价值。他说，人们从朋友、图书馆或者无线电台收藏的曲子里复制歌曲，即使算不上盗版，他们也是攫取了艺术家的财产。更糟糕的是，很多人这么做的时候，还以为他们造成的唯一伤害是：唱片业劳民伤财的、衰落的业务模式受到了影响而已。然而，事实上，他们所做的是窃取艺术家(他们中的很多人都过着食不果腹的日子)的劳动，并将其转让给更大的公司，这些公司比音乐业里所剩无几的任何机构都更强大。

洛厄里指出，看似无辜的窃取，累积起来就对音乐家造成实实在在的、看得见摸得着的恶果。比如，他的两位朋友，闪马乐队的维克·切斯纳特和马克·林科斯在过去几年内相继自杀，在一定程度上都是因为不断变化的音乐业导致的挫败感(当传统的收入模式开始解体时，他们就开始抛头露面，宣传自己；切斯纳特还欠下了巨额的医疗债务)。

怀特和洛厄里，谁是对的？广义上说，他们都对。怀特描述了音乐分享在她这一代人中的运行方式，音乐分享瓜熟蒂落，是在唱片的封面艺术、封套内容以及实体质量等的价格稳定之后出现的(这说明，在她这一代，一直以来就有人支持唱片的复兴，部分原因是他们渴望比MP3播放的音乐更精彩、更宽厚深远的声音；与此同时，实体店里老派的仪式感、神通广大或者令人肃然起敬的店员、实体唱片的可触摸感会让有些人一直支持唱片的复兴)。怀特给人的印象是，她想做正确的事情。

洛厄里陈述的理由具有与互联网特征类似的深思熟虑和鲁莽判断各自参半的特征。但是，他的陈述是对我们这个时代文化处境的一次更重要的思考。简而言之，他提出的理由是：人们在音乐上花费的钱最终没有抵达音乐家，甚至是唱片公司或者是从唱片店职员到唱片公司董事长等创意阶层的成员。这笔钱会抵达苹果公司（有了 iTunes，苹果公司用零花钱就能购买任何尚存的唱片公司）或其他大型科技公司。

洛厄里提出了一个详细的比喻，用一个目无法纪、从未布置警力的城市社区作比喻，这样的论证令人信服。这使人想起 1992 年洛杉矶暴乱时期那些稀奇古怪的日子。此处值得详细地引述：

> 因此，在这个社区，人们只是从唱片店的货架上劫掠所有产品。人们知道这样做不对，但是依然去做，因为他们知道几乎不会受到什么惩罚。商业炒作免费的文化……意思是说，我们不应该在这个社区布置警力，而应该改变我们的价值观和道德观，去接受偷窃行为。我们应该改变我们的道德观和伦理观，去接受劫掠行为，因为盗而不受罚是行得通的。盗而不受罚即为随心所欲，这最有说服力，不是吗？
>
> 但是，还有比这更糟的。威讯通信、美国电话电报公司、Charter 有线电视等公司原来都在收费，要进入这个社区获得免费资源必须先交费。像谷歌这样的公司正在出售地图（即搜索结果），将你要劫掠的资源的具体位置告诉你……还有，为了偷窃，你需要有一台价值 1 000 美元的手提电脑、一部价值 500 美元的 iPhone 手机或者价值 400 美元的三星（原文如此）平板电脑。如此看来，所谓“免费”并不是真的免费。事实上，获得“免费”音乐的途径是昂贵的……而艺术家一分钱也拿不到！

在博客空间里出现了反对的声音批驳洛厄里的观点，说他简直是一个老古董，不愿意忘怀过去的时光。但是，他用这个社区作比喻，说人们付款给科技公司，又从真正创作音乐的艺术家那里盗取财物，这个比喻是准确的。这个由公司赞助的、破败的社区可能是伊塔洛·卡尔维诺的一个梦魇，它代表的不仅仅是唱片业的倾覆。

我们在世界很多地方都能目睹数字技术、艰难的经济、不断变更的生活习惯对文化造成的伤害：在西班牙的电影市场，由于非法下载，想出售 DVD 几乎是不可能的；在新奥尔良，曾经以最勇敢的精神报道飓风卡特里娜的那家报纸，最后也裁员一半。有这样一个社区：在你生活或工作的街道上，曾经有一家书店，图书销售员和经理曾经在书店里上班。这并非哪一个具体社区，但这个社区和社区中的书店一样，曾经是真实存在的。

你会问人们：为何盗取音乐？唱片业崩溃了，你们为何漠不关心？对真相比较了解的人们会谈起唱片公司的没落。洛厄里在佐治亚大学的商学院教授一门音乐经济学课程，他这样描述学生们的看法："唱片公司剥削艺术家，不给艺术家一分钱，所以听音乐不付费是可以的。"他说，这真是毫无道理！有个别交易是不合理的，但是多数交易允许音乐家靠创作谋生。洛厄里所说的基本上是对的，无论唱片公司有多么恶毒、多么挥霍无度，我们的新模式（iTunes、流式传输和盗版混合在一起）并没有使状况好转，只能使艺术家的境况更恶化。

就怀特和洛厄里所争论的局势来说，有人确实把部分罪责归因于唱片业。技术发生变化时，唱片业在睡觉，接下来也没有想方设法地顺应新胃口和新能力，而是向 Napster 和大学里下载音乐的人提起诉讼。我们就又回到圣马特奥，回到拉尔斯·乌尔里克带着律师和助手乘坐的那辆越野车里。《滚石》杂志的撰稿人史蒂夫·诺珀说："唱片公司走在道路的交叉口。"他撰写的《自我毁灭的欲望》（*Appetite for Self-Destruction*）可能是描写唱片业自杀的最优秀的一本书。他说："必须想出一个新模式，否则就会和 CD 一起走向毁灭。他们自己的工作人员也对他们说：'和 Napster 交涉，跟他们做交易。'唱片公司上层对下层说：'我们靠自己的 CD 销售模式，弄死 Napster 这帮废物。'"诺珀相信，真正的破坏是在几年内发生的：从 1999 年 Napster 出现到 2003 年苹果公司的 iTunes 商店启动。“那时，在世界上任何一个地方，如果有人买卖下载的音乐，几乎没有法律上的解决办法。这四年时间就把唱片公司谋杀了。唱片公司曾拟了一份和 Napster 的协议，提交讨论，但是这份协议也泡汤了。在唱片公司的经营者中，大多数人都说：‘毁了互联网上的这些东西，我们卖 CD。我们强大，他们弱小。’”领导层思想僵化，是唱片公司走向衰亡的部分原因。“你证明自己去俱乐部；你证明自己是‘可靠的’；你跟埃尔维斯[①]有过合作；你有聆听劲歌金曲的耳朵；轰动一时的流行歌曲，别人无法听的时候，你却能听。”这并不是那种面对科技创新常常进行深思熟虑的自我调整的典范。

无独有偶。唱片业和报道唱片业的报纸是一样的。传媒公司允许自己被克雷格列表倾覆，事实上，是自己付费（多亏那些不切实际的未来主义者的倡导）将内容迁至互联网上，而在互联网上，广告费用 10 倍地下跌。在很长一段时间，唱片公司和报纸一样，其运行模式就是舍弃孩子去套狼。诺珀谈到报纸时说：“你出售内容时便宜得不可思议——大约 25 美分——但是你也卖广告。在音乐领域里，你通过无线电免费听音乐，然后会发生这样的事，‘噢，我喜欢这个单曲，我会买一张昂贵的唱片’。这种模式持续了几十年。”

我们从音乐家那里感受到他们愠怒、挫败的情绪以及收入的暴跌，还有每年几乎 100 亿美元的收益在瓦解。这是世界变化引起的声音，然而这些声音并没有吵醒正酣睡的领导阶层。有人从音乐中赚得盆满钵满，但是唱片公司没有赚到钱。获利的是技术公司。因此，是音乐产业犯的错，却要痛打音乐家，这公平吗？当然不公平。因此，洛厄里作出反应，进行辩论。人们心目中音乐家的形象，大多是突然暴富，然后恣意挥霍，没有责任感：莱德·齐普林破坏旅馆的房间；奥兹·奥斯本住在贝弗

---

① 埃尔维斯·普雷斯利（Elvis Presley）：美国歌手、音乐家和电影演员，被视为 20 世纪最重要的文化标志性人物之一，被称为“摇滚乐之王”。——译者注

利山庄富丽堂皇的房子里；说唱乐队穿戴得珠光宝气，坐在宾利车里，喝着芝华士威士忌。在音乐电视里，英国独立吉他摇滚乐队 Cribs 开着法拉利四处活动；在与摇滚乐有关的传记作品里，巡回演出总免不了有那些奸污女性乐迷、将凯迪拉克轿车开进游泳池这样的丑闻。摇滚乐和自己的源头乡村音乐以及蓝调音乐不一样，它一直渴望成功，它的叛逆状态常常转化为物质主义和孤芳自赏。埃尔维斯曾经是一个忸怩的卡车司机，在他准备走入太阳录音室时非常羞怯，他在街区外面来回踱步，转了好几圈才走进录音室；几年以后，他在摄影机前穿着有闪亮金属片装饰的金黄色套装。在这条道路上行走的，埃尔维斯·普雷斯利并不是最后一个，人们前仆后继。

但是，在摇滚乐这个幻想世界之外，在其他类型的音乐领域里，绝大多数音乐家都在苦苦挣扎着过日子，不断地去演出，赚着越来越少的收入。互联网并没有缓和这种局势，相反，还在很大程度上使它更加恶化。

洛厄里曾经是一位数据分析员。他用数据分析说："2010 年发行了 75 000 张专辑，其中只有 1 000 张销售量超过 10 000 份……在超过 10 000 份的情况下，独立艺术家依靠专业的专辑制作、营销和推广才开始有利可图。"这意味着其他 74 000 张专辑血本无归或者亏了钱。这跟我们从互联网空想完美主义者那里听到的故事大相径庭。他们夸耀互联网助长的"民主化"，吹嘘数字科技如何将我们所有的人"联系在一起"。

这种民主化的实质是这样的：《纽约时报》的专栏作家爱德华多·波特说："市场研究机构尼尔森的调查结果显示，2010 年发行了 75 300 张专辑，比 2005 年多 25%。但是，在这期间，销售量超过 1 000 份的新专辑从 8 000 张下降到大约 4 700 张。"只是说超过 1 000 份而已。波特接下来说："倘若专业的音乐家、电影导演和作家无法从自己创作的艺术中赚钱，他们的创作有可能减少。独立电影制片人说，因为盗版的缘故，为小型或中型制作的电影筹款愈加艰难。制止盗版意味着保护创造力，保护创造力所支撑的许多行业(比如,流行音乐组合、负责音响效果的调音行业等)。如果我们像口头上允诺的那样去珍惜创意产业的产品,国会就不得不找到一种方法,在不限制言论自由的情况下去保护这些产业。”

洛厄里想让艺术家们的知识产权得到报酬,而怀特则坚持“愿意随时、随地、随心所欲地听我想听的音乐”。那么,究竟有没有方法让政府制订令洛厄里和怀特都满意的规章制度?可能有。要达到这个目的,也许需要有几次更公开的讨论,有些讨论或许比这个更不客气。

我们看看下面这两位艺术家。他们凸显了今天创意阶层及其境况的两个极端。第一位就是词曲作者和制作人卢卡斯·哥特瓦尔德,人称卢克博士,他和布兰妮·斯皮尔斯、凯蒂·佩里、米利·赛勒斯和凯莎有合作关系。他聪慧,有极高的音乐天赋,早年上学时就曾夸耀自己的才华,他贬低爵士乐,认为它过于简单。他的父母把他送进昂贵的私立学校,可他总是逃课。他说:“我记得我去上过课,记得自己说过‘我不看重这个,我不需要这些知识’。”

卢克博士在2010年收获了许多个第一名,和甲壳虫乐队境况最好的那一年收获的第一名一样多。他住在好莱坞山庄的别墅里,挥金如土;因为别墅要翻修,他如今住在他从奥兹·奥斯本手里购置的一栋海滨别墅里。约翰·西布鲁克2013年在《纽约客》杂志里曾说:“今年夏天,音乐专辑的销售创造历史新低。唱片专辑的业务倒塌了,而哥特瓦尔德能不间断地创作风靡的劲歌,一首接一首,他因而成了一只产金蛋的鹅。他创作的每一首曲子都是一个企业计划。”

在后唱片公司、后无线电、某种程度上后音乐报刊的文化里,歌唱家如何为自己的音乐寻求出路?卢克博士号召他的同行互相把音乐放在推特上,强行产生风靡的劲歌。凯蒂·佩里在推特上有3 000万歌迷,因此即使有一小部分人注意到凯莎的一首新歌,那么其传播就会大大加速。流行音乐的缔造者和先锋们发表了很多与民主和平民主义有关的言论，谴责那些不喜欢音乐的人，说他们是精英主义者，是势利小人，是没有能力欣赏欧文·伯林或埃尔维斯的清教徒。积极向上的歌曲将希望赋予聆听者，这种希望也是整个大众意识形态的一部分。但是，这不是民主，这是西奥多·罗斯福憎恨的那种垄断资本主义，它穿得珠光宝气，袒胸露颈。说到希望：卢克博士的歌曲就像是将各种声音用音响合成器合成的，或者因丧失了爱而显得有些愠怒和紧张，听起来就像走进地狱等候室时用管乐器演奏的音乐。

有一个出生于宾夕法尼亚州的独立摇滚乐手，名为克里斯·斯特福利诺，住在洛杉矶这座城市的另一端，位于破败邋遢的东区。他是寻常百姓吗？不完全是，但是有很多人和他有相似的命运。在 20 世纪 90 年代和 21 世纪早期，他发表了好几部受纽约画派[①]影响的诗歌，出版了一部研究莎士比亚《第十二夜》的评论著作，在纽约大学以及旧金山湾的一些大学教书。他弹钢琴，与乐队合作出唱片，比如他曾和独立摇滚乐队 Silver Jews 合作发行了音乐专辑《美国之水》(*American Water*)，该专辑成为独立摇滚乐运动最精彩的专辑之一。他从未期待自己成为富翁，他是为了创造力而活着的。他善于表达，充满激情。据他的同行音乐家们说，他了解的音乐旋律比任何人都多；但是他认为自己是内向的人。他提起诗人、翻译家佛雪时说："卡罗琳·佛雪说，互联网会摧毁沉思默想的状态，也就是注意力。这令她感到恐惧。"

近来，斯特福利诺给人的印象是，他仿佛是丹尼斯·约翰逊小说里的一个人物。他受了伤，但是依然强悍、聪慧：他有一种热切、纯粹的气质。10 年前，有一天骑自行车时(那时他已来到西部，向加利福尼亚州的圣玛丽学院申请常驻诗人的职位)，一辆小汽车撞了他，压伤了他一条腿。"我就这样来到了加利福尼亚州，没有任何可以投靠的人。"他有时

① 纽约画派(New York School)：指美国 20 世纪四五十年代活跃在纽约的一群抽象派画家。纽约画派在世界艺术中的主导地位一直持续到 20 世纪 80 年代。——译者注

生活境况良好(在奥克兰的大学里讲课,在录音棚里弹钢琴),有时生活潦倒(大多因为一连串的健康问题)。就在他的状况时好时坏的过程中,小型出版社和独立唱片公司开始萎靡,他原本是靠着它们维持生计的。教职也开始紧张起来,他不得不和自己的学生竞争,去做那些不含福利的、一次一节课的辅助课程。他手拄一根拐杖,为自己肮脏的衣服致歉,到 49 岁时,他自称是一个“老瘸子”。

斯特福利诺把自己的经历看作是更大范围的文化崩溃的一部分,他开始撰写无线电台的历史以及汽车城音乐[①]的荣耀、20 世纪六七十年代音乐的种族背景、中产阶层的灭亡。他热切地寻找音乐家和作家的新类型,认为数字技术可以成为答案的一部分。他和迪安-布里特乐队合作录制了几首歌,但是大多数情况下,他都在自己的小型货车里弹钢琴挣小费,有时候在宴会上弹钢琴获得报酬。他说:“现在我就住在我那辆可恶的小型货车里。我厌恶自己的生活。我坐在这儿,一根接一根地抽烟,想通过写作走出这种生活。”

针对所有这些问题,互联网乐观主义者有一个令人愉快的解决方案:音乐家需要“适应”这些新环境。要做到这一点,他们只需不断地巡回演出,同时通过所谓的去中介化来去除经纪人。

对大多数音乐家来说,现场演出所得的收益确实在他们的收入中占最大的比例;音乐之前景联盟这一组织 2012 年的调查显示,依靠大唱片公司或者独立唱片公司的音乐家在音乐方面的收入有 30%从现场演出得来;而自我发行唱片的艺术家,其现场演出所得的收益占自己音乐收入的 38%,数字更大。在这两种情况下,现场演出是他们第二个最好的收入来源(教书)的两倍,是他们从唱片出售所得收益的三倍或者更多。人们关于巡回演出的论证是这样的:当然,卖唱片不再能使音乐家赚到

---

① 汽车城音乐(Motown):是黑人的一种灵乐。它流行于 20 世纪六七十年代,音乐由位于底特律的一家黑人唱片公司发行。——译者注

钱了，但是，他们可以巡回演出！人们仍然去听音乐会，有名的乐队一边旅行一边赚大钱，即便是小型乐队，也可以兜售 T 恤衫和其他商品。所以，行动啊！那些人提倡永不间断地巡回演出，他们中还有许多人找理由说：音乐家应该有正职。从来不解释人们如何才能全日制上班还能请假几个月，挤进小型货车里，从一个城市游荡到另一个城市。乐迷们环顾拥挤的俱乐部或者音乐厅，然后想："这些家伙们肯定在赚大钱！"

那些正在单打独斗的音乐家们，大多数在唱片公司时代就已经奠定了自己的声誉，不再需要过去那种宣传上的支持或唱片公司曾经提供的投资。然而，对于年轻一些的艺术家群体来说，则不可相提并论。"如果他们没有签约，崭露头角的乐队将如何辞去工作、专注于音乐？"白线条乐队的前作曲人杰克·怀特曾如此发问。他说："如果音乐是免费的，没有人买唱片，谁愿意付出心血去创作音乐？谁又愿意投入精力、资金去录制音乐呢？倘若艺术家无须再做正职而是投入全副精力去巡回演出，由谁出资支持这件事呢？"

迪安·韦勒姆曾经在纽约组建月神乐队，他和杰克·怀特有一样的担忧："有极少数的乐队能够像艺术家伦尼·克拉维茨那样靠现场演出谋生。我们巡回演出是为了支持一张专辑。我巡回演出有时候能挣一些钱，而另外一些时候，我几乎赔了老本。事实上，你能举办多少次巡回演出呢？演出时，那些在顶层的乐手收入高，但是，对大多数乐队来说，巡回演出不会有特别的收益。"顺便提一下，韦勒姆对大唱片公司时代的理解一点儿也不含糊；他的乐队解散 10 年以后，他还背负唱片公司 Elektra 几百万美元的债务。

约翰·麦克雷是旧金山湾蛋糕乐队的主唱。他说，过去，"你向唱片公司借债，为的是有钱巡回演出，满心希望你能卖出足够数量的唱片，可以不亏不盈。境况最好的时候，你还有一线希望。现在呢？人们告诉乐队：你不可能靠销售唱片赚钱，但是你可以靠巡回演出谋生！"

即使在过去，巡回演出也不能保证乐队有高收益：乐队经纪人通常要拿走15%的收入，演出经纪人拿走10%，更不消说在路边餐馆吃饭的费用。那时候，开车路途遥远，令人劳顿不安；数天无法淋浴，让人难以忍受。如今，既然汽油仿佛就停留在约每升1美元的价格上，巡回演出在财务上也是靠不住的。开着一辆面包车从一座城市到另一座城市，每天单是加油就要消耗几百美元。再说说那些魔幻般的T恤衫：俱乐部一般从总收入中取走25%～35%。这说明，就每一件20美元的T恤衫来说，8美元是制作成本，7美元给了场地。乐队最终只能从每一件T恤衫获利5美元——这相当不错了，但是，以此为职业几乎是行不通的。而且，你还要付钱给那个在商品摊位工作的姑娘。

麦克雷说："如果你的年龄超过20岁，不断地巡回演出，几年之后你的身体就垮了。"大多数乐队的表演场地并非是挥动比克打火机的歌迷们包围的圆形舞台。"大多数乐队都是中产阶层或者中低阶层。他们销售T恤衫所得的收入，还不够给他们的面包车加一个星期的汽油。你无法每半年回到同一座城市，那么观众的热情就消失殆尽。这一周内，并不是每天都有观众，但是每晚都要花钱。"

即使巡回演出可以成为一个音乐家谋生的一个重要部分，它也几乎无法保证音乐家能捞到一桶金子。音乐之前景联盟于2012年的调查显示，前一年，在每一个主要领域(汽油、汽车租赁、住旅店的费用，尤其是飞机票)，费用都上涨了。这份调查还显示，乐手们只能在合适的地方巡回演出——他们挣一些钱，好让自己能够在路上行进。但是，他们一旦把车停在家里，时钟又开始滴答走着。为了下次再演出，他们需要获得更多的收入，更多的物质条件。没有抚恤金，在很多情况下，连医疗保险都没有，他们得马不停蹄，因为时间不等人。对于那些没有现场演奏天赋的音乐家来说，这笔收益根本不存在。

实质上，音乐家的工作异常艰苦，无休无止，当他们有了孩子之后，境况则更显凄凉。麦克雷有两个年幼的孩子，这个时候，他希望慢慢地不再需要时常巡回演出。他说："我家人度假的照片有许多，我都不在里面。这开始困扰着我。我筹划未来 5 年或 10 年事业的发展(音乐录制急剧下降)时,发现根本没有前景。”他说,唱片公司之间在打仗,他们一直把音乐家当作人肉盾牌。他知道,许多有才华的人竭尽全力要继续下去,但是最终放弃了。他还说,那些不断巡回演出的人眼睁睁地看着自己的婚姻和家庭变得支离破碎。

麦克雷认为自己属于幸运者的群体:他能做自己喜欢做的,他的乐队在 20 世纪 90 年代就已经成立了,在 2011 年甚至收获了在榜单上居首位的专辑。这些显而易见的成绩在今天不会使人大有前途。他说:“没有成为富翁,不过我‘一切尚好’。尽管有这张位居榜单之首的唱片——这张专辑的录制花了好多钱——我们的资金依然不宽裕。经营一个乐队就像提着一只漏水的桶:你每个月要付钱给很多人。我还要竭尽全力腾出一个月的时间作曲、录音或者做其他一些有创造性的事。”(麦克雷已经协助成立了为音乐家和其他创意人士代言的组织——内容创造者联盟。)

洛厄里最先对新科技的所有可能性产生了兴趣。他说:“我们认为,通过去中介化,把音乐直接卖给乐迷,我们就会挣更多的钱。”在脸书有了乐队网页之后,他发现自己的乐队 Cracker 和 Camper Van Beethoven 网页上的信息流量暴跌,大约只是过去的一半。他的音乐家朋友们也感觉正在经历同样的事情。他说:“刹那间,去中介化的过程开始自我颠倒。我称之为重新中介化。”但是,他思忖,既然乐迷已经都在脸书上,他们为何不应该以同样的方式和他的乐队的网址联系起来?所以,Cracker 和 Camper Van Beethoven 乐队将乐迷网页迁移到脸书上。“有一天,他们告诉我们:‘如果你想让你的乐迷看见你写的文字,你得付钱给我们。’所以,我们把所有乐迷带到他们面前,现在他们又把这些乐迷卖给我们。这是典型的、充满剥削的重新中介化。我们本应预见这件事的来临——谁拥有最大的计算机服务器,最大的营销预算,谁就是赢家。”

这其中也有一种哈哈镜效应。我们听过 U2 乐队和麦当娜的故事,他们在豪华的舞台上演出（还有服装经理、多功能的18轮卡车等等）。我们也听过其他很多乐队的故事，他们的巡回演出并未涉及庞大的、科幻的宏伟建筑背景。前一个故事，我们听得比较多。同样道理，当一个乐手战胜逆境，用新媒体赚钱时，我们就看见媒体对此大幅度地报道。洛厄里说："如果你在赌场的外面闲逛，你听到的都是赌赢者的故事。你听不到不计其数的输家的故事。"有个别人能获胜，还是不错的。"但是，这不是一个商业模式。"对我们其余的人来说，这可以说不是一条明智的路。

埃罗尔·科洛辛在纽约大学教音乐，他说，那些不需要一系列中介（经纪人、与唱片公司打交道的人、新闻评论员等）就能独立完成工作的人是极少的。"作为一个乐手，当你的品牌和任何一家唱片公司一样重要时，你就发展到了自己说话算数的时候。"麦克雷说，如果我们想让音乐家——以及创意阶层里的其他人——都活着，我们就必须着手以不同的方式思考，将音乐作为一种以不同的方式去经营的文化。"在一个可以购买苦工的沃尔玛商城式的社会里，如果买一双袜子能节省25美分，每个人都会争相购买。我不知道谁会拯救我们。我认为，没有人真的会反对科技。但是，在硅谷启动的每一个新企业，资助的款项都来自华尔街，或者使用风险资本，而风险资本都有自己的要求。我明白，这不是个人的事。但是，这没有给艺术家留下任何余地。而且，就在现在，艺术家没有任何反击的办法。"

在这样的事情发生以前，摇滚乐的路确实没有尽头。现在，在很多人看来，摇滚乐开始走进死胡同。

第五章　建筑业的灾难

在成长的过程中，我一遍又一遍地听说“努力工作”是成功的秘诀，听得极厌烦。“努力工作，你就能领先”或者，“因为努力工作，我们才有今天的成就”。从来没有人说过，你可以努力工作——比你想象的还要努力——但是你依旧会坠入贫穷和债务的深渊，越陷越深。

——芭芭拉·艾伦瑞克，《我在底层的生活》(*Nickel and Dimed*)

2008年经济开始衰退。此前，建筑设计一直是创意阶层里充满魅力的职业。弗兰克·格里在西班牙巴斯克乡村设计的外表镀以钛金属的古根海姆博物馆，理查德·迈耶在洛杉矶设计的以白色石灰华岩石建造的盖蒂中心，从费城到加利福尼亚州的橘郡，还有许多耗资几百万美元的音乐厅。这些豪华的、特色鲜明的建筑物吸引着媒体的注意，那些曾经参观过爱尔兰城堡或者意大利大教堂的、对建筑着迷的游客也慕名而来。

充满理性的城市规划专家雷姆·库哈斯、伊拉克裔英籍优秀女建筑师扎哈·哈迪德、宽厚恬静的伦佐·皮亚诺,以及其他被媒体称赞为有远见卓识的、盛气凌人和个性独特的“明星建筑设计师”,成为了耀眼的新星。在这个明星阵容中,大多数都是国际性的建筑狂人。这个阵容立足于对美国所谓的英雄式的建筑师长期的偶像崇拜。这些英雄式的建筑设计师可追溯至魅力无穷的弗兰克·劳埃德·赖特,还有安·兰德的作品《源泉》(*The Fountainhead*)中英勇的、不屈不挠的人物霍华德·罗克。像《居所》(*Dwell*)这样的新型家居杂志给更广泛的公众提供环保的、现代派的设计,各种网站也沉迷于徒有虚名的、中看不中用的东西。

过去的这个时代,在人们看来,充满着中产阶层放荡不羁的精神。就这个时代来说,建筑业将美学和实际问题的解决方案融合为一体,因而成为完美的领域。但是,在布拉德·皮特和弗兰克·格里合作(他们在2001年相遇,演员皮特就开始了一种学徒的生涯)之后不久,形势开始变化。建筑业有上升的希望和创新的方案,但它毕竟和其他行业一样要赤裸裸地面对严峻的市场现实:人们的机会感在20世纪90年代和21世纪早期一直持续不断地急剧上升,但是当住房市场衰退并撼动美国经济时,那种机会感也随之萎靡。格里设计的迪士尼音乐厅很快成为洛杉矶市区的一个象征;他声名鹊起,使他在蒂芙尼珠宝公司谋得一份珠宝设计的工作。格里抱怨说,美国缺乏工作机会,说他真想把自己的员工迁到工作机会更多的中国。汤姆·梅恩是获得普利兹克建筑奖的建筑设计师,他从建筑领域内的一个叛逆者成长为一个非常成功的人物。他曾冷嘲热讽地说,真该给抑郁的建筑师们举行一次社交聚会了!受挫折的不仅仅是著名建筑师。一个曾经繁荣昌盛的行业,一个需要相当高的教育水平、需要交纳会费、需要职业操守的行业,一个一直拥有众多功能(为1%的人设计大楼,为其余的人设计公共图书馆)的行业,如今陷入了困境。

当然,建筑业一直依赖富有的资助人或者健康的经济环境,而且,当前的一些困境是周期性的。经济如果有足够的增长,土木工程就会回归，有些建筑师又开始工作。但是，2008 年经济衰退之后，跟随而来的并不是恢复就业机会、走向稳定的繁荣期。事实上，建筑业内外的大趋势都是令人失望的。这包括：政府紧缩开支，导致美国和欧洲高端设计项目减少；公司合并，把创新型的小公司都挤垮了；中产阶层曾经是住房设计的一个至关重要的驱动因素，如今他们财富锐减。人们很难明白，哪些变化是周期性的，哪些变化是结构性的。我们可以肯定地说，在股票市场暴跌之后的六年里，许多建筑师一直在苦苦挣扎，建筑业甚至更大的领域一直在变化，建筑师越来越无法从事自己的职业。

“我感觉这不是暂时的，”建筑师凯文·戴利说，“在最近的将来，形势会更像现在而不是过去（经济衰退之前）那样。除非我们整个社会决定去投资——我真的看不出会发生这样的事。”

盖伊·霍顿是土生土长的波士顿人，他曾经着迷于建筑行业内生机勃勃的景象和表面的稳定，因而放弃了研究中国历史和文学的研究生项目，成为一名建筑设计师。建筑业内的动荡起伏对他来说伸手可触。“我以为自己是一个实用主义者，”他说，“那时建筑业一片繁荣的景象，明星建筑师得到很多关注。这个行业激动人心，让我颇感兴趣。我在中国和亚洲其他国家旅行，短暂居住，这使我对城市以及城市的变化更感兴趣。”他从位于洛杉矶市中心的、处于革新最前沿的南加州建筑学院毕业以后，一个大型国际公司在洛杉矶的办事处抢走了他这个人才。这家公司因为有多个可持续发展的项目而备受尊崇。然而，在 2008 年，市场崩溃，霍顿失业。他开空头支票；他煞费苦心地支付学生贷款。他的大部分收入都用于医疗保健方案，但是因为保险扣除额太高，他有病不敢去看。因为他的汽车牌照过期，警察迫使他把车停在路边。他的家庭开销——尤其是在他的女儿出生后——让他意志消沉，惶惶不可终日。霍顿曾经付出艰辛的努力，好不容易获得一个令人憧憬的职业，却突然感到自己正遭遇活埋。

和霍顿类似的人有很多。美国劳工部的调查显示，2009 年 7 月到

11月间，在全国范围内，建筑公司的就业机会从 224 500个下降至184 600个，而且在接下来的一年里，数字持续下降。有时候，公司开着，但是处于休眠状态。詹斯勒建筑设计事务所的总部设在旧金山，是美国最大的建筑设计公司，它从大约 3 000 名员工中裁员 750 名；总部设在伦敦的福斯特及合伙人事务所是英国建筑师、普利兹克建筑奖获得者诺曼·福斯特的设计公司，他的这个公司裁员四分之一。格里位于纽约的布鲁克林船坞项目，还有位于洛杉矶市中心的公寓/购物混合建筑项目均无疾而终。格里对自己的建筑事务所进行裁员，250 名员工被裁去一大半，只剩下一个骨架。位于洛杉矶的约翰逊-费恩建筑事务所一年内的裁员，使员工数量从 108 名下降到 40 名。在全世界范围内，即使在曾经活跃的地区的雄心勃勃的项目也会拖延。即使在经济复苏后，这个过程依旧继续着：2012 年，格里的古根海姆阿布扎比博物馆项目也进入冻结状态。

许多经营小型公司的建筑师有幸能保住工作，但是发现他们的酬金（与建筑成本的下降有关）降低了。相关的数据很难获得，美国建筑师协会情绪很乐观，没有跟踪失业情况。但是，的确有成千上万的人集体离开了建筑业。有时候，他们也能交好运：有一位建筑师，在洛杉矶成为一个讨人喜爱的咖啡吧服务员；还有一位开酷好斯牌冰淇淋卡车。还有其他一些建筑师，他们失去了家，丧失了医疗保险。依然待在建筑业内的那些人，发觉设计工作很稀少，因而，他们教书、演讲或者参与比赛；而另外一些建筑师已经转向好莱坞的产品设计。这些工作一直是建筑师工作的一部分，因为他们善于将理论和实践融合起来。但是，平衡点发生了变化，这意味着建筑师从事的建筑设计工作越来越少。凯文·戴利在圣莫尼卡市是一位站稳脚跟的建筑师。他的公司戴利-吉尼克建筑事务所在最强盛时期有 10 个雇员。戴利说：“经济衰退肯定影响了每一个人。总的来说，工作机会比人们想象的少很多。客户正在做可行性研究，然后，在众多方案中进行选择。”

建筑师马塞罗·斯皮纳是创意阶层的一员，他服务于创意经济。他的精品公司 Patterns 设计画廊和小型博物馆，早期取得了成功。但是，在紧缩开支的时代，那些项目中很多逐渐枯竭，不复存在。近来，斯皮纳在大学教书来维持生活；他的妻子乔治娜·哈吉也是建筑师，她也在教书。斯皮纳说："对我们的财务状况来说，这是一个极其重要的因素。我们是充满自豪感的学者，但是不想当纯粹的学者——在建筑领域里，我们不愿意只是纸上谈兵。我的同事们跟我一样在拼搏，在挣扎。现在，你做一份全职的工作，领取的是实习生的薪水。僧多粥少，你眼睁睁看着很多才华横溢的人找不到工作。"斯皮纳是一个幸运儿。他在自己的出生地阿根廷有很强的商务联络关系；尽管阿根廷有货币流通上的困难，但那里的住宅项目和市政工程并没有相继消失。因为阿根廷近年来经历了失控的通货膨胀和信用的破产，那里设计师的薪水通常都用现款支付。"你知道吗？有人会携带一袋子现金来到你面前。"

但是那些在美国工作的人则身处困境。2012 年 1 月，《纽约时报》刊登了一篇文章，名为《想要工作吗？去上大学，不要主修建筑学》(*Want a Job? Go to College, and Don't Major in Architecture*)，这篇文章引用了乔治城大学教育与就业中心的一份报告。该报告显示，在大学所有的专业中，建筑学毕业生是最可能失业的。这份调查说，22 到 26 岁之间的建筑学毕业生中，有高达 13.9%的人处于失业状态。工作经历有作用，但是作用很小：在 30 到 54 岁的有经验的建筑师里，有 9.2%的人是失业的。即使是人文和艺术专业的学生(对工作最不痴迷的一类学生)也比他们过得好。2013 年 5 月，该中心又更新了调查结果，它显示，经济恢复不会令建筑业的健康状况得以恢复。这份新报告说："即使住房泡沫看似正在消逝，近几年建筑学毕业生的失业率一直居高不下(12.8%)。"学士学位和工作经历并没有使这些毕业生免受建筑业这一具体领域特有的打击；大体上看，建筑业内有工作经历的毕业生的失业率和经济增长的速度一样(即 9.3%)。

霍顿说，他认识的许多建筑师看了《纽约时报》的这篇文章之后义愤填膺。“人们对这件事越来越存有戒心。‘不能那样说——这跟激情有关！’人们极其愤怒！”霍顿认识一些更年轻的建筑师，他们已经离开加利福尼亚州，关闭了自己的公司，搬回去和父母同住。“人们不想再谈失业问题……我们应当处于恢复乐观情绪的电源模式。”他说，忽视财务现实，同时强调理想主义、会费的缴纳、等级制度、乐观主义以及英雄式的自我形象，这些都属于职业情操。当霍顿努力去记载经济衰退对建筑业的伤害时，他对职业情操甚为了解。“我竭尽全力，想跟建筑师们一起讨论经济。算了吧！想获得真实的信息是很难的。他们有强烈的公共关系意识——他们担忧，正在发生的事情会出现在推特里。”拒绝承认现状，这在他的同行里一直泛滥。

要跟踪创意阶层的就业状况，需要面对一个挑战：数据说明不了问题。许多报纸和杂志都喜欢撰写霍雷肖·阿尔杰这类人的故事，讲述少数失业的创意人士的故事，说他们千方百计“重塑”自我，转厄运为机遇。这类故事也照样不能说明问题。

并不是每个人都在受苦。埃里克·欧文·莫斯和芭芭拉·贝斯特是不同类型的设计者，也有截然不同的客户。然而，即使在艰苦的岁月里，才华和好运在排队等候、派不上用场时，他们也能向人们展示有些事情是可能发生的。比起那些典型的成功建筑师，莫斯甚至还多了几种主要的优势。他是一所建筑学校的校长，这使他有了一份相当可观的薪水。他在中国有商务联络关系，在中国有几个项目正处于策划阶段。中国正考虑在艺术的可能性的范围内重新设计海岸线。莫斯有一个建筑资助者，他已经为一系列大胆的设计项目（位于加州卡尔弗城的不对称办公大楼，还有一座“艺术塔”）提供了资金，2011 年《纽约客》对这些项目赞不绝口。虽然莫斯自称“禀性乐观”，他却深深懂得周围发生的一切。“如果你观察数据，就会发现建筑业的毕业生正在其他领域里寻找工作机会。大体上看，商用建筑已经慢速进行，少到接近没有。”

贝斯特的头发修剪成20世纪70年代流行的蓬乱的一团。她已经奠定了在银湖(洛杉矶东部波西米亚的邻里社区)的独立女王的地位。大开本精装图书《现代波西米亚》(*Bohemian Modern*)就是她撰写的,但是不知道为什么,她竟一点儿也不得意。她那节能式的气流拖车停在她那开放式的、活动繁忙的、用胶合板建成的办公室外面。她坐在自己的气流拖车里,把自己比作烹饪上所说的那种本地膳食主义者[①]:已经将精品业务和大众文化的精神引入社区;她率先呼吁开设冷咖啡店(比如,知识分子咖啡店)、酒吧(卢酒馆与品酒会[②]),呼吁在好莱坞及其以东地区开设唱片公司办公室(比如,Dangerbird唱片公司)。"人们认识我;他们知道我做什么。"但是,贝斯特一直在拼命工作。2008年经济衰退后,她辞退了大部分员工,2009年开始在大学里教书。她做两份全职的工作,勤奋,高效。她说:"我很像是一个移民的工人,卖了屋子,买一套更便宜的房子,然后更拼命地工作。"一切都在恢复中,但处境仍然很艰难。"这个月,做这件事为那件事付账。做那件事为这件事付账,这是一个骗局。"

奥利维尔·都兰是在洛杉矶工作的法国人。他在20世纪80年代末从建筑学校毕业后不久,就帮助伦佐·皮亚诺设计日本的一座机场。他后来在哥伦比亚大学教书,为普利兹克建筑奖获得者库哈斯和让·努维尔工作。《纽约时报》在2007年说,都兰和他才华横溢的妻子德博拉·里士满是一对从事绿色设计的大腕夫妇,他们在职业上有时还是竞争对手,不久前这对夫妇为电影导演维姆·温德斯完成了房屋翻新整修。他们住在一座造型优美、环保型的新房子里,房子是夫妇二人设计

① 本地膳食主义者(locavore)是与环保饮食相关的一个概念,鼓励人们就地选择土生土长的食材,多吃本地食物,节省食物在运送过程中消耗的能源。——译者注

② 其名为Lou Wine Shop & Tastings,该酒吧是贝斯特为洛杉矶的品酒大师卢·阿姆杜尔设计的。酒吧的设计简约、优雅,卢·阿姆杜尔在酒品的选择上强调有机、自然,酒吧的设计与选酒的理念相得益彰。——译者注

的，由红木和瓦楞铁建造而成，距离威尼斯海滩不远。都兰这位具有绅士派头的知识分子，看起来是一个注定要飞黄腾达的人。

然而，近来，都兰说："我们挣的钱还赶不上一个清洁女工。"他说这话的时候，正坐在设计高档的美食酒吧"烤肠屋"里，这家酒吧服务于南加州建筑学院学习建筑的学生。当然，都兰说那句话有些夸张，但是居住工程走向萎缩，这对他的公司打击尤其严重。"建筑师的酬金依据是建筑成本，而建筑成本在下降。你最后结算的时候，发现所得甚微。你得做更多的工程，但是你的雇员比以前少。我们只有六个雇员，再加上我们夫妻二人。现在，每个星期有两个上午我们有一个实习生。"当他再去看他的同行时，发现境况更不乐观。"每一家公司都在大幅度地裁员。"但是，痛苦不是平均分布的。"你的公司越大，你经历风雨的能力就越强。还有，如果你足够富有，即使（你的公司）很小，即使你亏钱亏得很离谱，也能安然无恙。他们是信托基金的得意之作：不管怎样，经济衰退对他们有利，经济衰退终结了竞争。"

统计数据还具有欺骗性，因为严格地说，是小公司灭亡。都兰说："他们无法完全关闭，他们只是冻结了。或者说，他们关闭了自己的工作空间，搬进自家的后院或者车库里。"还有一些人在发展中国家买了廉价的土地，自己出资设计自己的项目，给委托人一种向前发展的感觉。"完全是故意安排的。"对那些苦苦挣扎的小公司来说，痛苦的血液流进了婚姻里。"当我听说有些夫妻依然在一起，我更加吃惊。"都兰说。他最近跟自己的妻子分开了。"就像两只豚鼠关在同一个笼子里，日夜如此，压力就不期而至。"他们的公司和他们的婚姻一样，已经走到了尽头。

建筑业经历的苦难，主要的推动因素不是科技，而是由其他创意领域里的混乱造成的。这一事实让人吃惊。数字化工具当然重新塑造了建筑业，尤其是那些使绘画和翻译更简易的工具，这在几十年前就开始导致工作机会的减少。但是，近几年，经济衰退、国家缩减开支、全球化带来不稳定，与这些因素相比，科技并没有引起巨大数量的人失业，至少，到目前为止还没有。（20年前，音乐人、新闻记者、摄影师非常享受数字化科技带来的便利，几乎不知道它如何会暗中抢他们的生意。）尽管建筑业遇到了麻烦，但这个领域里一直有不同程度的成功案例、专业化的组织和标准，有领头的美国建筑师协会，有许可证授予过程，还有学历、学位等，因此，建筑业的尊严一直是得到维护的。从某种意义上说，建筑业仍然有一个行会。

如果想找一个没有这些优势的平行的领域，那就看看平面设计——这是另外一个已经获得时髦光环的行业。这个行业也遭受了经济大衰退的沉重打击，近年来毕业生的失业率一直徘徊在12%。但是，近几年经济逐渐复苏，这些毕业生并不是特别忧虑的人群：如今并不强调传统的文凭资历，在这种“看看如何才能更低的”经济形势下，平面艺术家最可能拿更低的工资去抢就业机会。2013年夏天，设计行业的专业协会——美国平面艺术协会称“信心指数”只是微微下降，因此特意庆祝这一事实。

有一位设计师亲眼看见平面艺术训练和经验的价值逐渐消失，他就是埃里克·阿尔门德拉尔。他生长于沃思堡市，来到洛杉矶后就职于《新时代》（*New Times*）周报。2002年，《新时代》倒闭，阿尔门德拉尔失业。他言谈举止干净利落，格调时尚，性情稳健，热爱复古字体，很快就有了稳定持久的自由职业。但是，平面设计这份职业的收入通常来源于一个公司的营销或公共关系预算，这些预算大幅度地减少或者完全取消了。“一切都开始消失，”他说，“是直截了当的——没有滞后，没有拖延。我正在为丰田汽车公司做一个项目，碰巧那个季度业绩糟糕，他们就扼杀了市场营销的预算。我就丢了饭碗。”

2008年至2009年，企业衰退，报纸杂志不景气，许多平面艺术家因此失去了谋生手段。但是，更持久的问题存在于科技和文化碰撞之处，使经济复苏只停留在名义上，平面设计继续每况愈下。对于平面艺术家来说，印刷品的减少、印刷价值的下跌，和经济衰退一样致命。比如，

PowerPoint 这个办公软件让很多企业都相信,没有平面设计师是完全可行的。凯西·贝尔维尔是一个平面艺术家,后来参与微软 PowerPoint 办公软件的程序设计。她对《纽约客》杂志说:"世界上有成千上万的管理人员都坐在那里,选择'Arial 字体? Times Roman 字体? 字号 24? 字号 18?'"人们必须不断地从经济上、从创造性上跟上新软件、新硬件,这让有些设计师失去了耐心:他们感觉,自己不是在使用科技,而是科技在使用他们!

阿尔门德拉尔说,有一种新的道德观认为价格低廉才是硬道理,是唯一的道理。这种道德观四处弥漫,才是最根本的问题。沃尔玛和亚马逊的意识形态(网上机器人程序进行价格比较,宁肯自己亏钱,也要以低于竞争对手的价格做生意)已经渗透进我们的心理,想让熟练的工匠有工作可做变得越来越艰难。他特别指出:

> 有许多人对自己认为"足够好"的东西心满意足,因为他们不明白一个专业人士会比一个从 YouTube 上学习的孩子要强得多。我听得最多的是"只要学会那个软件,任何人都会做这个工作"。这仿佛是说:"你只要学会钢琴上所有的键,你就能作曲。"你可以把一把锤子和一堆木头给任何人——但这不意味着他们就是弗兰克·劳埃德·赖特。
>
> 人们混淆了工具和工作。这压低了价格和费用,把许多唯利是图的人和假内行带进行业内,因为他们的劳动是廉价的。科技使行业不再神秘。你一旦在别人使用的同一种设备前坐下,你感觉自己就是一个软件大师——人们不明白这和做 Excel 电子制表程序是多么的不同。

向数字化的互联网世界过渡,对一些平面艺术家是有益的。我们知道,互联网向设计、新闻、评论、摄影等等打开了无限的空间。但是,对于设计、制作专辑封面的摄影师或设计师来说，那块画布从以前30.5×30.5厘米（12×12英寸）的黑胶密纹唱片缩小到CD盒子，再缩小到苹果手机的屏幕。这种逻辑不言自明，它超越了唱片护封的世界；即使经济复苏，这一逻辑也不会好转。费利克斯·索克维尔说："我大学一毕业就开始设计商标和图标。"他是一位获奖的插图画家，曾担任过设计总监，现在居住在新泽西州。"现在，我又回到商标和图标设计上了。"他说。索克维尔为很多机构做过插图，从蓝色音符唱片公司到《诗歌》（*Poetry*）杂志到共和党。在过去，杂志上一整页插图的稿费可以点亮家里的灯，到了21世纪，这样的日子开始消失。经济萧条，报纸杂志数量减少，即使像索克维尔这样地位稳定的设计师遭到的打击也很沉重。

即使经济开始复苏，恢复的工作薪酬却少了。索克维尔说，大多数网络刊物"几乎不在插图和摄影上花钱"。他说，即使互联网的网站会聘用平面艺术家，与印刷品相比，同样的工作量，他们付给艺术家的薪酬要少30%甚至40%。不论是网站、杂志或公司委托人，不论是针对平面设计师还是摄影师，今天的艺术领域有一个共同特点：都不愿意及时付钱。索克维尔说，想拿到有些人支付的薪酬，你几乎要用法庭传票传唤他们。出版物倒闭、公司破产、总体经济形势不稳定，在这种情况下，"我最终不得不威胁别人付钱给我：'这是我的银行账户信息，请在星期五以前把钱电汇给我，否则，我永不再为你工作。'这是一个残酷无情的世界：眼下每个人都快被压碎了"。

丽贝卡·约翰逊和杰夫·克拉林都是平面设计师，正处于职业生涯中期。他们一直处于有工作的状态，工作中一直运用科技。克拉林记得自己学生时代就用X-Acto牌的雕刻刀和拼版；今天他说想买一台新的数字打印机，就像一个少年渴望在圣诞节时得到Stratocaster牌子的电吉他。针对我们当前的状况，他们的公司Bughouse找到了一个新颖独特的X代解决方法：他们对模拟世界（纹理清晰的木质表面、树木的复古形象、破旧的唱片封套）的尊崇几乎全部用数字化工具呈现出来。因此，他们不是预言灾难的人，也不是反对新技术的人。

但是，他们也直接目睹平面设计这个领域的一些部分是如何被挖空的：设计公司的网站免费或近乎免费地提供预先做好的商标和样板，这样，经验丰富的设计师想要以设计为业几乎不可能。近来，有很大数量的毕业生愿意几乎毫无报酬地劳作。有一个合作很久的委托人破产了，这个人之前经营着一个纪录片制作公司，他们曾聘请约翰逊和克拉林为他们设计动态影像和字幕动画。一个曾经为电影设计画面构图的朋友如今去驯狗了。约翰逊提起创意阶层里她的那些同行时说："10 年前，每个人的工作真的做得很出色。现在，我想不出还有谁依然如此。我不知道谁现在做得'真的出色'——我们的兽医朋友、律师朋友可能很好吧。"不过，他们的公司 Bughouse 已经找到了适应的方式。他们的业务有一些部分几乎消失了，但是 Bughouse 制作限量版的艺术作品（丝网印刷品、雕像、版画等，有些作品用于布景设计），从而填补了空缺。买这些艺术作品的人大多是娱乐产业的经理人，这些人依然很富有。到目前为止，这些业务还能让约翰逊和克拉林继续前进。"我们只是竭尽全力不要变得贫穷。"克拉林说道。约翰逊紧接着说："竭尽全力守住我们的医疗保险。"

贝斯特足够幸运，她拥有与市场状况同步的无限的精力和才华。然而，她也为年轻一代建筑师要面对的问题而忧心忡忡。对初出茅庐者来说，建筑业一向是一个艰难的领域。"你的薪水开始就是中小学老师的工资水平，"贝斯特说，"但是，你看见那些学了其他专业、从事其他行业的朋友不停地上升再上升，而你的薪水总是不变。如果他们是牙科医生，他们挣的钱就比你多。"当学子们应当竭尽全力碰运气的时候，现实又迫使他们在选择职业时谨慎小心。

年轻时贫穷，中年某个时候开始有钱，这是旧的模式。当前的不确定性让人们更难去依赖旧的模式。贝斯特担心，建筑业作为一个行业在几个世纪以后会回到赞助制度之下，而那时，赞助人会越来越少。她担心，建筑业会成为这样的一个行业："只有富家子弟才能做异乎寻常之事，其他人必须为公司和事务所工作"。

市场把人吓得魂飞魄散，越来越多的学生从研究生院毕业后直接进学校教书，职业经验甚少或者根本没有。学生毕业时就有巨大的经济压力，因此很难责怪他们。建筑业需要全面的大学教育，因而与创意阶层的大多数领域都不相同；大学费用攀升，经济资助减少，学生的助学金变成巨额贷款，进入建筑领域会变成一个越来越昂贵的选择。对中产阶层来说，它将愈发成为一片禁地。霍顿说："如果你上私立学校，你很容易到毕业时就欠下 10 万美元的债务。就研究生项目来说，人人都听说需要 5 万到 6 万美元。然后，获得执照还需要缴纳所有相关费用。"

另外，源于"交你的会费"这套老派的道德观，再加上建筑业停滞不前，今天的学生常常经历一轮又一轮的低薪实习，然后才得到一份全职工作，而工作以后才发现薪水下降或者这份工作朝不保夕。

如今在南加利福尼亚大学教书的都兰提起这个行业的酸甜苦辣时说："对我来说，现在是不好的。但是，我也曾经有过很好的时候。我可能不能随自己的心愿向上爬了。但是，我不会无家可归；我会教学。我真的很关心这一代，他们得不到机会，"他们无法去设计付诸实践的项目。说到自己的同代人，他说："我们生气，我们受挫，我们过度紧张。但是，作为一个教育工作者，我感觉自己就是一个阿亚图拉①，把孩子们送到危险的地区。"

当都兰展望未来的时候，他在日本及其他一些正投资房屋和基础设施的国家里看到了一丝希望。美国限制房屋的投资，这些国家不一样。"公司会越来越少，但是公司会变得更大。建筑业这个行业会变得越来越公司化。在未来 15 至 20 年，我无法设想会有美国的建筑师获得普利

① 阿亚图拉（ayatollah）是对伊斯兰教什叶派领袖的尊称。——译者注

兹克建筑奖。”

都兰说，危机不只是影响建筑师本身。“就竞争和创造性来说，有500个5人构成的公司比5个500人的公司要好很多，”都兰说道，“公司美国[①]的企业没有那么好，它们往往只是更贵而已。它们实际上是垄断，而且因为有巨大的市场营销的翅膀，它们与外界有很强的联络。这样，你的选择范围就窄了，尤其当中国或阿拉伯联合酋长国有委托业务时，更是如此。”一个独立公司很难从这些国家得到任何机会。都兰说，小公司往往更具有创新能力，却越来越处于劣势。

霍顿认为，建筑师严重不了解经济现实，没有把真相告诉学生和年轻的设计师。“毕业后成功的机会很少或者没有，你将如何谋生、如何保持热情?”他问道，同时描述了他眼中的迷惘的一代，“但是，无论发生什么事，建筑业只能缓慢、单调、不畏艰难地进行下去。”

人总是需要房子，城市和国家总是需要学校、图书馆、市政大楼，赶时髦的餐厅需要重新设计。建筑业绝不会完全死去。至少从中世纪的建筑师开始，建筑业就以各种各样的形式作为一种行业一直存在。埃里克·欧文·莫斯对自己不得不裁员深感遗憾，他说自己对这个领域还是乐观的。他期待在不久的将来重新聘用员工——比起过去，薪酬可能低一些，稳定性可能差一些。经历紧张的阶段，有时候会产生更新颖的思想。“也许这是新观念诞生的良机。”

美国建筑师协会声称自己代表整个建筑行业，但是也有人抨击它，说它只支持大公司。该协会一直谨慎地保持乐观态度。它的总部设在华盛顿哥伦比亚特区，它努力让小小的进展听起来像辉煌的胜利。该协会对2013年有积极乐观的预测，然而这一年有些月份境况差、有些月份境况好。美国建筑师协会的首席经济学家克米特·贝克在2013年6月的报告里说：“这种反弹对设计和建筑业来说是一个好迹象，给人带来希

---

① 公司美国(Corporate America)指的是美国的大公司、大企业构成的团体。——译者注

望，它意味着4月份消极的下跌是暂时的，并不是艰难时期来临的征兆。但是，在市场上有一种不稳定感的回声（从委托人到投资者），还有，人们对整个经济形势总体上缺乏信心。这些情绪一直持续着，支配着建筑公司业务拓展的原动力。”协会预测2014年前几个月经济会复苏，但是它宣告说，接下来的几个月投资额会持续下降。结构的力量显然和循环的力量一样强大，遏制了建筑行业的复兴。

总体上看，建筑业的状况反映了近几年创意阶层的大环境。只有那些不依赖薪酬的富人才有安全感和艺术自由。一波又一波经济上的打击，大公司有某种程度的庇护就躲过去了，小型独立公司伤亡惨重，中型公司也亏空成为躯壳。入门的障碍更加森严，更加牢固。况且，人们意识到，即使经济不再衰退，这些涉及创意阶层所有领域的问题也不会缓解。这种意识挥之不去。毕竟，唱片公司的利润并没有带来设计工作或建筑工程巨大的上升。当然，在后工业的世界里，范围更大的中产阶层也面临这些问题。

有人说，建筑业的自我理解出了问题，因为那些让人艳羡的建筑师都为时尚公司工作，即使当建筑业不景气时，仍然如此。库哈斯的Prada商店；格里为蒂芙尼珠宝公司设计的价值4 250美元的耳环，还有他给Lady Gaga设计的帽子。这部分地体现了建筑业的导向：建筑业只针对社会顶层1%的人提供服务，只为经济学家迈克尔·J.桑德尔所说的“美国的豪华包间”做贡献。“在20世纪50年代，大多数建筑师都在设计建设私人住宅——比如，‘案例房屋’项目。”都兰提到《艺术与建筑》(*Arts & Architecture*)杂志倾力赞助的这个项目旨在为中产阶层设计简朴时尚的家。加利福尼亚州那位个性独特、执拗的建筑师约翰·劳特纳设计了许多豪华的建筑，然而，他主要还是为中产阶层工作（劳特纳的标志性建筑是位于好莱坞山的飞碟状的光化层居所，这里一直是富人们的游览胜地。然而，这栋房屋起初也是为一个中产阶层委托人即一位航空航天工程师设计的）。“但是，人们对明星建筑师搞偶像崇拜，建筑业俨然只是为罕见的杰出建筑而存在的。建筑业被视为一种奢侈品。它可以是——但并不总是。"都兰说。他最初的理想是为像他自己一样的中产阶层的客户设计时尚、环保的家，但是在后衰退时期，中产阶层失势，他的理想也破灭了。

美国各州、各城市减少公共支出，欧洲全面紧缩开支，因此，使建筑师有机会扬名并获得薪酬的市政工程完全消失了。大学的工程项目也慢了下来，因为各州对公立、私立高等教育的支持锐减。一个处于职业生涯中期的建筑师原本可以通过设计一座新的音乐厅或重新设计一座博物馆而飞黄腾达，然而，这样的时代已去，仿佛就是一扇关闭的门——这些发展主要出现在 1994 年至 2009 年间，目前几乎没有回归的迹象。

霍顿经历了整整两年的痛苦，才找到一份新工作。从表面上看，这份工作是在一个稳定的公司里，在中国有足够多的业务。"事实证明，中国也慢了下来。公司再也不能养活很多员工。"他再次失业。不过，经济衰退以及建筑业遭到的打击对于他个人来说是一个相当幸福的结局。现在，他给设计公司当顾问，撰写关于建筑行业的文章；他能维持生活，尽量不用担忧家人没有医疗保险。但是，至于这个行业向哪里发展，他并不乐观。"建筑师们争先恐后地冲向底部，去抓住归来的寥寥无几的工作。你必须拿到薪酬才能重新爬上来，"他说道，"工作机会多的时候，有工作可做，能适应环境。你不需要很多业务技巧，你也许需要一个律师把问题解决了。光景不好的时候，就需要业务技巧，建筑标准，自我提升。凡是能找到的工作，建筑师都去做。'我过去常常设计海关大楼，但是，现在我也设计仓库。'"当公司的中层人士被迫离开后，"他们就招聘一些底层雇员，让他们工作更长的时间。压力总是存在的：'不要再聘用他人了，我们就从现有的人员里榨取最多的劳动'"。他承认，经济慢慢好转，有些项目也在回归。但是，有许多项目像住房泡沫经济一样容易破灭。"项目从一个阶段走到另一个阶段，然后就中断了。投资者没有钱了，或者有人逃走了。这让一个不稳定的、受高额资金驱动的行业变得更加不稳定。”随着建筑业越来越全球化，它更加受制于中国的兴衰循环、涨落不定的经济以及中东的石油所得的收入。有迹象表明，越来越多的绘图、生产工作正外包给中国。

从更大的环境来看，建筑业的衰退显示了以下三方面的矛盾：以“论资排辈”的等级体系为根本的一个行业，一种自负的感觉，一种牺牲的文化。它还表明，在战后几十年的职业忠诚之后，这个世界已经变了。

霍顿说：“你过去拥有罗伯特·赖克所说的那种经济协议：你工作，你得到照顾。”霍顿生于1968年，依他的年纪看，他足以目睹世界从旧模式发生的转变。“这种经济协议不复存在——这对建筑行业来说不是唯一的。建筑业是一个创意行业，但是，它也体现了中产阶层在行事和思维观念上的转变。建筑师应当服务于社会，但是我认为，我们一直在奋力维持我们在社会上的地位。”

有些事情不会变化。“总有抽着雪茄烟的明星建筑师，”都兰说，“魅力是建筑业形象、偶像工程、偶像建筑师、天资和时尚的一个部分。魅力是这个行业的标志，但是绝对不代表这个学科。”他说，社会造就了建筑业，既然社会变了，那么“这个学科也在发生根本的变化”。正如创意阶层其他的人所看到的，熬过一次折磨人的衰退，行业的稳定性和健康并没有恢复，但是人们走进了一个重新描绘的、更重要的、更持久的世界。

第六章 游手好闲的梦想家：对创意阶层的诅咒

有一种围攻正在进行：它已持续了许久，但是，对此最不介意的是被围攻的人。

——葆拉·福克斯，《绝望的人》(*Desperate Characters*)

他们受宠，放纵，享受特权——是"文化精英"的一部分。他们用所有的时间吸大麻，喝苦艾酒。用一个最近流传的术语说，他们"有资格"。还有，他们毕竟不是真正的美国人。人们说到艺术家、建筑师、作家以及诸如此类的人，常说这样的故事。这也可以从某种程度上解释为何在21世纪初，当创意阶层生活苦不堪言时无人介意，然而他们理应得到关注。21世纪初，经济衰退、社会转型、科技变化，使创意阶层的许多人都失业了，尤其是平面艺术家、爵士乐手、图书发行者。人们不仅不关注他们，更糟的是，还蔑视他们。

尼尔·扬和布鲁斯·斯普林斯汀颂扬辛勤劳作的人，因而谱写了赞美歌；人们排队等候《推销员之死》(*Death of a Salesman*)的重演。农民遭灾时，约翰·梅伦坎普和威利·纳尔逊举办音乐节为他们筹款。纳税人帮助汽车工业、华尔街、银行渡过难关。人们有这样的意识：制造业、农业才真正是美国的要事。但是，文化，美国有一阵子做得最好：我们生产并且在全世界销售创意。那么，当创意的实践者遭难时，我们为何不痛惜？美国劳工统计局证实，创意产业一直是受到最严重打击的行业之一，从乔治·W. 布什时代开始到经济大衰退结束，一直如此。然而，与钢铁工人或汽车工人失业不同，文化领域里有人失业，遭难，很容易遭到鄙视或讥讽。（曾有几个故事探讨这个话题，我们可以去网上查看那些冷酷无情的评论；还有，比如，HBO 推出的电视连续剧《都市女孩》[*Girls*]，大胆地表现纽约年轻人的艺术梦想和良好的素养，我们可以查看人们对该剧产生的激烈反应。）

我们听说过的音乐人、演员和其他艺术家往往都极其成功。但是，在美国，正在工作的艺术家中绝大多数人的日常现实生活都和珠光宝气、穿金戴银毫无关系。国家艺术基金会 2008 年发布的报告“艺术家就业状况”反映了创意生活的现实，报告是在经济大衰退严重削弱创意阶层之前发布的。接受调查的艺术家都有大学学历，但是他们的收入比普通的职业少，2003～2005 年间他们的平均收入是 34 800 美元。舞蹈演员的平均收入只有 15 000 美元。（在该调查涉及的 11 个领域里，有多于四分之一的艺术家在纽约州和加利福尼亚州生活。这是美国生活费用很高的两个州，钱很快就会花完。2008 年以后这份报告没有再更新。）

“在美国做一个成功的艺术家意味着什么？”诗人达纳·乔亚问道。他担任国家艺术基金会主席时监管了上述那份研究。“从最根本上看，他们是劳动人民——他们中许多人有第二份职业。他们受过严格的训练——是舞蹈家、歌唱家、演员——但是，收入不高。为了事业，他们做出了巨大的牺牲。这些人和农民一样，值得我们尊重。我们不愿意生活在没有艺术家的社会里。”

视觉艺术市场一直是最不透明的，很难研究。从远处看，它魅力四射，繁荣昌盛。在纽约生活的演员、美术记者亚力克西斯·克莱门茨说："说到艺术品交易会、拍卖会和美术馆，有一件事清晰可见：最大型的销售常常是在二级市场进行的。艺术家分文不得。再说，艺术家和自由职业者一样，想拿到薪酬都困难；有些人还要起诉美术馆。人们都盯着视觉艺术的魅力和富丽堂皇，所以自以为这种奢华会下渗，由富人流向穷人。"

非营利性美术馆和组织也未必能改善艺术家的处境。"人们不知道，当他们走进博物馆看展出时，艺术家连一个子儿也没有赚到。"克莱门茨说。"艺术工作者和大经济"组织对视觉艺术家的调查显示，在纽约非营利场所现身的艺术家中，有58%的调查对象从他们的作品展览中分文未得，甚至连业务费用也没有。其他的人所获的报酬也接近零。许多艺术家和演员，实际上是企业家，但是，那些薪酬极高、神话般强劲的CEO所赢得的尊重，他们几乎没有。一个艺术工作者既不被左翼视为世上的盐[①]，也不被右翼视为"就业机会的创造者"；双方都视对方为一种自我放纵的寄生虫。为何会有此等误解？

纽约的一位画家、艺术评论家彼得·普莱根斯说："人们总以为，艺术就是玩耍，艺术是孩子们做的事，是退休老人做的事。妈妈把你的作品贴在冰箱上。或者就像德怀特·艾森豪威尔的说话方式：'我的仗既已打完，我可以把画架放外面了。'"

现实则不同。他们为教堂、室内演出、图书馆、工作室做着随叫随到的工作，中小型交响乐队既不支付工资也不提供医疗保险，这样的生态环境驱使阿德里安娜·佐波这样的音乐人马不停蹄。佐波是南加州一个自由职业的小提琴手，她一年12个月拼命地工作。无论是教堂的室内演出，还是电视节目《美国偶像》(*American Idol*)，她都参与；她还参

---

① 世上的盐(the salt of the earth)：出自《圣经》："你们是世上的盐。盐若失了味，怎能叫它再咸呢？以后无用，不过丢在外面，被人践踏了。"(《新约·马太福音》第5章第13节)"世上的盐"因自身的味道而对世人有益处。——译者注

加格伦·弗雷流行乐曲的录制；为电视剧《广告狂人》(*Mad Men*)的一个场景录制背景音乐；她有自己的巴洛克风格的室内乐队；另外，她还是圣巴巴拉交响乐团的长期乐手(圣巴巴拉生活费用高，他们不得不从外面引进乐手)，每个月要参加四次彩排、两次音乐会，每去一处大约都有160千米(100英里)的路程。“我和自己认识的每个自由职业者一样，很多时间都在开车。”她说。每个星期都有学生到她的公寓来上课。经济滑坡，再加上观众和赞助商减少，这意味着她的工作机会也减少了大约三分之一。“工作与工作之间的间隔越来越长。”她还提到，那些靠电影谋生的人就更艰难了。“即使在经济滑坡以前，电影拍摄就开始走出了加利福尼亚州；有好多工作迁移到了东欧。”对那些为唱片录制和电影配音而演奏的艺术家来说，“一夜之间，他们挣的钱就大约只有过去的60%了。我亲眼看见许多人到音乐领域之外找事做——有许多人领取了房地产销售人员许可证。我知道还有人考虑去当按摩理疗师”。有一些人放弃了医疗保险，因为支付不起，只能冒险。

当然，那些能够继续在创意阶层工作的人都是幸运的。美国劳工统计局有关就业的数据显示，新闻和媒体的报道严重失实。对有些领域来说，极端的破坏是和经济大衰退并肩而行的。在市场崩溃以前，平面设计、摄影、建筑业领域内的工作机会达到了高峰。在接下来的4年里，平面设计就业率下降了19.8%；在接下来的7年里，摄影领域的就业率下降了25.6%；建筑业在仅仅3年内就业率骤然下跌，超出了29.8%(劳工统计局计算了每个领域内的所有工种，比如，包含了设计工作室里负责接电话的人)。劳工统计局统计的“戏剧、舞蹈和其他演出艺术公司”这一类别包括从席琳·迪翁拉斯维加斯的演出剧团到在方方正正的房间里上演品特的戏剧作品的小剧团。这个类别在2006～2011年间数量减少了21%。这些数字说明了一个残酷的事实，如果我们考虑美国人口在2000～2010年间增长了2 650万，这个事实则更显残酷：这些领域每年需要增加1%～2%的工作机会，方能赶上职业市场上增加的劳动力。

其他领域显示了经济衰退如何恶化了现有的趋势，但是也表明，在经济市场崩溃以前，一场内爆已经来到，并且在所谓的经济衰退过程中内爆一直在继续。2002 年 8 月到 2011 年 8 月间，“乐团和艺术家”的数量暴跌了 45.3％。2002 年之后的 10 年里，“报纸、图书及各种名录的出版者”下降了 35.9％，“期刊出版者”的工作机会在同一时期也下降了 31.6％。那么，为何这一困境没有引起更多的注意？

我们猜测，创意阶层吃苦也许是应该的。艺术家自身常常将他们起步时的焦虑浪漫化：帕蒂·史密斯的回忆录《只是孩子》(*Just Kids*)讲述了自己和摄影师罗伯特·梅普尔索普早年奋斗的传奇故事，让人浮想联翩；描述街头艺人的故事《曾经》(*Once*)有电影版本，也有舞台剧版本。这些都说明浪漫色彩的力量多么强大。但是，紧跟艺术灵感的残酷现实一旦降临，这样的故事便戛然而止：史密斯有基础设施，有一个俱乐部网络，还有音乐唱片公司和出版商，所以，她最终能够全身心地投入音乐。如临深渊的生活，不管从远处看有多浪漫，《曾经》里面的人物盖伊还是无法永远卖艺。

是的，互联网使艺术家和艺术爱好者、资助人直接联系起来。有这样的例子：乐迷为自己喜爱的音乐人出资录制下一张专辑，但是，那些音乐人在某种程度上是通过创意阶层的基础设施获得听众的。曾经推动史密斯的这一基础设施如今正在逐渐消失。是的，Kickstarter 众筹平台上也有成功的案例，但是，在所有接到的提案中，Kickstarter 接受的只有 60％，在这当中，也只有大约 43％的提案最终获得了众筹。

创意阶层的形象来自于几种源头的怪异的混合物。这几种源头包括：虚假的平民主义的政治，变化的价值观，科技带来的巨变，媒体与文化的关系，还有美国陈旧的反智主义。不过，也许这个形象扎根于久远的过去。我们在城市里住下，开始集聚私人财产。人们有了食物盈余，紧接着，专业化露出端倪，这才允许有一个创意阶层的存在。在人类这个物种的进化史上，发生这样的事，时间上离现在还是比较近的。敌对情绪有可能就是从那时候——青铜器时代开始的。

我们可能永远无法知道其最深的渊源，但是我们有清楚的文献证明美国建国之初就有了反唯美主义的根基。在大西洋沿岸落户的清教徒是宗教狂热分子，他们酷爱苦行的生活，认为艺术是轻浮的，只适合妇女去从事，认为艺术是偶像崇拜。他们在乘船来到新大陆以前，就砸碎彩色玻璃窗，把教堂唱诗班的凳子扔掉，因而在整个英国声名狼藉。这种敌对行为矛头主要指向天主教。清教徒不喜欢天主教的其他做法，也同样不喜欢天主教对绘画和音乐的支持。尽管领导美国的、拥有土地的绅士们大多是知识分子和唯美主义者，但是拓荒者的神话能引起更强的共鸣。评论家莱斯利・菲德勒写道，美国真正的开国元勋是让-雅克・卢梭，他热爱"高尚的野蛮人"，我们早期的文学作品写的就是人们逃离文明和书本知识，直接体验最蛮荒的大自然。再到后来，当歌舞杂耍表演、马戏团的演出、早期的电影开始传播时，人们谴责这些活动，认为它们影响年轻人和劳工阶层，使他们腐化堕落。提起这些活动，通俗文化史学家罗伯特・J. 汤普森说："人们把它们视为对美国生活方式的一种威胁。"

普莱根斯指出，源于可追溯至文艺复兴或再早时期的高雅文化，欧洲和艺术有一种与众不同的关系。"在这里，美国与实用主义更密切——拓荒开地，铺设铁路……艺术家真的帮不上什么忙，所以我们得不到信任。"小说家乔纳森・莱瑟姆认为，美国的艺术家在家国、家乡中流亡。他的父亲也是这位作家所描述的那种"无名艺术家"，"怀疑与城市、历史、书本知识有关的一切，支持纯粹的具有开拓精神的自由论者的幻想"。美国历史被深深地打上了这个烙印。"新教伦理[①]怀疑一切被视为颓废的事物。"

---

① 新教伦理(Protestant work ethic 或 Protestant ethic)，强调勤奋工作，有效利用时间，重视节俭。马克斯・韦伯在其著作《新教伦理和资本主义精神》中认为这种新教伦理标准是资本主义早期阶段在经济上获得成功的重要因素。——译者注

我们的帽子上不再有搭扣，浣熊皮帽不再流行。但是，在人性中及美国人脑海中潜伏的这些观念最近向前迈了一大步或者倒退了一大步。长头发的放荡不羁的艺术家，自以为无所不知的教授，新闻记者以及自伍德斯托克音乐节[1]之后其他煽动叛逆情绪的人，都被理查德·尼克松和斯皮罗·阿格纽妖魔化了（这种右翼平民主义的根源好像可追溯至亚拉巴马州州长、种族隔离主义英雄乔治·华莱士。他指责民权工作者，说他们是"尖头的[2]知识分子"。阿格纽把"厚颜无耻、自命不凡、衰败的一群人"和"媒介精英"加进了英语语言）。但是，随着"文化精英"这个术语的发明，这些怀疑和厌恶的种子真的开花了。在1992年与墨菲·布朗的冲突中，时任副总统的丹·奎尔在加利福尼亚州联邦俱乐部讲话时，把洛杉矶的暴乱和"全美国坐在新闻直播室、情景喜剧工作室、大学休息室"的一群人联系起来，说他们嘲弄普通人。他说："我们有两种文化，文化精英和我们这些其他人。"这样，"精英"这个词就和它以前的各种联想截然分开了。以前总是和技能、成就或者财富、权力联想在一起（多数是积极的）（毕竟，奎尔不仅是副总统，还是一个富有的人，有几代人传下来的万贯家财）。他对精英这样的抨击直接把矛头对准那些从事教育、讲究饮食品位（评论家描述这些精英时，好像一直说他们喝白酒和拿铁咖啡）、钟爱文化的这一受憎恨的群体。据推测，这些精英正开着自己的沃尔沃轿车——一边喝卡布奇诺咖啡一边嘲笑普通人——同时还做梦向上爬，要去破坏美国的生活方式。文化左翼带头攻击文学传统或者艺术家的种族、性别，而这些艺术家在博物馆等地的工作还不稳定。尽管如此，文化左翼还远远比不上极端右翼的反智的平民主义。莱瑟姆

---

① 伍德斯托克音乐节(Woodstock)：1969年，在纽约州东南部，距离伍德斯托克大约97千米处有一次大型的摇滚乐音乐节。许多知名歌手和乐队献演，数十万年轻人赶来参加音乐节。音乐节组织比较混乱，其中有吸毒的年轻人，但是并没有出现暴力。此次音乐节是嬉皮士新青年文化的一个象征。——译者注

② "尖头的(pointy-headed)"与"学究、书呆子、自以为有大学问的人(egghead)"这个贬义词有关。pointy-head(尖头人)，也是一个贬义词，指知识分子。——译者注

说:“文化精英就是一个代名词,指代那些做了错事、过了很久还未遭到惩罚的人。它是一个表达不信任的术语——你在这个术语里几乎能听到一个图谋报复的计划。共和党的政治让这些冲动更麻木不仁,更致命、更偏执。”

戏剧评论家、著名编剧罗伯特·布鲁斯汀认为,反精英主义代表了左右两派的观点。布鲁斯汀是耶鲁话剧团和美国话剧团的奠基人,他说:“这里仿佛就是左翼和右翼观点一致的地方。我认为,‘精英主义’一词是引入英语语言的最恶毒的词汇之一。设想一下,用它来骂人吧!它意味着领袖,没有领袖,没有那些毫无独创思想的领袖,就没有任何艺术!”

如果理解文化的人,或者(按照奎尔本人的阐述)那些记录文化、传授文化的人,在某些方面“跟我们不一样”,那么,唯一严重丧失信誉的人就是那个一生都在创造文化的人。“在美国有一个娇生惯养的艺术家阶层,”乔亚不情愿地承认说,“但是,它很小。跟运动员相比,他们只有微薄的收入。在美国,我们奉行清教徒实用主义的传统。清教徒会帮助穷苦人,但不会帮助游手好闲的人。艺术家被视为游手好闲的梦想家。”莫滕·劳里森几十年如一日地依靠教书、创作合唱作品勉强维持生计。到了今天,他是在世的作曲家中作品上演最多的创作者之一。作家凯·瑞安在2008年成为美国桂冠诗人,在这之后才有一小部分人知道她。乔亚说,这样的艺术家、作家远比尽情享用巨额拨款的名人艺术家更常见。“她(瑞安)从没有申请过经费,从来没有教过写作,”乔亚说,“她在一所社区大学里辅导阅读补习课。”

凯利·奥康纳是音乐学院培养出来的单簧管、萨克斯管演奏者,过去她在位于康涅狄格州新伦敦市的海岸警卫队学院的管乐队谋生。近几年,她是附近一个地区的交响乐团的主要演员,在波士顿一座教堂的室内乐团里演奏,在地区中学当音乐老师,还在罗德岛大学教书。她说:“自由职业一直是忙忙碌碌的。你得掌握日程安排的艺术,尽量挤出时间。在有些日子里，我在夜里 11 点或 12 点才做完工作，然后，早上 7 点必须起床。”她跟大多数艺术家一样做家庭教师，但是学生的数量已经下降了一半多。“经济滑坡，学生人数真的下降。人们害怕花钱。你不断地向本地的学校投送简历，就为了再次让他们感兴趣。”

《克雷恩纽约商报》(*Crain's New York Business*)曾刊登了一篇罕见的故事，报道艺术家面临的危机。该报道说：“音乐人受到不公正的待遇，比其他类型的艺术家程度更甚。”其实，这篇讲述音乐家艰苦度日的故事并非新鲜事。长岛爱乐乐团和皇后交响乐团这些小型交响乐团进一步缩减规模，音乐剧、舞蹈节目聘用的乐手越来越少，甚至根本没有，职业音乐人——许多在茱莉亚表演艺术学院这样具有国际声誉的学校学习了数年——面临越来越艰难的日子。他们被迫将自由职业零碎的工作拼凑在一起，承担繁重的教学工作，或者干脆离开这个行业。在过去的 10 年里，纽约音乐家工会 802 分会的会员人数从 15 000 人减少到了 8 500 人。工会主席蒂诺·加利亚尔迪对《克雷恩纽约商报》说：“音乐人的机会越来越少。工作减少，人就离去了。”

这里所说的不仅仅是经济的衰退，也不仅仅是古典音乐的演奏者；即使当大的经济环境开始好转，创意阶层也在继续消失。在过去，好莱坞的音乐人白天在电影公司参与电影和电视节目的录制，晚上在酒吧的小型乐队里施展艺术才华。他们用这种方式可以过上体面的生活。电影公司提供的工作机会推动了 20 世纪 40 年代和 50 年代的西海岸的爵士乐运动，而且在之后数十年里，也激励着各种类型的乐手。但是，从 2007 年至 2014 年，好莱坞电影公司的音乐人切身体会到收入减少，大约减了一半；根据美国音乐家工会 47 分会的统计，他们的收入损失了 1 500 万美元。因为收入暴跌，整个生态环境就萎靡不振。

大多数人对艺术家和专业演员的理解都来自媒体——电视、报纸、无线电广播等。我们在杂志的封面上或者在电视里看见演员、音乐人和建筑师，就以为自己正在近距离地接触创意阶层。但是，我们往往根本没有看见他们。对于一个依据天时地利有可能成为斯普林斯汀或斯坦贝克的“普通人”或“世上的盐”这类人，媒体长期以来都对他们怀着一种浪漫的情绪、一种责任感，报纸尤其如此。詹姆斯·雷尼说：“民间有句格言：折磨那些舒服的人，抚慰那些受折磨的人。”雷尼是《洛杉矶时报》(*Los Angeles Times*)的记者，能很好地呈现报业遭受的损害，这样的记者为数不多，他是其中的一个。

报道那些最弱势的人是新闻媒体仍在做的高尚的事情之一。但是，这意味着有些阶层被忽视了。比如，当报道撰写与经济衰退有关的问题时，报纸过分依赖对穷人和工人阶层的报道。因为失业或者房产价值下跌而失去家园的专业人士几乎不会出现在报纸上。在经济衰退期与创意阶层有关的故事中，会有一个中流砥柱——一位在困难时期自我“重塑”的艺术家。比如，一位建筑师能调制味道完美的咖啡；或者，一直追求“第二方案”的附庸风雅的人做起了纯素的杯形蛋糕或者开起时髦的冰淇淋车。这些故事与正常预期相反，看起来有趣，比起那些枯燥的失业数据更五彩缤纷，但对困扰整个创意阶层的残酷现实来说，丝毫不具有代表性。

更具代表性但是更难找到的是资深美食作家阿曼达·赫瑟在美食网站 Food52 上承认的事实：即使是面对有才华的、勤奋的年轻记者时，她也无法建议他们走她的路。她写道：“有一小部分人拥有杂志社的工作，所得的薪酬超过了杂志社商业模式的实际支付能力。除了这一小部分人，作为一名美食作家，靠写作谋生几乎不可能。而且，我认为这种局面会越来越糟。”

但是，这种局势的其中一面得到了较好的报道。自 20 世纪 80 年代以来，名人-企业综合体几乎一直在暴涨。一位杂志编辑抱怨说，市场要求越来越多地报道那些因为出名而有名的名人，自己简直被这样的市场绑架了。雷尼对这位编辑说：“有一部分原因是，和 30 年前相比，今天的新闻有更多的表达途径。我刚开始工作时,没有《美国周刊》(*The US Weekly*)和《OK!》这样充斥着畅销商品和满是名人的超市通俗小报。就电视来说,今天有成百上千的报道名人的频道,还有 TMZ 网站,还有名人绯闻专栏作家佩雷斯·希尔顿……这一切都使劲儿将主流的新闻表达途径向那个方向拖拽。"

一些数据显示,世纪之交以来,报纸业对供稿人已进行了 80%的裁员。报纸也许不能很好地记录好莱坞和电视(这两者占媒体报道最大的版面)以外的非公司文化的崩塌。它们有自己的顾虑,不想表现出精英主义的色彩,但是可能会避开艺术领域,尤其是避开表演艺术领域里那些苦心经营、奋力支撑的人们。它们忙着跟进与卡戴珊之类的人物有关的消息,忙着解构罗宾·西克。再没有比"媒体偏见"更怯懦、更见利忘义的事了。在美国,文化的全幅图景是展示不出来的。雷尼说:"人们对名人的关注远远超过那些从事制作的普通人,那些在艺术领域里艰难谋生的人。"其结果是,大多数美国人可能都看不见创意阶层中的中产阶层。

科技用另一种方式重新塑造了这件事。"我们看看过去的人就知道,创意天才的典型形象尚未消失。"锡拉丘兹大学的历史学家汤普森说道。他引用了许多古装剧里的人物形象——有些人物类似于莫扎特、凡·高,聪明,疯狂,声誉不减,作品一直广受尊崇。"但是,我们不愿意把这一切应用在还活在世上的艺术家身上。因为互联网已经将资源分配大众化,我们往往认为天才也大众化了。"如果谁都可以把视频挂在 YouTube 上,为什么有些电影制作人就比另外一些更富有、名声更大呢?"我认为,这改变了我们看待现代创意阶层的方式。许多人的眼光都是充满憎恨的:我也可以做到这一点,为何偏偏就是你高高在上呢?"

人们对专家和专门知识还存在着更大范围的反感情绪,对创意阶层的偏见只是其中的一部分。请设想:一位艺术家或知识分子出现在主流电影里,时间背景是现在而不是具有浪漫色彩的过去,人物不邪恶也不矫揉造作，我们多久没有看到这样的艺术家或知识分子形象了？请看看20世纪50年代以来的B级电影，你就能看见另外一个世界。作家菲利普·洛佩特有一篇论文研究一些电影制片人和投资人，他们来自百老汇或说德语的欧洲。该论文研究他们是如何向电影界让步的，在这里，成熟的智慧仅仅是人们讥讽、破坏的对象。这篇文章说，知识分子的严肃性是“最后的禁忌”。“当然，智力一直和邪恶联系在一起（比如，梅菲斯特①、伊阿古②），而天真和品德联系在一起。”他说。但是，这个过程在我们这个时代被放大了。“为什么‘愚笨’成为美国人情绪的一个如此强有力的比喻？相反，为何今天屏幕上罕有机智活泼、工作中充满智慧的人——一个口齿伶俐、受过良好教育、内心世界丰富、有自我意识的人？……我们的屏幕上哪儿都看不到不抱幻想、苦心经营事业的人。”过去，在冷战时期弥漫的沙文主义气氛中，教育和智力被赋予稳定的价值。不过，自苏联发射人造卫星到现在，我们已经走过了相当长的一段路。

汤普森说，史蒂夫·乔布斯和科技英雄人物仍受尊崇，但是，这种尊崇并没有转移到那些辛勤工作而自己的作品又不易触摸、难以理解的创意人士身上。“我看到有人走进博物馆说：‘这个我会做’，”汤普森说道，“他们当然做不了。不过，如果他们的电脑坏了，他们知道自己不会维修。创造性是一种专门知识。”我们虽然生活在一个民主国家，我们从未完全对创造性感到舒适自在。

狂热、虚假的平民主义给艺术和艺术家招来敌意。另外，人的情感也存在其他的变化。所谓的市场原教旨主义即为其中之一——也就是说，一切东西，无论教育、文化或者是我们灵魂的某种状态均可买卖、测

---

① 梅菲斯特（Mephistopheles）：克里斯托弗·马洛（Christopher Marlowe，1564～1593）的著作《浮士德博士的悲剧》以及德国诗人、作家歌德（1749～1832）所著的长篇诗剧《浮士德》中的一个恶魔。——译者注

② 伊阿古（Iago）：莎士比亚的戏剧《奥赛罗》中的一个狡猾、残忍的反面人物，暗施毒计，诱使奥赛罗出于嫉妒和猜疑杀死妻子。伊阿古被认为是欧洲文艺复兴时期反面人物的典型。——译者注

量。政治哲学家迈克尔·J. 桑德尔最近在一本书里问道:“什么不能出售?”(桑德尔在《金钱不能买什么》[*What Money Can't Buy*]一书中指出,你一个人开着一辆车,也可以使用拼车的专用车道;你可以借用一个女人的子宫;可以“打死濒危动物黑犀牛”,可以获得医生的手机号码。只要你肯付钱,都能做到。以盈利为目的的医院、竞争、社区保安部门、大学,最近都获得了令人满意的减税优惠,这些机构和事件在数量上的增长说明了在过去几十年里我们已经走得很远了)。托马斯·弗兰克为当今热情高涨的新自由主义做了总结,他说:“市场会让你有发言权,让你有能力做你想做的事。如果你对此有任何怀疑,那么市场会制服你,击碎你所知道的一切。”

不出所料,人们研究艺术对经济产生的影响,推行所谓的“文化旅游业”,我们从这些研究和推广活动中看到了同样的观点。博物馆和爱乐乐团依据他们挣得的收益来证明自己的价值。当一个文化实体破产时,你又从反面看到了这个观点。当肯塔基州一家报纸报道路易斯维尔交响乐团申请破产保护的消息时,从这条新闻引起的读者评论,我们可知许多人是如何看待文化和市场的关系的(此处将他们错字连篇的评论整理出来):一个人说:把“芭蕾舞团以及其他无用的‘花纳税人钱的、不能自给自足的娱乐公司’,都处理掉!”另一个人说:“小子们,姑娘们,带上你们的小提琴,回家吧。也许你们还能找到正经工作。去纳什维尔,抢点零活做做。”还有一个人说:“把家当都卖了,付钱把员工遣散,把所有人都解雇了,解散这个交响乐团。这儿的居民肯定不喜欢它,否则来的人自然会水泄不通,他们也无须为钱发愁!”还有毫不含糊的市场原教旨主义:“这个交响乐团创造了一种产品。这种产品失去了对公众的吸引力。这和任何企业一样,需要关门大吉。如果你的产品卖得不好,就没有理由继续做生意。”毋需说,古典音乐和其他艺术形式都起源、发展于艺术赞助的时代,远远早于羽毛丰满的市场经济。这些偏见让人想起奥斯卡·王尔德的看法:“愤世嫉俗者知道所有东西的价格,却不知任何东西的价值。”

“今天你必须为所有的一切负全责，”普莱根斯说，“一个英语系必须表明它赚了足够多的钱，这样它可以用业务所得养活自己。公立学校以各种各样精打细算的方式为自己负责。议员可以指着教诗歌的‘尖头的教授’问：‘这有用吗？我们能量化这个吗？’现在，这是一种用数量而不是用质量来衡量的文化。当专家们说‘信任我们’时，我们就不再相信他们。”莱瑟姆说：“近来，一切东西都必须有一个清楚的市场价值，对于商业文化来说，必须有一种业已证实的用途。然而，艺术很自然无法通过这一测试。你可以把艺术形式变成市场认为重要的东西。但是，这总是很扭曲，很荒诞。”（这种尴尬的情感使他想起菲利普·K. 迪克的一篇故事《音乐保护机》[①]（这个故事讲述一位科学家，他竭力把珍贵的乐谱变成可以躲过世界末日的动物，结果却很糟糕）。

在艺术内外，就某些方面来说，对经济着迷是由经济本身驱动的。普莱根斯在他那本获得很高评价的著作《阳光缪斯》中记载了 20 世纪六七十年代西海岸的艺术状况。他说：“40 年前，你用不多的钱租一座美术馆，买几升白漆。现在，你需要投资者、资助人以及各种数字化设备。所以，和旧的波西米亚风格的模式相比，今天更强调商业计划。”

尽管创意领域在总体上出现了危机，大规模经销的文娱产品却蒸蒸日上（电影需要消费者花费的金钱比大部分现场娱乐活动都要少，因而电影往往是反周期的）。“大众艺术和商业艺术是一种逃避，”普莱根斯说，“这是人们想要的，尤其在艰难的时候；这是你在 20 世纪 30 年代时所拥有的，那时有这样的电影：女继承人假扮成贫穷的女工，等等。”普莱

① 《音乐保护机》（*The Preserving Machine*）是菲利普·K.迪克 1953 年发表的一篇科幻短篇小说。一位博士为脆弱的高雅文化尤其是古典音乐的安全担忧，担心它们在世界末日遭到毁灭。他下令造一台机器，把乐谱转换成能够自我保护的动物。这台机器成功地把巴赫、舒伯特等几位作曲家的曲子变成了动物。然而，当博士把这些动物放进世界之后，它们就进化，变异，互相吞噬。当博士再把这些动物放进机器里时，机器输出的乐谱是混乱的，美与和谐皆消失殆尽。——译者注

根斯把这种电影视为今天此起彼伏的续集、重新制作以及拙劣的浪漫喜剧的先锋之作。“严肃的艺术——小说、美术馆里展出的作品——把你带到现实中，让你审视你的生活。严肃的艺术让人不适——在这个时代，我们不需要更多的不适。”

然而，最终讽刺的是，在这个时代——这个迷失了方向的、以信息爆炸为特征的、遭受无常因素无情侵蚀的时代，我们更需要艺术。但很奇怪的是，我们仿佛抗拒文化，抗拒那些创造、传播文化的人。

第七章　印刷行业的终结

奥威尔害怕那些禁书的人；赫胥黎则担心无人愿意读书，因而再没有理由去禁书。奥威尔害怕那些剥夺我们信息的人；赫胥黎则担心有些人给我们太多信息，致使我们沦落，变得被动，自高自大。奥威尔害怕有人掩盖真理让我们找不到；赫胥黎则担心真理会淹没在无聊烦琐的世事中。

——尼尔·波兹曼，《娱乐至死》(*Amusing Ourselves to Death*)

位于葱翠的热带丛林中的村子马孔多，碎冰块宛若钻石，石头犹如恐龙蛋，女人可以升天；拓荒者经过的美国中西部大平原和干旱的内布拉斯加大草原；粗犷的狗拉着雪橇跑过阿拉斯加的冻原；在美国，洒满同胞友情、充满机会的一条大路从布鲁克林的码头一直绵延到波涛汹涌的太平洋；在第一次世界大战期间的米兰，有一个女人站在桥上卖炒熟的板栗。

有了小说家和诗人——加布里埃尔·加西亚·马尔克斯、威拉·凯瑟、杰克·伦敦、沃尔特·惠特曼、欧内斯特·海明威，我们才有了这些文学形象。这些小说家和诗人在进行早期的一些关键性创作时都是为报纸和杂志撰稿的。从 20 世纪 60 年代开始，非传统的报纸杂志也催生了一批才华横溢的人，同时，我们还可以加上几乎整整一代英国作家——其中就有通过《新政治家》(*New Statesman*)杂志崭露头角的马丁·艾米斯、几年前去世的克里斯托弗·希钦斯和詹姆斯·芬顿。这样的作家数不胜数。可以说，新闻创作训练对于无数想象力丰富的作家来说，不仅是一个至关重要的平台，而且其中蕴含着更重要的意义：立志写作或者学习创作的人们就有机会看到原本看不到的世界，学会批判性地思考战争、犯罪和政治，或者仅仅是锤炼他们的文采，增强他们的语感。

新闻业和创意阶层有着一种欺骗性的关系。和交响乐的创作者、在画布上创作的画家，甚至和唱片店里衣着考究的男人相比，戴着浅顶软呢帽、帽边里塞着记者证的那个人仿佛是另外一个世界的人。但是，报纸杂志不只是训练场地，它们还和出版社、博物馆、音乐厅一样，属于同一个生态环境：5 个世纪以来，评论家和文化记者一直帮助塑造文化，使文化的创造者彰显魅力。报业的记者、杂志的插图画家、摄影新闻工作者和创意阶层的其他人一样，他们的处境遵循同样无望的轨迹，面临绝境。和独立摇滚乐手相比，新闻记者文身的可能性不太大。尽管他们外表有差异，那些为出版物工作的人们实实在在就属于创意阶层。在过去几十年，在 21 世纪，新闻记者可能把自己看作是非常务实的人，但是他们和现代舞蹈家、大提琴手或舞台演员几乎一样，都可能在苦苦挣扎或者没有足够的工作可做。新闻记者和他们记录的“内容创作者”落入了同一个陷阱。高端文艺记者或者文艺评论家的位置虽然仅次于剧作家或者诗人，然而所有称职的记者首先是讲故事的人。是什么让他们的故事枯竭了？不只是科技或者经济衰退，更是反精英的愠怒，市场平民主义和公司合并。

首先是好消息。戴维·戴利曾在哈特福德、路易斯维尔和纽约郊区为报纸撰稿、当编辑，若干年后，他成了 Salon.com 网站的主编。他说："现在发表的主要内容是有史以来最多的。互联网自然很快把有些报纸变得可有可无，再加上我们的一些主要报纸集团能力不足。互联网就把一些群体的人员聚合在一起，让他们用前所未闻的方式从事自己感兴趣的事情：在过去，如果你喜欢对国会山的法案进行深度的政治分析，你更希望自己住在华盛顿或者丹佛。"现在，地域限制完全消除了。

报纸杂志大幅度削减读书栏目，文艺周刊不断地倒闭，但是"千百万"（The Millions）、"喧闹"（The Rumpus）和"洛杉矶书评"（Los Angeles Review of Books）这类网站（有些网站不付稿费或者象征性地付给作者一点儿费用）创造了一个生机勃勃的书评的生态环境。戴利说，有了这些网站，书评更活跃了。对于像埃德蒙·威尔逊和玛丽·麦卡锡这样初露头角的作家来说，如今可以供稿的地方之多是史无前例的。唯一的问题是，作家要付房租，要有钱吃饭。"从某些方面来说，这是读者的黄金年代。但是，并不是报纸撰稿人的黄金年代。"戴利说。（书评也显示，友好、自然发展的书迷团体对于企业劫持来说，显得多么脆弱：好心肠的网站 GoodReads 在 2013 年就被亚马逊收购了。）

基特·拉克利斯是一位受到高度评价的编辑，曾经是《乡村之声报》（*Village Voice*）、《洛杉矶》杂志以及现在正在从内部崩溃的《美国瞭望》（*American Prospect*）月刊的负责人。他说："我们没有撰稿方面的问题。我们只有商业模式的问题。"很难得出一个确切的数字，但是自从经济衰退以来，几乎可以肯定地说，新闻业丧失了成千上万的工作机会。埃里卡·史密斯是居住在圣路易斯市的一个网络日志撰写人。她在报业裁员网站上跟踪研究了报纸业的裁员和控股收购的情况。根据她的记录，报纸业在 2008 年丧失大约 16 000 份工作，在接下来的一年里大约又失去 17 000 份工作。这种破坏是大面积的，但不是平均分布的。来自华盛顿和驻外机构的报道已经减少，那些地方不太可能有广告收入可以给自己发工资。根据ArtsJournal.com网站的创始人和编辑道格·麦克伦南提供的信息，从2000年开始，与印刷品出版物中的艺术有关的新闻记者和评论员将近80%的人都丢了工作。波特兰的《俄勒冈人报》（*Oregonian*）、伦敦的《独立报》（*Independent*）进行了大规模的裁员。即使是有巨额财源的MSN（归属于有780亿美元收益的微软公司）网站也经历了同样的洗礼，削减了所有自由职业艺术和娱乐的预算。麦克伦南称这种现象为“血洗”。曾经庞大的《乡村之声报》也经历了裁员，失去工作的人员包括罗伯特·克里斯戈、纳特·亨托夫和J. 霍伯曼。同样，“美国排在前100位的杂志中，只有两家有一位艺术撰稿人或美术编辑”，泰勒·格林在他的《现代艺术笔记》（*Modern Art Notes*）里这样写道。国家艺术基金会的会员苏珊娜·卡本诺说：“现在，在整个美国，只有两个全职的舞蹈评论家。”克里斯戈在MSN和《乡村之声报》之间已经实实在在地下岗了两次。科技新闻报道同样需要专门知识，由于无法吸引电影广告、整形外科广告，也同样遭受重创。

单在2009年，大约就有300家报纸倒闭。随笔作家理查德·罗德里格斯说：“一家报纸在美国消失，这不仅意味着一个企业的倒闭，也意味着地方感的丧失。”在2008年的某一个月里，纽瓦克（新泽西州）的《明星纪事报》（*Star-Ledger*）就裁员将近一半。在这个人口众多、富有、以腐化出名的新泽西州里，《明星纪事报》是它的一家主要报纸，它把对州政府进行深度报道的新闻处从13位记者减少到4位（即使在这样人员大幅度缩减的情况下，这家报纸还能够报道克里斯·克里斯蒂桥门事件的丑闻，但是我们永远也不会知道，《明星纪事报》还能发现多少别的报纸无法发现的真相！）。在旧金山湾区，即使经济已经繁荣，在过去10年里，从事新闻报道的人员也裁员将近一半。

有些现象突然在网上出现，给失去工作的人送去希望。有几位超级明星记者——安德鲁·沙利文、埃兹拉·克莱因、内特·西尔弗——已经有了很明确的网络身份和大批追随者，不依赖实体机构。Grantland[①]这个网站有了 ESPN[②] 资金的驱动，推出与体育、通俗文化有关的漂亮光鲜的新闻报道。当然，网站数量已经激增。有些网站经营良好，付出的薪酬能让员工糊口。但是，大多数网站都是信息总汇商，他们没有记者，只是出售新闻报道——可以说，是新闻报道的假象。他们只是把现有的“内容”重新包装，然后和那些实实在在酝酿故事、报道新闻、编辑故事的出版物在同一个广告市场里竞争。作家罗伯特·莱文这样剖析这种状态：“有两种互相竞争的卖广告的渠道。不投入时间精力的那个渠道赚了钱，投入了的那个渠道不赚钱。”

按需媒体企业是一个内容工厂，支付 15 美元购买故事，依据广告商的需要挑选故事。他们称之为“聆听消费者的声音”。联合供稿网站称自己是“人民的媒体公司”，是临时工的服务机构。网络杂志《此刻的帕萨迪纳》(*Pasadena Now*)报道的是加利福尼亚州这个讲文明、有教养的城市，它有无数自由撰稿人，他们在印度以及世界不知名的地方大量炮制稿件，署上编造的英国人的名字。媒体公司 Journatic 付给住在菲律宾的记者 35 至 40 美分购买他们“每周至少 250 条”新闻。美国一个名为自动化洞察公司的科技公司将外包向前拓展一步：它彻底消除了人工，用计算程序将数据转换成文章，向体育和房地产网站供稿。

印刷行业这样多灾多难，未来主义者们却为两个更大的趋势欢呼喝彩：新闻会移居到网络上；它会效仿美食家对本地饭菜的忠诚，变得“超本地化”。这两个趋势和美国在线(AOL)公司的 Patch 新闻信息平台汇合在一起。根据美国在线的 CEO 蒂姆·阿姆斯特朗的说法，Patch 需要

---

① Grantland 是 ESPN 的一个子网站，对体育新闻和流行文化进行深度报道，由著名体育记者比尔·西蒙斯于 2011 年创立。网站的内容权威、精美，但是盈利不足，ESPN 于 2015 年底迫于残酷的现实将其关闭。——译者注

② ESPN(Entertainment Sports Programming Network)，即娱乐与体育节目电视网，是专门播放体育节目的美国有线电视联播网，创立于 1979 年。——译者注

一支庞大的酬不抵劳的记者队伍，每天选取并发送“5至10篇报道”，用以刺激广告。在后印刷时代的解决方案中，Patch的这种方案还不是第一个向出版界显示印刷行业的落后程度。2011年，鲁珀特·默多克开启了高端的iPad电子报，即《日报》（*The Daily*）新闻集团，其员工中有严肃的新闻记者。企业第二年就关闭了。蒂娜·布朗重启《新闻周刊》（*Newsweek*）——2010年用1美元购得的——和在线的《每日野兽》（*Daily Beast*）合并，这看起来是极其美好的想法，但是到了2013年，杂志结束了印刷版的发行，布朗转做其他事情（印刷版的《新闻周刊》在2014年复活，但是，它能持续多久，尚不确定。同时，《每日野兽》也已经裁员）。

总的来说，网站缩减自由职业者的报酬和薪水。有些杂志现在付给职员的薪酬只是过去的一半；职员给网站供稿，有些杂志事实上不付薪酬，另一些杂志也近乎不付薪酬。“无薪实习”的逻辑——无偿劳动换得名誉，以求在以后某个时候获得成功——有可能一直延伸到事业中期。报纸辞退了有经验的员工，再以低薪聘请博客撰写人。即使是美国一些最好的网站支付的薪酬也低于20世纪90年代另类的周报付给员工的薪水。有些网站受杰伦·拉尼尔作品的启发，针对“自由职业的内容供稿者”结成了一个“停止免费工作”的联盟。新闻撰稿人彼得·格斯坦赞最近写道：“决定成为一个摇滚乐作曲者，其意义如同和一个扒手同床共枕，通常你一觉醒来就破产。”还有，超级巨星和底层普通职员留了下来——而过去大范围的中产阶层正从中脱离出去。

即使是经营较好的网站也无法代替印刷品。例如，“赫芬顿邮报”（The Huffington Post）这个网站因为对受伤老兵的系列报告而当之无愧地获得了普利策奖。但是，这个网站大部分的工作都依赖志愿者的劳动和来自其他地方的内容。当美国在线公司用3.15亿美元的价格收购了“赫芬顿邮报”之后，新闻撰稿人蒂姆·鲁滕这样写道：“‘赫芬顿邮报’是一个包装精美的产品，它特别善于表达心胸宽广的观众所代表的文化和娱乐品位。”他接着说：

> 但是，要掌握它的商业模式，你得描绘海盗掌船、奴隶划桨的图景。据报道，它的创立者阿里安娜·赫芬顿从这次收购中获得的个人收益达1亿美元。如果这是真的，它会使“赫芬顿邮报”所有员工对华尔街的财阀产生愤怒的情绪，让他们怨恨裙带资本主义，憎恨布什和奥巴马政府对中产阶层和失业人员的漠不关心。
>
> 事实是，美国在线和“赫芬顿邮报”只是在新的媒体里重演了旧经济形式的工业资本主义许多最坏的弊病：血汗工厂、增产不增工资、计件工作，老板获得巨额利润，工人做着枯燥的工作，忍受剥削，陷入绝望。还没有出现童工，但是，如果有更多的页面浏览，就说不准了……

有些网站的确雄心勃勃，创作了新颖的内容推送出去，但是它们的商业模式岌岌可危。Salon.com将复杂的内容和吸引眼球的构架融为一体；逆向投资的Slate.com常有摸爬滚打以获利的智慧（Slate的编辑雅各布·韦斯伯格在14年的时间里换了9份工作，他说：“人们连数据都不解压了”）。《政治新闻》（*Politico*）报道华盛顿的政治事件，做得有声有色，但据说它的大部分收益是从印刷版获得的。

和创意阶层的其他领域相比，新闻撰稿人的苦难遭遇产生的影响更大，超越了他们所能承受的极限。印刷行业的没落不仅影响了我们的文化，也影响了我们的民主。2010年，皮尤研究中心（Pew Research Center）发表了《一座美国城市的新闻生态系统研究》（*The Study of the News Ecosystem of One American City*）的报告，分析了巴尔的摩的新闻和媒体的运作方式。该报告说明，印刷品——主要指《巴尔的摩太阳报》（*Baltimore Sun*）——产出了95%的新闻故事。这是《太阳报》裁员一段时间之后的数字。《太阳报》裁员之后，它能够产出的原创作品有所下降，是过去20年的73%。

研究还表明，人们对新闻业以及媒体的总体信任程度是有史以来最低的。部分原因出自蛊惑人心的宣传。但是，《纽约时报》对伊拉克战争预备期犯了轻信的错误；面对1929年之后最大的市场崩溃，金融报道对自由市场摇旗呐喊，这都使人们对媒体报道的怀疑雪上加霜。

互联网最初的梦想是造就多样化的声音——主流媒体的垄断会因左翼、右翼同等程度的唾弃而被打破。但是，正如迈克尔·沃尔夫在《连线》上所说："排名前10的网站在2001年占美国页面浏览量的31%，2006年占40%，2010年大约占75%。"近几年，谷歌、微软、雅虎和脸书收获了网络广告收益的三分之二。报纸倒闭，数字化渠道却随之快速增长，占领开拓出来的空间，有些方面的新闻蓬勃发展，尤其是致力于色情作品、政治极端主义、狗仔队对名人的追逐报道、阴谋论①等的专业网站。2013年的民意调查显示，路易斯安那州有29%的共和党人因美国政府对2005年飓风卡特里娜的无能反应而责备巴拉克·奥巴马，其数量多于那些挑剔时任总统布什的人数。自2008年开始，保守的共和党人中有人竟相信总统是穆斯林，而且现在(2015年)这样的人数比例翻了一番，达到了34%。福克斯新闻频道以及慷慨陈词的无线电广播在右翼这边推波助澜，剧烈搅动这种胡言乱语，但是，在极端的左翼群体里也能发现这种胡说八道，有人甚至深信乔治·W.布什总统一手安排了2001年9月11日的恐怖袭击。

新技术爱好者说，网站——当然有一些好网站——使印刷媒体过时了。但是，在互联网时代，我们获得的信息越来越少。或者可以说，对新闻上瘾的人比过去知道得多，但是最有见识的人和最孤陋寡闻的人之间的差别更加明显了。2001年，有75%的美国人相信人工气候变化，到了2012年这个数字下降到44%。相信生物进化论的人数也比20世纪80

① 阴谋论是一种观点，认为有权势的组织对某个原因不明的事件负责。——译者注

年代早期下降了——根据2012年的盖洛普民意测验，有46%的美国人相信创造论。对赤字的误解已然产生了残酷的政治后果；就公共卫生保健来说，疫苗及其他保健方式的错误信息也产生了致命的后果。这其中有各种各样的原因——对各种专门知识的叛逆情绪，水门事件后对政府机构的不信任，反科学的宗教原教旨主义的兴起——但是，部分原因是：当1 000个网站繁花似锦之时，我们却没有一个一致认可的信息源头。如果你想证实任何异想天开的理论(第二次世界大战时期的大屠杀是一个犹太人的阴谋；“阿波罗”宇宙飞船的宇航员在月球上行走是在有声电影摄影棚里拍摄的；地球是平的)就有一个现成的网站在等着你。在后印刷世界里成长的孩子们，有很多是在没有图书管理员的学校里读书的，这一事实造成的长期影响尤其严重。

互联网不是错误信息、谣言散播唯一的发源地。机构的发言人和舆论导向专家这个队伍在过去几年逐渐庞大，而新闻撰稿人的数量大幅度下降；前者的数量现在大于后者，比例大约是3∶1。2010年最高法院对“公民联合组织”一案的决议引发了无上限的竞选花费，竞选活动花费的资金翻了四倍，美国人能看见更多与政治有关的信息，而现在大多数信息都是有利害关系的政党买卖的，没有显示信息的源头(同样，在美国首府华盛顿，游说集团的成员人数现在超过了12 000人。根据互动政治研究中心的数据，这是一个33.1亿美元的产业)。最近还有一个新发明：视频新闻报道(VNR)。根据媒体评论员道格拉斯·拉什科夫的说法，电视新闻正在应对自己的危机，视频新闻报道则前途光明。

> 制药业已经使用视频新闻报道去销售新药，石油公司用它来展示自己环保的形象，甚至布什的白宫也用它尽力改变公众对伊拉克战后措施的看法。视频新闻报道在道德层面上受到质疑是因为它缺乏公开性。购买一则电视广告是一回事；用欺骗手段将自己的广告装扮成可以报道的客观公正的新闻，这是另一回事。地方电视台

一方面千方百计地提高收视率，另一方面又苦于缩减预算，没有什么选择，只好接受免费的、名人频繁出现的影片片断。

当然也有一些亚文化，对于狡猾的政客和商业管理骗子来说当前的新闻气候确实是非常好的。2009年新闻记者戴维·西蒙对美国参议院说："未来10到15年将是腐败的地方官员平安幸福的岁月。对于一个腐败的政治家来说，一个伟大的时代即将来临。"

商人和市民在中世纪晚期兴起，从此以后，市场经济一直是西方文化的一个主要的推动力。文艺复兴始于意大利，部分原因是那里的财富和国际贸易。旧的贵族体系在18世纪解体以后，市场一直是音乐、文学、艺术首要的基础。德国的一个历史学家曾经写道：如果史诗在印刷机的世界里是不可思议的，那么若没有受消费者驱动的资本主义，像查尔斯·狄更斯、美国喜剧演员马克思兄弟、迈尔斯·戴维斯、甲壳虫乐队的成员这类人丰富复杂的艺术生涯也是不可想象的(也就是说，这类人依靠的不是赞助或补贴，而是图书、电影票、唱片的销售。这样的工作得到广泛的接受，创作者们能够继续创作新的作品，这当然一直是由公共教育这样的非市场的投资来促进的)。市场给我们带来很多益处，也有不少害处，但是它们至少在大部分时间里一直运作良好。在有些领域，商业经济运行得相当好，比如，20世纪二三十年代纽约的出版业、20世纪中期好莱坞的电影业、20世纪60年代英国的摇滚乐。而另外的一些领域则运行得没有那么顺畅，诸如古典音乐和戏剧这些在现代资本主义之前出现的创意类型。对另外一些创意类型来说，这种复杂的姻亲关系繁荣发展了几十年，甚至几个世纪，但是后来到了某个时候，就衰败了，甚至逐渐变成一个彻头彻尾的无法补救的灾难。像任何灾难性的婚姻一样，这种内爆让艺术和市场双方都纳闷他们以前究竟看中了对方的哪一个优点。

进入21世纪后的大约前10年，美国的新闻业仿佛就是这样的状况。2008年前后，许多不相关的因素凑在了一起，而且大多数都不是简单的因素。但是，从长远看，新闻业遭遇的灾难说明，商业和文化的关系存在着局限和险情。除去细节来看，这个故事可能就是马克思主义者对市场的失败、劳工的剥削、无本获利、平民百姓的悲剧所作的一个比喻。

近来，数字空想家会告诉你，无论是印刷品阅读还是网上阅读，传播的手段并不重要。美国就是一个纯粹的靠印刷行业启蒙的产物。某种程度上说，是窄幅报纸、宽幅报纸让人们觉醒，美国革命才发生的。如此设想是有益的：如果美国是在文化教育普及的年代之前建立的，那么美国会是什么状况？如果它的根基是地中海地区的天主教文化呢？如果它是从西部到东部而不是从东部到西部拓展呢？如果是在受制于图像和虚假事件的年代建立国家，会不会像诺曼·梅勒曾经描述的洛杉矶那样，仿佛它是"由向人们发号施令的电视机缔造的"？

然而，美国国家形成的时期大约就是文字印刷独占鳌头的那四个世纪的中期阶段。尼尔·波兹曼写道："17世纪早期，西方文化开始调整自己，接纳印刷机。从那时到19世纪中期，没有引进改变信息**形式**、**容量**或**速度**的其他重要的科技手段。"（丹尼尔·布尔斯廷所说的包括摄影在内的图像革命那时尚未到来）

> 因此，西方文化有200多年的时间适应印刷机创造的新的信息状况。它形成了新的机构，比如学校、代议制政府；它形成了知识和智慧的新理念以及对理性与隐私的高度关注；它产生了经济活动的新形式，比如，机械化生产和企业资本主义；它甚至明确表达了人道社会主义的可能性。新形式的公共话语通过报纸、小册子和图书诞生了。毫不奇怪，18世纪赋予我们最卓越的运用理性的标准……美国是在印刷品中经过辩论得以诞生的第一个国家。

美国的缔造者们把言论自由和新闻自由放在“人权法案”的最前面。他们不只是提议新闻自由是一项不可剥夺的权利——他们禁止政府限制这一权利。他们坚持认为，新闻自由需要保护，保护它免受蓄意的破坏。美国的缔造者们反对任何种类的仰仗财富和权力去欺压他人的行为，尊重异议，认为思想的传播对他们年轻的民主国家是至关重要的。1792 年通过的“邮政法案”主要是为了保证报纸自由流通——在垃圾广告邮件、电费账单出现以前，邮政服务的存在几乎完全是为了出版物的邮递、若干年来慢慢产生的补助金和免税单的发放。值得强调的是：人们讲述美国历史时，通常会让人感觉美国是一个充满勃勃生机、竞争激烈的国家，和亚当・斯密的《国富论》(*Wealth of Nations*)同一年诞生，等同于自由市场本身。但是，新闻业无论如何也不是纯粹的资本主义的。新闻历史学家罗伯特・麦克切斯尼说，认为新闻源于自由市场经济，这种看法属于用“无原罪始胎”的理论去看待新闻业的早期岁月。

新闻业尽管也出过黄色新闻[①]，有过一些让人讨厌的人物和事件，但是它相当良好地运行了好几个世纪。让我们挑选富有象征意义的一年，说一下这一年新闻的故事。到了 1984 年，新闻业创立了一个里程碑：那一年每天销售 6 330 万份报纸。美国人口大幅度增长，到 2013 年人口达到约 8 300 万人，但是在这 30 年里，报纸的流通量从来没有上升过。20 世纪 80 年代是公司和金融获得巨大收益的年代，企业的兴盛时代在认真坚定地前行：《今日美国》(*USA Today*)在 1982 年隆重登场。报纸从一个看似电视机的盒子里售出，致力于它所说的“希望之新闻业”。1983 年，《芝加哥论坛报》(*Chicago Tribune*)公开出售股份；1985 年，考尔斯家族将《得梅因纪事报》(*Des Moines Register*)卖给了甘尼特，同年，宾厄

① 黄色新闻(yellow journalism)：指报纸利用耸人听闻的消息来吸引读者，增加销路。这个术语源于 1895 年《纽约世界报》(*New York World*)上刊登的连环漫画《黄孩儿》(*Yellow Kid*)，当时为了吸引读者注意而用黄色油墨印刷。——译者注

姆家族又将《路易斯维尔信使报》(*Louisville Courier-Journal*)转给了甘尼特;1986 年,时代-镜报业集团收购了家族企业《巴尔的摩太阳报》。

这种瀑布般倾泻汇聚的势头一直持续到 20 世纪 90 年代,这时,家族真正拥有的报纸或者任何不遵循企业模式的报纸就变成了异常现象。另类周刊尽管有着不甘心的态度和时髦的独立性,同样的命运也降临到它们头上。报纸对于员工和读者来说有着千万重含义,但是对拥有者来说,报纸基本上就是摇钱树。在 20 世纪 90 年代的大部分时间里,利润幅度在 20%以上——甘尼特公司的许多报纸利润都超过 30%——而且报纸单单在 1998 年就卖了 440 亿美元的广告。

20 世纪 90 年代是新闻业就业的高峰期,报纸业尤为如此。在媒体学者克莱·舍克看来,整个新闻业的根基就是印刷机的逻辑,以及它的操作成本如何对经济账目以及其他经济结构造成障碍。

> 印刷开支造成的经营模式使沃尔玛愿意资助报纸在巴格达的分社。这不是因为广告和新闻报道之间有任何深刻的联系,沃尔玛也没有任何愿望想把市场营销的预算用在驻外记者身上。这只不过是一个意外:除了付钱给报纸,广告商别无选择,因为他们真的没有其他可展示广告的渠道。

尽管报纸的所有权发生了剧烈变化,起初也很难弄清楚出版物遭受的压力是如何演变的。“大公司收购了报纸,这意味着什么?”约翰·卡罗尔问道。他还是一个年轻记者时曾经报道过越南战争,后来掌管过《巴尔的摩太阳报》和《洛杉矶时报》。他说:“一开始,一切都平安无事。收益也非常好——公司让股份持有者们开心,满意,也给新闻编辑室投一点零钱。”从传统上看,出版商和许多从事商业运营(发行、销售等)的人都有在新闻编辑室的工作经历,吸收过一点它的价值观:说俏皮话的愤世嫉俗,能打败强大对手的专业的理想主义的感觉,这两种元素似是而非地融为一体。但是，来自商学院、管理理论、自由市场意识形态这个领域里的人渐渐地成为出版商和其他从事商业运营的人——发行人员、广告和市场营销经理、由食品公司的经理转型而来的报业集团CEO。

阿尔·纽哈斯这位经理人将甘尼特连锁集团建成了美国最大的报业集团，后来又创立了《今日美国》。从他的职业生涯中，人们看见了将要发生的事情的轮廓。他大肆渲染自己朴实、热情、随意的中西部传统，怒斥刻板的“精英主义者”和“势利的知识分子”，夸口说自己的管理层“每天都能用利润赢得普利策奖”。他说，《今日美国》是与众不同的：“它不会发号施令。人们不愿意吃的、不喜欢的食物，我们不会强行灌进他们的喉咙里。”他启动了自由论坛基金会，这谁能抗拒呢？“‘充满希望的新闻业’只需要加工编写新闻稿，而且，事实上，要对本地企业强制性地进行正面报道。既然如此，”托马斯·弗兰克指出，“这件事成本很廉价，又能关注和广告商的良好关系。”这一切对雇员和读者来说，并不是充满希望的。甘尼特公司收购了底特律的一家报纸，进行裁员，引发了一场损害严重、持续了一年半的大罢工。甘尼特在纳什维尔已经拥有一家报纸，它收购了这座城市的第二家日报，然后将它关闭。挪动奶酪或融化冰山、有感召力的企业演说家、土著居民的发言棒，与这些有关的管理理论的寓言随着时间的流逝都开始渗透进媒体公司董事会的会议室。甘尼特公司的道德观渐渐地从新闻世界的底层移动到高层。

“像我这样的编辑意识到自己不能去参加预算会议，不能讨论公共服务。”卡罗尔说。他想起20世纪90年代企业的黄铜纪念牌，把编辑说成是“牧师”，这不是夸赞。“现在的模式与私营模式大不相同。私人拥有者有极糟糕的，也有极好的。但是，报纸可以拥有超越短期股东价值以外的意图。”老派的出版商常常受自我价值感的驱使。“有人告诉你，你正在经营一份优秀的出版物，你的自我价值感可能因此得到激励。作为一个出版商，这使你成为社区里的一个大人物。如果出版物的拥有者是当地人，某种程度上意味着出版物是在为社会做贡献，仿佛它可以帮助朋友、惩治敌人。”而对于企业的拥有者来说，“一切只看这个季度。长远价值并不存在”。

这一时期之所以重要，还因为有另外一个大众传播媒介——电视机。它针对不断变化的人口统计数据以及自己的理想抱负作出了不同的选择。电视机一开始几乎对所有的人都是免费的，像报纸一样，每个电视网对自己的影响范围念念不忘，因为观众越多，广告收益就越高。但是，在报纸由企业管理的时代，有线电视也向人们收费。戴维·西蒙已由《巴尔的摩太阳报》的记者转为电视台的经理，用他的话说，电视一开始只有几十个频道，播放“糟糕的电影和拳击运动”。HBO[①] 于 1972 年创立，四年后有了 Showtime 电视网[②]。在 20 世纪 80 年代，它们对市场的占领急剧扩大。“但是，节目数量上的增长最终也伴随着质量的提升。你付的钱多，得到的就多……更多频道、更多节目、更多收益——事实上，是前所未有的收入来源。”相比之下，报纸把它们的利润——低三下四地——送给了股东和华尔街，而不是在它们过去所做的事情上投资，不筹划未来，不调整现在，不做任何合宜的事。“广告（而非内容）至上。”（詹姆斯·法洛斯用了一个不同的但是同样恰当的类比：“在 20 世纪 70 年代，对汽车公司的控制管理从‘汽车人’转移到‘管钱的人’。前者受过专业训练，会设计、制造汽车；后者对季度利润和优先认股权了如指掌，但是对汽车制造知之甚少。在面对日本的竞争时，美国汽车三大巨头举步维艰，直到他们把‘汽车人’重新放在负责管理的位置上”）

广告业、企业股东，还有充满自信的、庞大的工商管理硕士队伍都在演戏，内容以及后来被称为“内容供应者”的那些人（新闻撰稿人）居然被

① HBO(Home Box Office)：家庭票房有线电视台，是美国一家大型有线电视公司，有两个播出网络 HBO 和 Cinemax 电影台。——译者注

② Showtime 电视网：成立于 1976 年，是美国一家收费的有线电视网，隶属于 CBS 集团，播放各种电影和原创电视剧。是 HBO 的竞争对手。——译者注

视为是可牺牲的，这难道不奇怪吗？在20世纪90年代，裁员、控股收购已相当普遍，因为富有的媒体公司都说自己贫穷。西蒙1995年接受了遣散费后离职。“那恰好是在互联网开始威胁这个行业之前。”他后来写道：

> 那是在克雷格列表和百货公司合并、改变广告基地之前，是在现存的任何一种经济形势降临之前。事实上，当报纸连锁集团开始裁员、减少内容时，已是被华尔街看上的收益最大的行业之一。因为破产已经初露端倪，我们现在就可以看出，《巴尔的摩太阳报》那时正处于收获37%的利润的时期，然而它正准备减掉报纸的下午版，削减将近100名记者和编辑。
>
> 简言之，我的行业谋杀了自己，而且，是同一个不受约束的自由市场的逻辑吩咐我们这么做的。事实证明，这一逻辑已经对美国太多的行业造成灾难性的打击。实际上，美国报纸业的原罪在于当初去了华尔街。

互联网作为自由的化身自荐给美国人，它以同样的方式获得了进入媒体公司的入门券。经济衰退、股东的压力、在市场上的领地缩小、与电视新闻之间的竞争、“偏见”的叫喊等等，报纸夹在其中，迷惘不知方向。自20世纪90年代初开始，他们一直听闻可以利用互联网，也在做计划，只不过都是肤浅的准备；硅谷的人士对嬉皮士文化有着多愁善感的钟爱，“免费”这一意识形态对他们有吸引力。未来主义者、有远见卓识的科技人才对经理和编辑说，把他们的作品免费放在互联网上会吸引新的订阅者，尤其是那些神出鬼没的年轻读者。

纸质印刷还是网络，哪个更好，哪个更时髦，什么内容出现在哪儿最好等等，这样的讨论不计其数。科技人士认为，墨水、新闻印刷、印刷机、早晨骑车送报的孩子们，在一个新的管理制度里，所有这一切涉及的费用都可以节约。但是，从长远看，其结果还是，广告真的就是一切。当然，互联网给广告提供了无限制的空间和越来越清晰的图画。但是，网络上的收费标准只是以往印刷品的一小部分。增加一个印刷版的读者可以使出版物从广告商那里获得稍高一点的费用。增加一个印刷版的读者和增加一个网络版的读者，对一个出版物的最终盈利所起的作用大不相同。罗伯特·莱文在他的著作《搭便车》(*Free Ride*)里解释得很清楚：

> 根据美国报业协会的统计数据，一个印刷品读者的广告价值平均约为 539 美元，而一个网络读者的广告价值平均为 26 美元。报纸在印刷和流通上省的钱无法弥补这个差距。
>
> 报纸说服自己的读者放弃印刷版，来到他们的网站上，然而读者在网站上的价值只有印刷版的十分之一到二十分之一那么多。那么，从逻辑上说，这是报纸最愚蠢的举措。但是，这恰恰是大多数报纸已经采取的措施。他们将资源倾泻到免费的网站上，这里有上好的博客、视频报道、以数据为主的推介会。报纸要提升网络资源的质量，常常用提高印刷版价格的方法来为网络资源提供资金，这基本上是鼓励读者不要再购买实体报纸。

当然，报纸的这种想法是痴狂的，杂志也吸收了这种意识形态，不过，对于杂志来说，事情的发展有点不同。(通常在封面上刊登文化和政治杰出人物的《时代》杂志在 2006 年却提供了一面镜子，兴高采烈地声称“你”就是年度人物。“因为你抓住了全球媒体的缰绳，你建立、塑造了新的数字化的民主国家，你劳动但不取报酬，你用对方的比赛规则击败了对方，《时代》2006 年的年度人物就是你。”)

对数字化充满理想的空想完美主义者没有料到接下来发生的事情。报纸的利润一直萧条到 21 世纪——到了 2002 到达最高点，平均利润是

22.3%——但是从业人员开始减少。“迫于来自网络的竞争，资金紧张，”卡罗尔说，“这时候，公司就露出了真面目。”在公司要求他连续大幅度削减人员之后，他于2005年从《洛杉矶时报》辞职。这一年，论坛公司挣了10亿多美元，大约是20%的利润。在经济衰退之前，它是由房产泡沫支撑的。即使在这个时期，报业公司企业模式的黑暗面已经开始清晰起来。2006年，摩根·士丹利尝试打破《纽约时报》的双轨股票管理体系，这样，被戏称为“灰色女士”的《纽约时报》和任何一家连锁报业集团一样变得脆弱不堪，面临接收合并。一个“激进的”投资者突然撤回奈特-里德媒体公司的对冲基金股份；它的所有出版物削价销售，然后坍塌了（奈特-里德媒体公司华盛顿分社曾经在乔治·W.布什发动的两次战争的预备期里彰显过自己的独立和尊严）。对于这种现象，莫利·艾文斯是这样描写的：“这是最精明的商业计划：报纸拥有者们互相看一眼说：‘我们收益率滑落了一些；我们把产品变小一点，变得再无用一些，再枯燥一些，从而把问题解决了’。”

所有的张力开始互相撕扯，经济大衰退一来临，不到几个月的时间局势都糟糕了。流血的故事已经在别处上演——在丹佛、旧金山和西雅图，有些报纸摇摇欲坠；诸如《美食家》(*Gourmet*)、《Vibe》、《Portfolio》、《都市家居》(*Metropolitan Home*)这些杂志正走向破产。那些努力保护自己的报章杂志的家庭和公司也付出了代价。有一家公司，即总部设在洛杉矶的论坛公司，它的故事就很极端，因为它表明了更大的结构问题。它从记者、编辑、评论家、摄影师、平面设计师以及创意阶层的其他成员身上挪走了大约6亿美元（这笔钱足以运营好几家真正优秀的报纸，运营好几年的时间），移交给投资银行家和负责破产的律师。这就是它的故事的终结。有几位经理人获得了几百万美元的遣散费——可谓是“金色降落伞”。与此同时，成千上万的人失业，走过一个半世纪的老企业灰飞烟灭。

至少有几家报纸生存得比较好。有一家是由有名的开明家族掌管的，还有一家是由一个保守的公司经营的。《纽约时报》和《华尔街日报》经历了裁员和压力，但是看起来，它们注定是要坚持下去的。今天，后企业时代已经开始。渐渐地，出版物要么归富有的商人所有，要么被基金会、信托机构收购，要么干脆关闭了。有些出版物享受某种现代式的资助人的资助，为了某种派头而经营着；经济大衰退之后，《纽约客》提高了发行量，但是仍可能会亏钱。奇怪的是，《纽约书评》(*New York Review of Books*)继续赚钱，可能是因为它的读者在大多数情况下都尽力保持政治上进步，文化上保守。从 20 世纪 70 年代开始一直到经济大衰退时期，杂志的订阅量跟人口增长同步；但是，近几年，大多数政治杂志，无论是左翼的还是右翼的，都在亏本经营。有些严肃的杂志是通过组织比赛活动或游览活动而产生收益；另外一些看起来比较不屈不挠：《名利场》(*Vanity Fair*)杂志只要有拉尔夫·劳伦的广告就能生存。曾经是连锁集团下属的报纸现在掌握在对冲基金、私人股份公司、投资银行家的手里。他们希望“收割”报纸的各个部分，就像石黑一雄的小说《别让我走》(*Never Let Me Go*)所描写的从人的身体上摘取器官一样。

印刷的出版物依然存在，倒闭的速度可能已经慢了下来，但是人们已经开始思考一个没有报纸的世界，有些对数字化充满理想的空想完美主义者赞美这种可能性。假如训练有素、头脑清晰的观察者不去关注市政厅、州议会大厦、企业的报告，我们将会听到多少万分惊悚的事情而又无法去亡羊补牢呢？如果没有人去关注那些报告，我们如何能听到下一个水门事件、下一个安然公司呢？我们会像许多其他国家一样，多数人都变成不讨人喜欢的人。汤姆·斯托帕德的剧本《日日夜夜》(*Night and Day*)里的一个战争摄影记者说：“人们互相陷害。但是，若每个人对发生的事情都不知情，这样的地方更糟糕。”

当约翰·卡罗尔对美国报纸编辑协会讲话时，他是这样设想的：

在美国报纸免费的未来，如果某一天，警察认为可以痛打杀人嫌犯直到他认罪，用这种方式完美无缺地决定他是有罪还是无辜，那么谁会像1977年《费城询问报》(*Philadelphia Inquirer*)那样敲响警钟？或者说，如果联邦的科学家们告诉我们的医生什么药品、多大剂量对我们是最好的，与此同时，他们私下又从药业公司领取薪水或者取得优先认股权，而《洛杉矶时报》已经没有了，不能像2003年那样挺身而出，告诉我们真相，那如何是好？或者，如果未来某位总统决定偷偷地废除法律，在没有许可令的情况下监视公民的生活，谁——如果《纽约时报》半途而废，中途退出——来发出警告？

卡罗尔很愿意看到报纸回归到由当地人经营的旧模式：富有的家族对报纸有所有权，名誉、权力和公民服务融为一体。卡罗尔说："我希望这一点能够恢复。报纸的拥有者生活在报纸出版的城镇里，他们就有一种持续不断的压力要办更好的报纸，要呵护报纸的健康。他们的眼睛不会只盯着下一个季度——他们会放眼未来，期待将报纸传给他们的孙子。"

在某些地方，这肯定会发生。但是，报纸已经不再有一个可行的经济模式——拥有报纸变成承担亏钱的任务。过去，当地那个拥有报纸的有钱人在去杂货店的路上会碰上一个同胞，那人可能赞美或谴责那一周报纸刊登的事件。这样的日子很快消逝了。公共空间，大人物和小人物之间互动，现在是有史以来最少的。我们从体育场流行贵宾看台这个时代开始，已经走了很长一段路：富豪们现在基本生活在空中，在商务舱里，在去参加国际会议的旅途中。

过去，富人的根据地是社区，比如在匹兹堡的卡耐基家族。如今，富人从社区蒸发的速度越来越快。根据克里斯蒂娅·弗里兰在2012年的著作《巨富》(*Plutocrats*)里记录的，他们中的一些人只熟悉一个小镇：瑞士的达沃斯[①]。他们的专职司机在各个金融大都市开车带着他们到处去，不过在达沃斯，对司机来说，路太陡，雪太厚。这些富人买了出版物，可能就是出版物缺席的主人。他们的世界和读者的世界几乎没有交叉点，而且这两个世界不会越来越近。

报纸失去了员工，他们的一些调查研究的角色确实由网络的替代物填补了。有两家声誉最好的报纸《圣迭戈之声》(*Voice of San Diego*)和《明尼苏达邮报》(*MinnPost*)。《圣迭戈之声》的新主人把它差不多变成当地商会的广告传单之后，这份报纸就畅销起来；明尼苏达州曾经由《明尼阿波利斯明星论坛报》(*Minneapolis Star-Tribune*)尽职尽责地服务，现在则由《明尼苏达邮报》全方位报道。这些报纸还有其他类似的例子，它们正做着高质量的工作，它们往往由基金会或当地的家族提供赞助，有精简的报纸新闻工作者队伍。ProPublica[②] 是美国一个致力于调查研究的、非营利性的新闻公司，它以类似的方式运作。它常常和多家报纸合作，完成艰巨的大项目，多次获得普利策奖。但是，很多时候，因为一场官司或者一个重要的捐资人改变主意而决定投资他处，这些项目也会泡汤。把美国严肃的、致力于新闻调查的非营利性组织加在一起，相当于苹果公司广告预算的一小部分。

在英国，《卫报》(*Guardian*)已经变成一家亏钱的印刷出版物。但是，与此同时，它也变成了一个极其成功的、有胆量有魄力的新闻网站。最近，爱德华·斯诺登披露美国国家安全局监听美国人和外国人的手机，监视他们对网络的使用，《卫报》协助报道了这一事件。《卫报》之所以能够做它所做的一切——包括每天都亏损 10 万英镑——是因为运作这家报纸的是一个非营利的信托机构。《卫报》是一个精力充沛的监督

① 瑞士的达沃斯(Davos)：瑞士东部的城市，位于阿尔卑斯山谷，是著名的疗养胜地，20 世纪发展为滑雪和其他冬季运动的中心。20 世纪 90 年代成为著名的世界经济论坛年会会址，国际上的政治和财经方面的精英人物每年来此聚会。——译者注

② 其名称出自拉丁语 pro publica 即“为了人民”。——译者注

员,它经营着排名第三的最受欢迎的英文报纸网站,尽管如此,仅靠市场不足以支撑《卫报》所做的一切。(2013 年,《纽约客》在介绍《卫报》的一位编辑时说:"英国的一家报纸雄心勃勃,想做全球性的新闻调查,可是,钱快用完了。")佛罗里达州不久前还是众多有竞争力的、活跃的日报生存的温室,其最强悍、流通量最大的报纸的拥有者是根基稳固的非营利组织波因特学院。这家报纸前段时间的名字还是《圣彼得斯堡时报》(*St. Petersburg Times*),现在更名为《坦帕湾时报》(*Tampa Bay Times*)。

如果你关注一个信息灵通的选举人,一个民主国家,你就会受到这些问题的影响。新闻业走向网络后,处境每况愈下,这对那些在文化领域谋生的人来说有更深的含义。当一家报纸删除了戏剧或古典音乐的新闻报道,这个空缺有时候就由一篇同一主题的博客文章来填补。这篇文章出人意料,而且是写给业内人士看的。这个过程就好像把美术课从公立学校剔除:美术并没有消失,只是变成了一个小型的亚文化,与中产阶层的大众失去了联系,被迫放弃自己被人意外发现的资格。只要有印刷品,就有"通俗读物":文化能够而且应该吸引广大的读者群。

人们使用通俗读物这个术语时常常轻蔑地指向中等品位的读物,印刷业和文化的联系未必是这样的。独立摇滚乐运动在 20 世纪 80 年代和 90 年代早期兴起,其原因并不仅仅是像替代品合唱团和民兵乐队这样全新的音乐风格和乐队:正如迈克尔·阿泽拉德在他的权威著作《我们的乐队可能是你的生活》(*Our Band Could Be Your Life*)里所记载的,这次运动立足于一个地下的俱乐部网络、大学的广播电台和音乐爱好者杂志。另类乡村音乐运动的绰号"没有危机"取自《没有危机》(*No Depression*)这本杂志。(杂志的名称源自卡特家族乐队的一首歌。)这本杂志曾经记载了另类乡村音乐,现在已经停刊。小妖精乐队的创建源于《波士顿凤凰报》(*Boston Phoenix*)一则分类广告(寻找那些愿意将另类摇滚乐队 Husker Du 和民谣乐队彼得-保罗-玛丽融合在一起的音乐家)。小妖精乐队后来对涅槃乐队产生了重要的影响;《波士顿凤凰报》

在2013年倒闭之前，对音乐和文化作了一些非常优秀的新闻报道。

比起独立摇滚乐爱好者杂志、罗伯特·克里斯戈任职的《乡村之声报》以及另类摇滚乐的《Spin》杂志（这些现在都成了记忆）的黄金时期，现在网络上的音乐评论数量多了很多，但是要信任这些评论难上加难。莱斯特·班斯可能是一个波西米亚风格的、放荡不羁的人，但是他以及他这一类作家写作的方式，在今天看来，俨然是一种怪异的、编辑独立的体制。相比之下，许多撰写博客的人给乐队写褒扬的评论，却秘密收取广告费。难怪，企业协同增效作用的追随者们会千方百计在自己拥有的出版物上安排乐队的新闻报道。但是，在摇滚乐评论方面占领先地位的音乐网站Pitchfork在和费德媒体及Cornerstone商品推广公司进行“战略性合作”之后放弃了自己的尊严。费德媒体和Cornerstone商品推广公司是推广生活方式的公司，为百事可乐、李维斯、锐步公司都进行过绝妙的品牌创建。正如克里斯·鲁恩所言：“Cornerstone在众多消费影响者中间享受Pitchfork带着‘独立’印记的赞美，另一方面，又将Pitchfork的新领域变成自己推广项目的一个私密空间。你原本花钱就可以轻易让一个有影响力的音乐网站报道你的宣传活动，为何要说服它，让它认为应该报道你的宣传活动呢？”倘若传统的报纸被人抓住这种私下交易的把柄，高层管理人员会立刻遭到解聘。自专业的新闻事业开启以来，广告与社论内容之间井水不犯河水的那堵墙已经成为新闻正直诚实的重要根基；它也许是新闻移居网络后最关键的受害者。在新的媒体世界里，当品牌创建和新闻业纠缠在一起时，任何看新闻的人都会用旧的标准去解读。

从更宽的范围讲，一家出版物将娱乐和公益糅合在一起的那种融合的体制——民主基础结构的一部分——可能已成为历史。市场不太可能造就的东西就是公益——每个人都享受新鲜的空气，干净的街道，但是要保持这种状态，几乎没有市场驱动力。印刷品广告曾经造就了公益事业，也许它无意这么做，但是它做到了。“现在无论你在哪儿，广告都能在网络上找到你，就像美国安全局的监视系统一样，”麦克切斯尼说道，“广告不需要内容。”娱乐和公益糅合的关系纯属历史的偶然。

从更深的层次讲，印刷品新闻业的终结（图书出版业面临同样的压力，虽说不算特别严重，但是已走向企业合并和裁员）不仅仅预示了若干个行业内的混乱状态。印刷品的时代已经终结，这么断言是否太早？也许。但是，已经持续五六百年的文化仿佛正噼啪作响，如烟花般散去。这种文化是在约翰内斯·古登堡发明活字印刷术几十年后诞生的，也许，再过一代人，它就消亡了。纸张上的文字有什么特别之处吗？“无论何时，当语言成为主要的交际手段——尤其是当语言经受住印刷字体的考验时，一个想法、一个事实、一个观点就不可避免地诞生了。”波兹曼写道。

> 也许这个想法平淡无奇，这个事实无关紧要，这个观点存在谬误，但是，只要语言成为指导人们思维的工具，这些想法、事实、观点都具有意义。使用书面语言时，很难不表达思想，当然偶尔会有例外。用文字表达意义，还有什么用处？文字除了作为思想的载体之外，别无其他用处。

新闻网站在视频、弹出的广告、摄影作品的海洋里也使用语言，但是它的语言和印刷品曾经成就的传统是脱节的。在永不停止的新闻循环里，人们在手机上撰写、阅读小说，书评变成推特上的字节；我们也许还没有抵达印刷业的终点，但是我们已经到了印刷文化或印刷思维的尽头。印刷思维原本是这样的概念：我们停下来，关上门，用严谨、可靠的形式撰写一封信，一个故事，一篇小说，写它的开头、中间部分、结尾部分——即使会失败，但仍怀着抵达永恒这一目标去撰写。这个过程对读者和作者所起的作用是一样的。小说家朱诺特·迪亚兹把脸书描绘成“电子毒品”。他说自己自从开始网络生活以来，每年少读大约 36 本书。

印刷业残存的魅力永远不会完全消失——人们仍然收藏拨弦键琴、打字机、唱片机，只不过是摆设给人看的；时装摄影、宾馆的大堂都使用书架烘托气氛——但是，在20世纪七八十年代成长起来的现在的中年人将是最后一代泡在印刷品里长大的人。“我们正处于某种危险之中，因为我们相信机器设备的速度和魔法已将我从静静地翻动书页的繁重劳动中解脱出来。”斯文·伯克茨20年前就这样写道。他一方面赞扬这种加速前进的状况，另一方面暗示说：“瞧！别吹牛了！”，又在讥讽这种状况。他看见电视机是如何将我们对过去的感觉烧成灰烬——数字化技术放大了这一过程。

> 仅仅因为它无处不在，它就扼杀了视角比较的可能性。我们看不见电视(或者，我们使用的所有电子通信手段)在我们的生活中扮演的角色，因为没有一个独立的扶手架可以让我们站稳脚跟。媒介已经吞没、根除了人们对电视机之前的岁月的思考；我们有越来越新的、不断再生的现在，它替代了我们曾经拥有的过去。如果我们渴望理解正在发生的一切或者已经发生的事情，唯一的方式是严肃地、人为地在情感上切断关系。

也就是说，要想跳出商业的漩涡、逃避市场营销的噪音越来越难。若对互联网之前的世界没有记忆，我们就没有外面的世界，没有独立的扶手架。事实证明，随着印刷业的凋零，跟随它一起消失的一些东西是无可替代的。艺术家和新闻记者，尽管有一些明显的不同，长期以来，他们都致力于真理的发现——一方面是人类状况的真理，另一方面是人类机构的真理。这不完全是一回事，但是，真理，无论哪一种真理，往往都是昂贵的。无论我们付出什么代价，真理都不可或缺。

第八章　自伤

在新史学里，一切都无须判断——只需计算，因此，判断能力从一个人必须习得的技能中删除了。在新史学里，孩子的偏好和成人的偏好一样重要，因此，给偏好下定义的能力也从一个人必须习得的技能中删除了。

——乔治·W. S.特罗，《在无背景的背景中》(*Within the Context of No Context*)

历史爆发的力量随着时间向前移动，重新塑造生活和设想，历史的意义也随之发生变化。波莫纳学院是加利福尼亚州的一所精英大学，在过去10年中，戴维·福斯特·华莱士、乔纳森·莱瑟姆都在里面任教，但是，2013年，它只有16位英语专业毕业生。我们究竟是如何走到这般地步的？耶鲁大学的英语系，忽而享受美誉，忽而臭名昭著，与20年前相比，英语专业毕业生下降了60%。我们究竟是如何走到这般地步的？即使在后经济衰退时期，普林斯顿现在每年有将近40%的学生毕业后直接去华尔街工作。(F.斯科特·菲茨杰拉德的母校，还有斯坦福大学都开启了一种反歧视行动计划，寻找那些愿意投身于人文学科的高中生。）“作为回应，已经有人做了许多辩护的工作，到目前为止，对于他们要说服的对象来说，没有哪一项工作是具有说服力的，”亚当·高普尼克对《纽约客》说道，“到处是谈吐庸俗的人，满纸都是陈词滥调，那些希望有更多、更好的英语专业毕业生的人们，和纽约喷气机球队球迷的感受一样：每年秋天，当我们的进攻队在场地上小步快跑时，我们都会扯着嗓子高喊‘加油’，但是说实话——这真的不顶用。”

所有这一切对创意阶层都产生影响。如果我们在 1985 年或 1999 年讲这个故事，它会是一个非常不同的版本。但是，这个故事的面貌是从 21 世纪的第二个 10 年开始的。这就是我们如何拥有了我们现在所拥有的文化；这就是我们为何很难走出仿佛愈陷愈深的泥沟；这就是不堪想象的事实：创意阶层的成员不知不觉地展示了预料之外的后果中蕴含的规律，在这个过程中，创意阶层自己也就创造了这种非预期的、混乱的状态。

我们先谈谈过去一个半世纪里我们是如何孕育、讨论、传播文化的。这个故事的一条重要的线索起源于研究院，而“文化”近期只是公正合理地闲逛着进入了研究院。在 19 世纪晚期，文化的创造者们竭尽全力地适应市场，此时，英语文学，跟随而来的还有美术，都寄居在研究院的屋檐下；大学代替了放荡不羁的文化人的阁楼。一开始，研究英语文学意味着语文学和修辞学。但是，学者们从道德和美学的角度拓展了定义文学的方式。这些方式随着时间的流逝又发生了变化，但是，从未放弃其主观设想：高深之物存在风险。在马修·阿诺德看来，在维多利亚时代，上帝仿佛正逃离人间，在这样的时代创作的文学，作为“所思所言之精华”，产生教化、熏陶的影响，带来“馨香和光亮”。F. R.利维斯的文学观所产生的影响从 20 世纪 30 年代的剑桥大学向外发射。在他看来，杰弗里·乔叟、简·奥斯丁和 D. H. 劳伦斯给我们留下了不朽的著作，在大众社会[1]的年代保全了英国的精神。一段时间之后，美国的新批评主义借鉴利维斯强调“细读”的思想，将之与 T. S.艾略特的文学思想以及美国南方文人叛逆的美学思想糅合在一起。

因此，随着时间的流逝，凡事都在变化。美学思想没有稳定、宁静、一成不变的黄金时代。比如，狄更斯一开始不流行，后来却很受欢迎。人们用各种各样的方式解释文学的价值，有些方式之间是互相排斥的。但是，尽管价值在被不断地重新定义，价值本身是毋庸置疑的。就重要的文学作品这个整体来说，细节的确有变化，但是人们有一种观念一直离不开这个整体：文学作品蕴含意义、智慧、深度或审美的喜悦。

从某种程度上说，混乱是从法国开始的，而放荡不羁的城市文人开始出现的地方就是在法国。瑞士一位语言学家、法国一位人类学家，他们的作品强调了语言、结构和神话之间的相互作用，给文学研究增添了一个新体系。结构主义在知识分子所在的世界各地的都市里产生了重要的“流派”——有布拉格流派、俄罗斯流派，还有多伦多的一位学者诺思洛普·弗莱，他在《批评的剖析》(*The Anatomy of Criticism*)一书中提出了依据文学原型和四季循环的一套趣味无穷的文学批评理论。但是，结构主义产生最深刻的影响是在 20 世纪 60 年代的法国，当时，文学批评的文化正热切地追寻一种方式，以取代阿尔贝·加缪逝世后日渐衰落的存在主义。

结构主义后来遭到某种程度的废除，但是，从长期来看，它的成功远远超过了自己的想象。英国学者特里·伊格尔顿对现代文学理论作了最清晰、最合人心意的介绍。1983 年，他在提到结构主义时写道：“首先，它毫不留情地揭掉了文学的神秘面纱。”

---

① 大众社会(mass society)：指现代西方类型的社会，特征为大规模的工业化与城市化，人际关系危险、个性失落等。——译者注

主观的泛论遭到一种文艺批评的鞭挞。这种批评承认，和任何其他语言产品一样，文学作品是一个结构，它的机制就像任何其他科学研究对象一样，可以归类和分析。浪漫主义的偏见认为，诗和人一样，蕴含着一种重要的生命本质，一个灵魂，而摆弄这个灵魂是无礼的。人们粗暴地揭穿这种偏见的真相，认为它有点儿像伪装的神学，认为它迷信，认为它对理性的探究充满恐惧。这种恐惧之心造就了对文学的盲目崇拜，加强了那个"天生"敏感的、具有批判精神的精英群体的权威性。另外，文学本身是一种独特的话语形式吗？结构主义方法对此全然质疑：既然深层结构能从菲利普·西德尼爵士和米基·斯皮兰的作品里挖掘出来，而且它们毫无二致，那么再也不容易给予文学一个本体论上的特权地位了。

文学领域里究竟发生了什么事，这显而易见。人们揭开文学的真相，认为它是一个怀旧的、精英主义的类型。什么可以成为"文本"？如何向学生阐释"文本"？对于那些负责评估这些问题的人们来说，变化也就降临在他们头上。伊格尔顿接着说："随着结构主义的到来，20世纪欧洲伟大的美学家和人文主义文学学者的世界……似乎已成为过去。"

在战后的岁月里，法国知识分子的文化变化之迅猛和激烈犹如法国大革命之后那几十年。1968年，巴黎学生和工人的抗议活动失败，结构主义随之成为后结构主义。在这段时间，雅克·德里达在《人文科学话语中的结构、符号和游戏》(*Structure, Sign, and Play in the Humanities*)一文中论证说，语言的"背后"只有更多的语言，别无他物；罗兰·巴特的《作者之死》(*The Death of the Author*)将作者同他自己的文学作品截然分开。人文主义的传统可追溯至文艺复兴，饱受赞誉的个人主义、创造性、为探索而探索的精神以及隐私和思考互相交织的价值观；如今，人文主义本身在人们看来就是一个一心谋私利的、资产阶级的错觉。"文学"、标准、人文主义，这些都是特洛伊木马，从远处看很漂亮，但是，事实上，已经将意识的毒药偷运到了城墙以内。

这些学者一踏上美国的海岸，这些观念就在约翰-霍普金斯、耶鲁以及其他大学的英语文学系、比较文学系迅速传播；在英裔美国人的世界里，这个新的流派被称为“解构主义”（它很快成为英语语言里错误运用频率最高的词汇之一）。最终，这些观念之间的距离也变得极为遥远。女权主义在大西洋两岸势头凶猛；美国人凯特·米利特在她 1970 年的著作《性别政治》（*Sexual Politics*）中研究了 D. H. 劳伦斯、亨利·米勒和诺曼·梅勒的作品。当然，所有这些理论或思想类型相互之间都是有点不同的。有些理论，从最佳意义上说，在学术领域里具有争议性；有些理论——尤其是巴特的理论——产生了出类拔萃、独具风格的作家和批评家。但是，这些理论家至少有两个共同点。

第一，这些现代的文学观没有模仿基于直觉、个体反应和顿悟的乡绅派头式的旧传统，相反，它采用的是带有实验性质的科学方法。尽管这些批评流派均来自政治左翼，在更深的未经研究的方面，他们和弗雷德里克·W. 泰勒的共同之处超过了与马克思的共同点。泰勒的《科学管理原则》（*Principles of Scientific Management*）自 1911 年开始就鼓励经理人“用科学方法管理工作中的任何一个方面，取代旧的依赖经验的方法”。泰勒以这种方式成就了一种对科学的羡慕、对技术的崇拜情绪，它很快就控制了美国人的灵魂。尼尔·波兹曼把这种发展称为“技术垄断”，他这样描述泰勒的论证：“它包括这样的预设：效率，即便不是人类劳动和思想的唯一目标，也是首要的目标；科学计算在所有领域里都胜过人的判断；事实上，人的判断不可信赖，因为粗糙疏漏、模棱两可、繁杂无绪使其遭受祸患；主观性是清晰思维的障碍；不能测量的事物要么不存在，要么无价值。”

第二，也是更重要的一点，这些文学批评运动没有特别关注美学价值。它们在追求别的东西。“无论是喧闹还是逃避，文学价值对公共批评家来说都会有严肃的后果。”爱尔兰的学者罗南·麦克唐纳在 2008 年写道：

> 但是，那时候，那些和权威人物有代际冲突的人，1968年的精神使他们激动万分，他们热烈欢迎艺术的非神秘化。谈论标准、伟大传统或者永垂不朽之美，就像圆顶卷边硬呢帽或者单片眼镜那样，属于古板的老一代人。那种谈论是与世隔绝的，半宗教式的，是为精英主义的情感辩护，对大众文化和现代世界有着明显的不屑。这些喋喋不休一去不复返了，多么令人振奋！

对有些人来说，文学和美术只是过时了，或者说不重要了。但是，创意阶层和它的艺术在早期的冲突中也曾纠缠在一起——中世纪基督教对异教的音乐狂轰滥炸，清教徒抨击天主教的偶像崇拜——因此，“文化”现在就是一个具有挑战性的词语。马修·阿诺德把文学和艺术视为我们人性的指数，这种观念现在已经完全消失。学术圈里的激进人士路易斯·坎普在1969年提到林肯中心时写道：“每次演出都出乱子。喷泉枯竭，人们对着塑像撒尿，把屎抹在墙上。”坎普后来被推选为现代语言学会的会长。这个学会是文学教授们的协会。

新的批评流派饱含政治能量、青春的活力以及对大众文化的兴趣。可是，当这些流派进入美国大学以后，发生了一件奇怪的事：学生不再关注了。学习英语和人文学科的学生比例在持续上升了20年以后，在20世纪70年代(实用主义或者狭隘的贪得无厌在这10年并未凸显出来)开始暴跌。主修人文学科的学生从1970～1971学年的30％下降至2003～2004学年的16％。

“究竟是什么原因导致这样的暴跌？”威廉·蔡斯问道。蔡斯是一位研究乔伊斯的学者，他一直在斯坦福大学、卫斯理大学、埃默里大学工作，教书或者担任校长。他曾在《美国学人》(*The American Scholar*)这本杂志里写道：

原因有多个，但是，最根本的原因是，全美国的英语系都没有充满激情地捍卫他们使用的那些书籍，没有向本科生充分阐明那些书本里的知识，那些书本赖以存在的传统，其本身就是人类的一种福祉。相反，英语系所做的是肢解课程安排。他们不再认同“历史顺序是重要的”这一理念，用一大堆零散的次要课程（身份研究、深奥的理论、性行为、电影和通俗文化）来替代这些书籍。他们这么做的时候，就将自己和那些对好书感兴趣的年轻人拉开了距离。

对一种通用语言的任何感觉都在迅速淡化。对蔡斯的许多同代人来说，这还不如恐龙的叫声。但是，广告商（早在20世纪60年代他们就学会了和反权威的冲动联系在一起）一直在使用通用语，知识分子却在说奇怪的话。

与此同时，新闻业和大众文化也在经历它们自己的暴乱。在某些方面，它们面对的压力和震动与研究院是一样的：新闻评论员也在学习使用全社会的那种打败强手的腔调。不过，事情的演绎方式在开始时略微有些不同。

前几代知识分子（他们中最优秀的栖息在新闻业和研究院之间那条绷紧的钢丝上，身处困境）几乎算不上完美的公民。他们毫不留情地互相争吵，经常从政治的一个极端摇摆到另一个极端。但是，从20世纪20年代到60年代，诸如埃德蒙·威尔逊、马尔科姆·考利、C.赖特·米尔斯、欧文·豪、简·雅各布斯这些来自文学界和各协会的批评家们撰写严肃的文章，研究小说、资本主义、城市等等，他们有很多读者。

在这段时期结束时，出现了一位新的批评家，她改变了游戏规则。她充满巨大的能量，好像查理·帕克在自己的独奏音乐会上塞满了曲子一样，她也在自己的文章里塞进连珠炮似的思想。她代表了新事物：女性的、反叛的加利福尼亚人，反学术。终于出现了一个不屈服于大众文化的“成功”的知识分子。她早期的文章以及对《原野铁汉》(*Hud*)、《擦鞋童》(*Shoeshine*)、《七武士》(*The Seven Samurai*)这几部电影的影评充满了极大的热情,因此,在她的感召下,人们很容易忽视她那凶猛的反智主义。她的文章讨论旧的电影类型——电影音乐剧、严肃的文学改编的电影——同时积极捍卫黑泽明、弗朗索瓦·特吕弗这些新导演以及20世纪70年代特立独行的美国电影。在她早期的文章里,几乎每一篇她都和其他的影评者发生冲突。批评家和知识分子总是互相争斗;从历史上看,争斗的热度一直是重要的批评环境的象征。但是,这次与以往不同。

几十年后,后果才明朗起来。这位批评家是波琳·凯尔,她不仅挑剔这些老作家和他们陈旧的标准,还攻击评论家们很少触及的一些方面:她的那些自然的、不做作的读者以及他们对品位的理解。她针对自己所称的“艺术影院的观众”写了几篇文章,没有一篇文章是褒扬的。“我想说,如同大众利用好莱坞的‘作品’一样,受过教育的观众常常自我陶醉地利用‘艺术’电影,以一种廉价的、不费吹灰之力的方式恭贺自己的悟性和开明,从而满足自己的愿望。”

她讨厌那种针对一些外国电影的,她称之为“烧香的氛围”,她憎恶那种老派的影迷,他们总是围坐一起谈论布雷松。每当“诗歌”“艺术”“深度”这些术语在她的作品里出现时,都是用来讥讽任何一位严肃看待这些词汇的清教徒式的傻瓜。她谴责自己的雇主——伯克利一家公共电台,抨击它的筹款活动,说它对“贵格会教徒和独神论派信徒所做的访谈”单调乏味。(“你在还‘思想开明’的债……他们让你内疚。你给他们钱。”)凯尔认为,诚实的粗俗比认真的附庸风雅更宝贵,因此从长远看,凯尔捍卫了“垃圾”;而且,为了美国电影公司的电影的缘故而渐渐地忽视了外国的电影。一开始,这么做显得坚毅,勇敢;但是,从长远看,她保卫了那种并非真正需要评论家拥护或阐释的作品,而这种类型的电影后来占据了全世界的电影院。她在早期的著作里称赞的那种“轰动”(以一种降低标准的、连凯尔最终都弃之不用的形式)后来成为电影的主导风格，她所讽刺的那种艺术影片从此黯然失色。凯尔也成了自埃德蒙·威尔逊以来既影响同代人又影响整个文化的为数不多的人物之一。

即使这算不上一次缺乏统筹的大型运动，它也构成了一位批评家的个人特征。与此同时，一位出生于洛杉矶的作曲家正在写文章，他的文章猛烈地破坏“艺术动机”这一理念，比新批评主义者带来的破坏和震撼力还要强；一个法国的电影制片人正以一种无法预料的方式把艺术影片和B级电影糅合在一起；建筑师在向拉斯维加斯学习；纽约的一位羞怯的插图画家曾经享受一种不可思议的个人崇拜，如今他将艺术和商业的界限弄模糊了。是什么成就了艺术或者文化的特殊性？这位插图画家，还有其他人都在问，每个人都以自己的方式询问。有些文艺工作在社会的最先锋或者学术上人迹罕至的领域里留下了自己的足迹；有些文艺工作则像甲壳虫乐队的一张唱片那样通俗易懂，进而挑战了高雅文化对复杂性的垄断。

由约翰·凯奇、让-吕克·戈达尔、罗伯特·文丘里以及安迪·沃霍尔制作或设计的作品大多强劲有力，激动人心。但是，这种革命的最终结果是摧毁了中等品位的共识。中等品位的共识是指这样的意识：有一套共同的艺术和学术的检验标准是中产阶层的人应当了解的；“严肃的”口味在某种程度上说对你有好处；这些文化艺术作品只能通过教育、新闻报道和家庭礼仪传承下去。正是因为这种精神，约翰·奇弗和乔治·巴兰钦才出现在《时代》杂志的封面上，伦纳德·贝恩斯坦才出现在电视上，雷切尔·卡森才扬名美国及国外；正是这种精神促使《花花公子》杂志委托制作埃林顿公爵或莱斯特·扬的人物介绍。中等品位的共识与人文共识有很大的重叠部分，因此，它和人文共识一样，遭到两面夹击。它惨遭新右派[①]泄愤和左翼后现代推动力的双重伤害。

① 新右派(the New Right)是20世纪80年代美国右翼政界人士的统称。他们支持保守的社会和政治政策以及以基督教原教旨主义为基础的宗教思想。——译者注

危险不是立刻就清晰可见的。20世纪六七十年代狂暴的变化需要知识分子像神职人员那样去解读它们。在这段时期，几种反抗的力量分别以自己的方式为文化的圣洁性进行论证。《滚石》杂志以及一些“地下”出版物整理出了重要的艺术家列表，对古典音乐的“3B”[①]来说这是一个反经典，多数是自己作词谱曲的流行歌手——巴迪·霍利、鲍勃·迪伦、吉米·亨德里克斯——都是在乐器使用方面有精湛技巧的典范。苏珊·桑塔格在某些方面和凯尔相似，在另一些方面又和她完全对立。桑塔格似乎从未收到这样的备忘录：只有古板守旧的人或者自命不凡的新教徒才支持外国电影或者有阅读难度的书籍（桑塔格支持难度高的、晦涩的艺术作品，推崇艺术的圣洁性。她津津有味地表达自己的观点，这让她成为一个局外人）。有优秀的批评家还在评论古典音乐、绘画、建筑和其他领域。有那么一段时间，文艺批评很繁荣。有时候，一眼看去，仿佛会永远这样走下去。

但是，随着时间的流逝，不断变化的文化（现代主义、中等品位的共识及其周围的世界环境逐渐消失）就会使评论家和知识分子无栖身之处。科技的扩张意味着青少年的团体娱乐活动愈大型，愈吵闹，愈快速，诗歌、绘画或钢琴奏鸣曲如何能与一套这样的节目竞争？

正如哲学家阿瑟·丹托所说，艺术会继续得到创造和阐释。但是，在安迪·沃霍尔之后，艺术史作为一门有方向的、有主要叙事和有逻辑意义的学科，越来越难以表达或解释。一个故事已经讲完。没有什么是突然消失的。需要有一阵子才能看清楚事情发展的端倪。这正如丹托1995年在国家美术馆[②]的一次演讲里所说：

> 那些亲眼看见事件发生的人经常甚至总是看不懂对事件真正

① 古典音乐的“3B”指的是巴赫、贝多芬和勃拉姆斯。——译者注

② 国家美术馆（the National Gallery）：1937年，美国富商安德鲁·梅隆捐出自己收藏的大批美术作品，并出资在华盛顿哥伦比亚特区创建了国家美术馆。——译者注

> 重要的描述。人们目睹彼特拉克手握一本圣奥古斯丁的书走上旺图山，有谁会知道文艺复兴就从这件事开始呢？人们去曼哈顿东74街斯特布尔画廊参观沃霍尔的作品，有谁会知道艺术已经终结呢？……开始与结束，这个体系几乎定义了以叙事来阐释的历史的表现形式。然而，即使回首往事，也很难应用这个体系。

丹托认为，从文艺复兴开始的艺术史，乔尔乔·瓦萨里把它描述为不断前进的艺术史，随着每一个主要的画家而前进，因科技发展而获得更多更丰满的表现形式，然而艺术史现在已经终结。就每一个艺术形式来说，故事有些不同，有时丧钟敲得过早——人们曾几次宣告说小说已到生命的尽头，但是小说好像总是呼啸着卷土重来。然而，一些至关重要的东西已经断了。

在中等品位的共识以及将其彻底打碎的先锋派思想之间，文化批评家们一直扮演着一个重要的角色。安德拉斯·桑托曾经担任哥伦比亚大学艺术新闻项目的负责人。如今这个项目已经终止。桑托提起文化批评家们时说："他们是神学家，是掌握标准的人，是高举战后大叙事（现代主义的范式）火炬的人。这种叙事基于对社会进步、破除传统的一种文化和批评的共识。这对文化、对清晰的规范有一种坚固性。"但是，打破传统也就动摇了文化批评家们的位置。"如果再也没有教理问答——也就是说你的神学是四分五裂的，那牧师会何去何从呢？这会不会像新教的改革一样——每一个人都是自己的牧师？"

新闻业作出的反应大多是重新提起反智主义。到了20世纪80年代，对平民主义报道的需求增长。新闻业以获得更大读者群的名义减少了对古典音乐、戏剧以及其他缺少大批观众的艺术形式的报道。一位基督教右翼分子激情澎湃地抨击艺术，说艺术不道德，属于精英主义。此后不久，那些经营报纸杂志的人们，还有那些支持凯尔、渴望轰动效应的人们，开始把书评和艺术评论一并都减掉了。有若干报纸杂志还坚持保留这一部分,只是这个主题已然“声誉不佳”。媒体报道了一些在镜头前很自信的叛逆者,还有一些坏男孩的形象(我们称之为玛里琳·曼森综合征),这些报道打动了传统守旧的人,博得了所有人的欢心,真是皆大欢喜。左翼在颠覆活动中尽情狂欢,而右翼人士将文化人物的堕落当作一种工具,减少了对富人的税收,不再资助公共领域。社会评论家托马斯·弗兰克后来写道:“作为一个体系来说,强烈的反对会起作用的。这两个水火不容的派别在一种反向的互利互依的关系中攻击对方,保卫自己:你讽刺我,我把更多的力量加给你。这种结构应当是世界上任何一个统治阶层都羡慕的。”

学术界还没有完结。20世纪八九十年代后期,人们批评文学标准,说它有过分浓重的白人、男性、异性恋、西方文化的味道。发出猛烈攻击的几个人事实上是改革者或持不同政见者,他们想推广自己的价值观。有些批评家在自己教授的文学作品里看到了世界上的罪。这些评论家有很多和某些政治家一样,这些政治家基于对政府管理的极大憎恨,及时出来参加竞选活动,争取那些由纳税人资助的政府部门的工作。

有些东西是左翼和右翼都睁大眼睛也看不见的。凯莎·波利特1991年在《国家》(*Nation*)杂志里描写了一种“近视”:

> 人们对有些东西视而不见:我们国家当前的阅读状况、书籍和文学。请扪心自问:为何人人都为“哪些书是必读书目”这个问题而深感窘迫?这是因为,当我们为哪些书是灵丹妙药而无休止地激烈争论时,病人也在渐渐地陷入昏迷状态。

事实是,除了极少数的人之外,严肃的阅读(即人们自愿的阅读,并非学校要求的阅读)已陷入困境。(国家艺术基金会的一项研究显示,阅读小说的美国人的比例从1982年到2002年下降了28%,而电子游戏、电子多任务处理等占用的时间骤然增多。)按照波利特的设想,一个国家应该是这样的:阅读小说是真正广受欢迎的活动,它是人们在一生中的每一个阶段都愿意做的事。“在那个拥有真正读者——自愿、主动、自主的读者——的国度里,根本不会发生围绕‘哪本书是经典’这个问题的辩论。或者,如果真有人问,那么,这个问题可能是作为一种室内游戏而提出的:你会带什么书到一座荒无人烟的岛上?”

但是,究竟为何要关注那些布满灰尘的老书?有一个新的学术领域出现了。它借鉴结构主义及其继承者所取得的学术进展。《文化研究》(*Cultural Studies*)——一本创刊于1987年并致力于这个新话题的杂志——没有关注质量的区别,认为在质量上进行区分是精英主义的思想。它充满激情地追求高低并融的大杂烩。一切均可描述为一种文化实践,消费者和生产者一样重要;听流行乐和创作交响乐都必不可少。符号学、人机合体理论、圣母形象研究,都是曾流行过的时尚。“但是,对迪斯科舞会、侦探小说、《大都会》(*Cosmopolitan*)时尚杂志、汽车广告所做的文化研究越多,”罗南·麦克唐纳说道,“大学正在做的批评和研究成果就离公众越远。”

尽管文化研究关注大众文化,关注更广泛的社会事务的政治日程,这个领域的学术文章还是取得了卓越的成绩:它找到了一种方式,使自己的文章甚至比后结构主义者的文章更费解。文化研究向前走动了一二十年——知识分子现在只跟自己同行的专家对话——到了它的最高点。严肃的对话,就像英美的经济或公共空间,正在完全私有化。

2008年,劳拉·米勒在沙龙网站讨论阅读和批评家,她言简意赅地说:“把人带回到书本上,往往源于‘书提供特别有意义的东西’这一理念。”但是,她说:“在过去50年里,学术批评一直忙于削弱这一理念。”后结构主义没有帮助人们理解小说的意义,理解他们生活的意义,随后而来的那些学术运动也没有做到这一点。“如果问:在文化研究中,前面那个被迫闭嘴的群体中的某个成员所做的研究是‘好的’吗?这是一个错误的问题,根据掌权者自私自利的价值观来判断,‘好的’就是一个有嫌疑的术语。”

文化研究的有些能量来源于法国社会学家皮埃尔·布迪厄。布迪厄的著作《区别：品位判断的社会批判》(*Distinction: A Social Critique of the Judgment of Taste*)研究了高雅文化尤其是古典音乐的阶级根源。效法他的一些社会学家描述了文化的“杂食动物”，赶走了日益瓦解的“自命不凡”的文化。有时候，杂食主义鼓励人们天南海北、天上地下地进行文化消费，早上随意翻阅温瑟·麦凯开创性的周末连环画杂志，白天阅读帕特里夏·海史密斯的小说，晚上欣赏海顿的四重奏。在其他一些时候，杂食主义让受过教育的人即使因忽视主流娱乐之外的一切仍深感自己是进步的。

所有这些趋势到了互联网上就汇聚在一起——到了文化领域里就加速向前。波琳·凯尔的批评风格在纸质出版物的电影记者里影响力相当长久。现在，她的风格已经变成互联网的网络写手和博客作者默认的腔调。当然，这些人当中有很多并没有她那么高的才华以及对复杂性的追求，因为凯尔的反精英的怒气，他们也加倍快速地遭到厄运。互联网怂恿人们不顾及他人感受“发送愤怒的信息”，怂恿人们以匿名的方式羞辱他人。但是，有一个批评流派带着它自己所说的福音此时来到了门口。

早期阶段，对创意阶层的削弱和破坏是在唱片业的领域里发生的，因此，音乐新闻报道最先目睹这些趋势的大会合。摇滚乐评论者曾经支持依赖小唱片公司（比如，民兵乐队或者利兹-费尔乐队）的那些邋遢、叛逆的摇滚乐队，现在却开始撰写博客评论每一期《美国偶像》。这个电视节目的播放俨然是对价值判断的一个残酷的讽刺。《美国偶像》一直认真地发掘“未经训练的、尚未被发现的人才”，对于这些网络写手来说，这一电视节目给他们的职业生涯赋予了意义，他们捕捉到了新的、靠互联网经济白手起家的可能性。该节目的一位评委西蒙·考埃尔给人的印象就像是在拙劣、滑稽地模仿苛刻的、德怀特·麦克唐纳式的评论者，而且，人们心知肚明，他这个节目评委就是为了让参赛者在未来的收入单子上签字的。即使如此，人们评论这个节目时，仿佛它就是一种平民主义的乌托邦。(《美国偶像》的监制人肯·沃里克说："美国对此处之泰然。这是这种现象的秘密所在。")谁反对，谁就是落伍的人，精英主义者，怀旧的人，谁就是对追求真理上了毒瘾的人。

这些写手自称流行音乐主义者[①]，他们全心全意地颠覆20世纪六七十年代人们一直接受的有关音乐的事实。有一个持同样观点的人描述说，他们"重新思考在摇滚乐话语中遭到长期毁谤的音乐家(蒂尼·蒂姆、丹·福格尔伯格、菲尔·柯林斯)和音乐类型(蓝眼睛爵士灵歌[②]、米尤扎克背景音乐[③])"。有一种旧意识，认为摇滚乐(乐手演奏他们自己创作的歌曲，通常使用吉他；专辑是艺术家条理清楚的话语，专辑是对艺术家最好的表达)蕴含着至高无上的东西。流行音乐主义者不赞成这种旧意识。另外，寻找技艺完美的流行音乐单曲——布莱恩·威尔逊在无意识地默认文化现代主义的情况下称之为"献给上帝的青春期交响乐"——这件事，他们并不关注。流行音乐主义者的目标是要推翻"摇滚主义者"的准则，他们认为这一准则充满了过时的意识形态的假设，还有性别歧视、种族歧视的思想。这很奇怪，因为早期那几代摇滚乐评论家曾积极支持密西西比州土地收益分成的佃农、自诩聪明的犹太小混混、

---

① 流行音乐主义者(Poptimist)认为流行音乐像摇滚乐一样是真实的，值得尊重，也配得上专业的评论和关注。流行音乐主义是一种对话模式，它是摇滚主义的一个对抗物。科勒法·萨内2004年在《纽约时报》撰文反对摇滚主义。萨内呼吁听音乐的人不要再假装认为严肃的摇滚乐会永垂不朽，不要假装以为流行歌曲本质上是一次性用品。卡尔·威尔逊2007年出版专著《说爱：通往品位尽头的旅程》(*Let's Talk About Love: A Journey to the End of Taste*)，评论席琳·迪翁的歌曲专辑。此后，流行音乐主义就发展起来。——译者注

② 蓝眼睛爵士灵歌(blue-eyed soul)是指由白人创作并演唱的爵士灵歌。——译者注

③ 米尤扎克背景音乐(Muzak)是指在商店、餐馆、机场等公共场所连续播放的背景音乐。1922年，美国米尤扎克公司最早在电梯里引进这一系统，帮助人们保持心境平和。许多人不喜欢这种背景音乐，就用"米尤扎克"一词指代让人厌烦的音乐。——译者注

拉斯塔法里教的灵魂叛军、英国有纨绔子弟习气的双性恋、宇宙牛仔乐队、至少一位加拿大女诗人、乡村的酒鬼，还有其他五花八门的瘾君子、忧郁的自杀者、茫然不知所措的梦想家。所有这一切都和这些评论家视为旧秩序的白人特权阶层的乡村俱乐部相距十万八千里。

各种表达途径，包括那些曾经将自己视为摇滚乐叛逆精神的一部分，却卷入了反对现行做法的潮流里，去支持过去那些名声不好的音乐家——根本不管这么做到底有多浅薄。比如，具有开拓精神的比博普爵士乐吉他手查理·克里斯蒂安——我们看不到对他的新闻报道了；为乡村音乐奠定基础的阿巴拉契亚弦乐队——我们也看不见对他们的赞扬了。相反，我们看到有文章为老鹰乐队（历史上最畅销的摇滚乐队）、比利·乔尔、Rush 乐团这些一鸣惊人的乐队或者乐手"辩护"。在 20 世纪七八十年代，大唱片公司和广播节目牢牢地控制了电台，因此那时不可能避开这些乐队或乐手的歌曲。音乐评论者从大垃圾桶里又捡回一些这样的乐队，这些乐队在他们不可避免的重聚首巡回演出中，音乐会的票价不断上涨，屡屡破纪录。如今在 21 世纪，在讽刺、怀旧以及废物回收再利用的评论项目这种氛围中，当你走进一家高档咖啡店或者票价昂贵的运动赛场时，你就能听到以前必听的 AOR 音乐播放清单里的曲子，仿佛依旧在 1984 年，仿佛朋克、校园电台、独立摇滚乐的叛逆情绪从未发生过。这俨然是苏联的公民苦苦思念西伯利亚的流放生活，怀念在没有尽头的队伍里等着拿卫生纸的岁月。

但是，互联网世界感兴趣的不是批判性的洞察力，而是不同种类的"风靡一时的事物"，因此，对于互联网来说，不存在矛盾。印刷出版物开始聘用流行音乐主义者，对于印刷途径来说，在网络时代有一种保持"不落伍"的方式。谁还需要疲惫不堪的老文人来谈论牛心上尉①？谁懂得

① 牛心上尉（Captain Beefheart）是美国著名歌唱家、作曲家、艺术家唐·范·弗利特的艺名。——译者注

年轻人正在听什么那么就聘用谁。几十年来，摇滚乐新闻撰稿人都在告诉读者留意市场的边缘，留意一个气质忧郁的、自己作曲自己演唱的艺术家，因为无线电台不播放他的音乐，但是，他的曲子又可以带来丰富的精神营养；他还告诉读者要留意一个无人注意的 20 世纪 60 年代在车库排练的摇滚乐队或者 70 年代的一个灵乐歌手。如今，流行音乐主义者不再说这些了，他们写长长的、面面俱到的文章，讨论贾斯廷·比伯，探讨男孩乐队，悉数碧昂丝品牌创建的天赋，把你已经知道的都告诉你。即使布兰妮没有写自己的歌，西纳特拉也没有写自己的歌，这又有什么关系呢！如果超级男孩只是几个预先安排的穿着统一搭配好的服装的少年，那么布莱恩·爱普斯坦时期的甲壳虫乐队又是什么呢？如果质量上的区别不重要，谁能说出事物之间的不同呢？“企业摇滚真恶心”的叫声和马修·阿诺德对诗歌严肃的主张一样沉寂了。就像一本明星杂志刊登了一位哲学博士，受过教育的、政治上进步的流行音乐主义者歌颂市场本身的庞大。随着时间从 20 世纪进入 21 世纪，市场平民主义无处不在。在嘻哈文化这个领域里，早期的关注点在于音乐旋律的独创性、黑人音乐的知名前辈、煽动与权力对抗，后来关注点转移到追求收益的企业家精神。因此，嘻哈文化的转型经历了同样切实的变化。

流行音乐主义这一流派产生的最有吸引力的作品就是由加拿大多伦多的一位批评家卡尔·威尔逊撰写的。这是一部短小而不乏睿智的书，名为《说爱：通往品位尽头的旅程》(*Let's Talk About Love*: *A Journey to the End of Taste*)。这本书鲁莽地走进席琳·迪翁的世界。席琳·迪翁是加拿大的一位流行歌曲女歌手，她在拉斯维加斯演出时，演出服装奢华精美，音乐有浓重的机器制作的味道，引来早期老派批评家的讥讽。威尔逊研究了迪翁的狂热歌迷，探索了这种品位的形成，甚至描述了他自己早期对迪翁及其音乐的抗拒(一开始他听她的音乐，认为这种音乐是“毫无情调的单调乏味，而且上升至令人作呕的华丽言语的最高点”。后来，他才更深层次地思考这种音乐的文化状况)。威尔逊跟自己的同代人一样，他的论证依据学术理论，尤其是布迪厄的“个人品位是阶层优势的烟幕”这一理念。“如果批评家对20世纪70年代的迪斯科音乐的评价是错误的，”威尔逊问道，“他们对现在的布兰妮·斯皮尔斯的评价难道不会错吗？”当威尔逊这样的作家进入新闻渠道、担任重要的职务时，我们就看见第一个对不区分好坏的批评流派取得了胜利。这个流派不想区分好与坏，更好与更糟，只是想把人们的爱好以及形成这种爱好的市场营销再反馈给人们。谁都喜欢赢家，所以摇滚评论家一直撰写与明星及培养明星有关的文章。但是，这个批评流派专注于吹捧若干个拥有最大市场份额的艺术家，其余的大多数艺术家都不在他们眼里。这好像《家庭问答》(*Family Feud*)这个电视游戏节目的某个环节，理查德·道森不要你给出某个问题的正确答案，他要问你如何看待民意测验显示的大多数人认为正确的那个答案。

当说到这个问题的时候，流行音乐主义者以及他们的同盟都拿出这张王牌：在互联网时代，任何“生活方式的经营者”或者说是网站运作者查查数字就知道，写一篇文章评论饱经沧桑的吟游诗人艾略特·史密斯，跟写一篇文章讲述Lady Gaga的颠覆行为或者《美国偶像》评委史蒂文·泰勒的叛逆时尚相比，前者获得的点击率太过微乎其微。至于古典音乐、爵士乐或者原声布鲁斯(新闻撰稿人过去写此类主题，完全因为他们感觉这些类型即使少有人关注也依然重要)，就别提它们了！对于一个住在郊区的疲惫不堪的编辑来说，自己已经失去了生气，可是还陷在文化报道这一责任的泥沼里，此时看来，还有什么比得上做新闻记者更精彩呢？这些记者只需要写写电视上的明星，而这些明星的营销商正在刊登最大额度的广告。猎人被猎物捕获了。

电台听众热线节目促使假平民主义政治从美国的东海岸到西海岸兴盛起来，同样，互联网也促使假平民主义的文化观念比前几个批评运动时期扩展得更快。人们不再咆哮“偏见”，如今品位被视为叛逆的。小说家里克·穆迪在网络文学杂志《喧闹》以及《沙龙》(*Salon*)上撰写文章讨论年轻的乡村歌手泰勒·斯威夫特时发现了这一点。当时，人们赞美斯威夫特，说她是约翰尼·卡什和爱美萝·哈里斯的混合体。当然，大多数支持行动关注的并不是她的音乐造诣或作词技巧，而想从她的歌曲里寻找她各位有名的前男友的线索，寻找人们对她大胆的女权主义的企业家精神的褒扬，因为这种大胆的女权主义的企业家精神引领着她，令她魅力无穷。当穆迪挑战她的神坛时，人们就排斥穆迪，说他是一个有性别歧视的大煞风景的老疯子。当然，一直有人把评论家们视为爱骂街的人，满腹牢骚的人。但是，现在呢？评论家自己以及其他文化的守门人敦促自己不要成为得胜队伍道路上的绊脚石。穆迪说，评论家玩世不恭，狡诈的营销商塑造消费者的品位，互联网注意力缺乏综合征，把这些因素加在一起，“你就明白了让浅薄的见识持久蔓延的全部条件”。弗兰克·里奇曾是一位戏剧评论家，他说：“广告——《人物》(*People*)、《娱乐今宵》(*Entertainment Tonight*)、《接触》(*In Touch*)等这一系列的杂志——和评论之间的那条分界线已经抹去了。”

文化和市场基本上是一回事，持这一理念的不只是流行音乐主义者。出版物和各媒体渠道均不再讨论质量(质量已成为一种逝去的语言中的词汇)，相反，他们加大了对电视颁奖典礼的报道力度，在赛马活动开始几个月以前就屏息关注。在过去，一个影评者会告诉你迈克尔·贝的电影比迈克尔·哈内克的电影要好得多；一位写书评的人会写一篇文章，以艾丽丝·门罗为代价而为汤姆·克兰西“辩护”；一位备受关注的艺术评论家挑剔克雷斯·奥尔登伯格和佐治亚·奥基夫，忽视其他不起眼的艺术家，却会论证说“绘光者”托马斯·金凯德是毕加索式的天才，只是那些尖头的知识分子太固执，不敢承认这一点而已。试想想，曾忠实于中等品位共识的主要纸质出版物已经有多久没有聘请这样的批评家写文章了？

市场崇拜也不仅限于文化批评。它是今天的通用语言，常常跟科技的乌托邦主义交叉在一起。在乔治·吉尔德那华而不实、虚饰过度的文章里，我们听说计算机会如何奇迹般地使我们拥有洞察力，帮助塑造我们的价值观。小说家大卫·福斯特·华莱士感到纳闷："嗯，洞察力、价值观的引导，以往这属于文学的功能，难道不是吗?"但是，到现在为止，一切都太迟了。一段时间后，连最坚持原则的保守人士也会选择退出全部的人文学科的游戏。管理学理论家彼得·科汉几乎没有什么疑惑："要解决这个问题，答案很简单：哪些专业的学生不能就业，就裁掉开设这些专业的院系。"北卡罗来纳州州长帕特·麦格罗里也想取消那些无用的专业："我准备调整教育中的课程内容，以适应企业和商业的需要。"保守人士就到此为止了。"也许，在过去，保守人士会竭力支持一些理想化的核心课程，或者说要阅读西方文明中的伟大书籍，"托马斯·弗兰克在《哈珀杂志》上写道，"但是，现在废除这些学科的选择方案已提交讨论，今天，精力充沛、情绪亢奋的右翼对这个主意也欢喜不已。"

能为这个时期提供最好例证的视觉艺术家是杰夫·孔斯，他也是大西洋两岸年轻艺术家的偶像；他曾经是一位证券经纪人，他的笑容灿烂，作品弥漫着讽刺意味。杰夫·孔斯狡猾地"盗用"其他人的作品（一只充气的兔子、气球狗、绿巨人浩克·埃尔维斯），但是当有人剽窃他的作品时，他就扬言要诉诸法律，这些事让他出了名。批评家杰德·珀尔注意到"让我们的原创性走向死亡的人越来越痴迷于保护他们自己的原创性"。在20世纪90年代最重要的年轻制片人和摇滚乐手中，一直延续着那种凯尔-沃霍尔式的情绪，它热爱垃圾，憎恶以欧洲为中心的严肃性，它演变成一种在垃圾桶里搜寻宝贝的美学。这种美学首先通向了成功——电影《低俗小说》(*Pulp Fiction*)和音乐专辑《欧迪雷》(*Odelay*)——但是当通俗文化的混成作品枯竭的时候，那种凯尔-沃霍尔式的情绪就迷失了方向。艺术、批评或艺术家需要站在文化的外面才能清楚地看见它，评论它，这样的理念人们是很难理解的：每个人都想待在文化里面。

2013年8月，亚马逊启动在网络上出售视觉艺术的新项目。即使到现在为止，艺术批评也是被边缘化的，但是从不缺少来自于大众智慧的业余评论者的评论。《纽约时报》的一篇艺术博客是这样记载的：

> 有一位评论者就莫奈 1868 年给儿子让的画像咨询道："这幅画你买了 Kindle 版本吗？"另一个人写道，其"利"："放在我的马桶上方，看着不错""到货很快"；其"弊"："画框和画看起来都是旧的。"
>
> "我在想，我打算收拾一下四处散落的水彩，给它上点儿色，"这位评论者追加道，"凸显一下它的色彩。"……
>
> 沃霍尔的金宝牌金色蘑菇汤汤罐的丝网印刷作品，价格不足 25 000 美元，有人对它进行评价。这条评论直接将其他顾客引向食品杂货那部分，并特意说："这个版本价格更好，而且味道好极了。"

无论是报纸的艺术评论家，还是对唱片难以释怀的音像店职员，或是大学的英语教授，假如他们的个人洞察力不重要了，假如人类的判断不重要了，那么计算机代替人也就不算一件稀罕的事了。人类几十年以来一直骚扰自由的人文主义，这是计算程序时代最完美的前传。

"一切都说了、做了之后，我们失去的是价格以外的、可供选择的评价及成就体系。" 桑托说道。他还说："在文艺市场里，价格反映了一种共存的批评共识。评论家之间互相影响，而且，在这个对话中还有别的声音。可能存在操纵，存在一次性的好奇感，但是，总的来说，这些评价依然根植于一个关于艺术的对话。最可怕的是，我们失去了那个批评的要素，与此同时，我们也就任凭'什么是艺术？什么有价值？'这个问题消失得无影无踪。仅存的是市场，而且，价值完全源自金钱、市场营销和日常的权力。"

这一切究竟和创意阶层的崩溃有什么关系？美善的事物扩大影响，难道这不意味着有更多的人创造或销售文化？等级制度的破裂，难道没有让艺术、娱乐、新闻等的文化世界走向大众化吗？事实上，价值感的放弃导致的惊慌失措，对创意阶层有着不祥的影响，有短期的，也有长期的。

我们先看看人文研究院。人文学科的教育，传统的功能之一就是激励年轻人读书有思想：教育他们付出时间和精力去阅读小说，去博物馆参观，常去剧院看演出，等等。毕竟，有一些学生是经过研究院的筛选才来学习的，与他们那些主攻商业或计算机科学的同龄人相比，他们所学的知识不太可能使他们直接进入高利润的领域。当然，这个时代流行实用主义的教育，新自由主义的实用主义、大赌注的教育试验。如果人文学科的学生数量下降，那么，文化自身的根基——在文化里面、文化周围谋生的创意阶层的根基——也随之坍塌。文学、艺术、舞蹈以及其他文化领域依赖一条供求曲线。政府对公立大学、私立大学的支持大规模削减，学生的学费随之上涨，贷款负担也愈加沉重。因此，想体验无拘无束的、追求智慧的人文学科的学习，这一梦想就遭到了沉重的打击。

“美国大学新生调查”是加利福尼亚大学洛杉矶分校对美国将入大学的学生进行的一个调查。调查显示，年轻人对文化本身或者文化学习越来越没有兴趣。1966 年，86%的调查对象认为“具有意义的生活哲学”非常重要，到了 2013 年这个数字下降了一半。（这一时期，认为“挣很多钱是第一要事”的人数大幅度上升。）当然，这种社会转型并不完全归咎于学术界。但是，学者们（当然有些学者除外）没有能力或者不愿意解释他们的商品的价值，这也在某种程度上破坏了文化传播的过程。

那些把学生带到书籍面前的人，如果其中有很大比例的人认为那些书籍是需要质疑的“文本”，而且告诉学生说，为了追求美而喜欢雷纳·马利亚·里尔克或弗吉尼亚·伍尔芙这类作家的人都落后于时代了，长此以往，会有什么后果呢？劳拉·米勒在谈起文化批评的优先次序的转型时说：“倘若你的工作真的就是控告图书，说它们犯了意识形态的罪，那么你的文学热情可能就是一种危害。如果连英语教授都不捍卫文学，文学衰落了，这很奇怪吗？”

新闻业并没有通过聘用更多评论者或音乐、艺术新闻撰稿人来响应假平民主义批评流派的崛起。事实上，新闻艺术批评和报道一直在下跌。追踪报道离婚事件、性生活、法律官司、名人吸毒后康复治疗的出版物和网站在数量上急剧上升。报纸杂志的中上等品位这一方面也未能幸免,比如,《洛杉矶时报》就裁掉了几位艺术新闻撰稿人,而增加了对时尚和"名人司法"的报道力度。从更广的范围来看,人们认为许多类型(电影、流行音乐)现在都"不受评论的影响"。

批评家的形象发生了什么变化?1950 年的电影《伊芙的智慧》(*All About Eve*)里的人物艾迪生·德威特是一个愤世嫉俗的人、一个利己主义者,但同时也是一个衣冠楚楚、风流倜傥、备受尊重的文化权威。知识分子自己和自己完美对话了几十年之后,到了 20 世纪 90 年代中期,电影和电视世界里最著名的批评家就是一个虚胖的卡通人物。这个人物出现在一个电视动画节目《评论家》(*The Critic*)里,是由枯燥乏味的乔恩·洛维茨配音的。如果你读过拉塞尔·雅各比的著作《最后的知识分子:学术时代的美国文化》(*The Last Intellectuals: American Culture in the Age of Academe*),你就不会感到惊奇。

当艺术的光辉暗淡下去,当它被呈现(正如沃霍尔告诉我们的那样)为一种愤世嫉俗的游戏,那艺术又发生了什么变化?桑托说:"如果我们像对待其他事业那样经营文化,它就会颓然倒在地上。倘若'一样东西'以唯美的方式'运行',我们就解放了自己,除去了这些仲裁人、这些守门员了吗?如果任何尝试都能成功,那么文化又成了什么?究竟是什么让文化与其他领域有所不同?它为何需要资助、教育、非盈利状态?"过去旧的批评-文化同盟是不完美的,但是它造就了一种价值体系。"我们清楚地明白,艺术是一回事,而口红是另外一回事。一旦揭开这个真相,就剩下另外一种娱乐。你不能拿文化和好莱坞对抗——这不是一场实力相当的比赛。"

当文化的权威丧失了声誉,文化世界里质量的区别就沦落为个人的偏好问题。遭受打击的不仅仅是高品位的自命高雅的人。例如,尼尔·扬抱怨数字音乐低劣的声音质量,抱怨这如何导致了一种"足够好"的文化。当平面设计师被计算机软件取代时,他们痛恨得咬牙切齿。如果质量只是一种幻想,谁的作品有价值?

如果没有人保护艺术家,保护流行文化的市场以外的文化类型,会出现什么后果?迪士尼和清晰频道这些实力强大的公司已经进入文化领域,这段时期,公立学校已经得不到资助让学生学习音乐和艺术,这会产生什么后果?如果我们不再受批评标准的约束,如果一个大范围的中产阶层的鉴赏力这一概念不复存在,那又会出现什么后果?

在美国社会,至少还有一部分人仍然愿意相信创造力还有值得赞扬的一面,对这些人来说,是有答案的。尽管人们离诗歌、古典音乐越来越远,不再严肃地对待摇滚乐,但一个名叫乔纳·莱勒的年轻作家告诉他们:构思出 Swiffer 拖把(宝洁公司生产的一种拖把)的那些企业的创新者,还有构想出便利贴的那些创新者,他们经历的创新过程和 W. H. 奥登、马友友、鲍勃·迪伦并无二致。虽然莱勒的著作中有些细节后来被发现有造假的地方,但是他对人们狂热喝彩的管理理论的分析,他负责的特别优秀的《连线》杂志,他那"相信你自己"的励志演说以及他那受市场崇拜的、中产阶层放荡不羁的文人招牌都使他可能成为这个时代最真实的思想者。

麦克唐纳在他的《批评家之死》(*The Death of the Critic*)一书中写道:"如果批评离开了评价,它也就失去了和更广泛的大众之间的联系。因此,正是文化研究而不是任何其他的学术现象导致了批评家的死亡。要获得广泛的公众的注意力,批评家写作时必须看重艺术,认为艺术是重要的,需要裁决、评判的问题是至关重要的——不是在政治上而是在美学上(政治和美学确实有交叠之处)。如果我们不关怀艺术领域内的价值,那么我们如何关怀艺术本身的价值?"

与此同时,价值这一概念,尽管被视为是局限于阶层的一个幻想,它还没有消失。事实上,在社会的每个层面上它都十分兴旺。俄罗斯的强盗贵族为了获得最好的波尔多葡萄酒和日本的科学家决斗。网站紧紧跟随那些追星的小男孩、小女孩这个群体的亚文化，这个群体对超级英雄之间的区分产生的渴望是无止境的。一个受过教育的中产阶层的人，过去可能对一部具有挑战性的、翻译成母语的小说感兴趣，或者对一个过去的无名的乐队感兴趣。但是在今天，这个中产阶层的人喝咖啡时，他知道自己消费的咖啡豆是在哪个纬度生长的；晚餐吃鸡肉时，他知道那些鸡是用什么方式饲养的：文化"品位"的概念回归到了食物的根源。喋喋不休的阶层①不愿意在食物、酒和其他消费品上作出区分，他们也不要更昂贵的蔬菜沙拉，因为他们已经厌倦了"对他们有益的"东西。有那么一阵子，这好像标志着要重新开始以老派的方式尊重品位。"但是，所发生之事并不是从食物走向艺术，"威廉·德雷西维兹 2012 年写道，"而是食物代替了艺术。食物主义已经具备了过去人们熟知的文化社会学特征——在二战后中产阶层兴起的岁月里，莫蒂默·阿德勒传播人类文明中的伟大作品，伦纳德·贝恩斯坦正在电视上指挥乐队演奏。"

英裔美国人的世界当然已经吃上了更好的食物，喝上了更好的啤酒。"但是，食物，无论如何，不是艺术。这两者都是从对感官说话开始的，但是食物就停在感官这儿了。……一碗上等的意大利肉汁烩饭可谓是美味佳肴，但是它不会让你获得理解他人的洞察力，无法让你以新的角度看世界，不能迫使你仔细审视你的灵魂。"用足够的糖和熟练的手艺，你就能做好一个玛德琳蛋糕，享受片刻口福，但是没有马塞尔·普鲁斯特的语言来塑造它，这蛋糕就无法超越口福而获得意义。

戈达尔曾说，20 世纪 60 年代青年人的文化是卡尔·马克思和可口可乐的孩子。今天，我们是里根和沃霍尔的杂种后代。中等品位的倒塌，现代主义的结束，文化的去神秘化，看门人不断变化的态度，已经给创意阶层带来了深刻持久的后果。

---

① 喋喋不休的阶层(the chattering classes)指学术、艺术、媒体圈子里那些对社会、政治、文化问题发表意见的人。——译者注

第九章　迷失在超级市场里：赢者通吃

没有人知道秘密何时揭开——把美国人的生活牢牢地、有时令人窒息地捆绑在一起的绳索何时开始松开。这套绳索如同任何巨变，无数次、以无数种方式开始松开，而且美国，一直是这同一个美国，在某个时刻就越过一条历史的界限，从此就进入无法挽回的局面。

——乔治·帕克，《解密：新美国秘史》(*The Unwinding*: *An Inner History of the New America*)

我们研究创意阶层的状况时，看见若干人兴旺发达，听到有些创意人士口里说着那些预言分裂的先知们说过的话。但是，许多——可能是大多数——创意人士仍在艰难度日。有的已经停止挣扎：他们只是平躺在地上。有些事情无法用笼统的语言进行描述，一些电影、专辑或小说得以发行或出版，这就是可喜的事。十二月党乐队收获一张位居榜首的唱片、诺亚·鲍姆巴赫的电影(短暂地)跟观众见了面、雷切尔·库什纳和朱诺特·迪亚兹的小说获得称赞。在这期间，这一代人——互联网开始之前长大的最后一代人——正在艺术上趋于成熟，肯定也创作了一些重要的作品。诚然，好作品总是不容易找到的。电视——至少你可以调到几个高端的有线电视节目——是有史以来最好的。每一个领域、每一代人都有瑰宝，都有好作品。

但是，全球变暖给人带来的窒息感不会因为一个寒冷的冬天或者去北欧度假一次而消失，整个大环境不容乐观。丰富的、可以作为楷模的文化表达并没有减轻创意人士在各领域内谋生的难度。再说，创意阶层和另外一个阶层捆绑在一起。这另一个阶层在过去几十年里日子也一直很艰难，他们的未来并不比创意阶层更光明。这就是中产阶层。从托马斯·潘恩（人们认为是潘恩创造了这个术语，把中产阶层视为财富和稳定的源泉）那个时代开始，美国一直在支持中产阶层；我们美国人按照天定的命运朝着以庞大的群体为基础的平等不断前进，正如万斯·帕卡德半个世纪以前所说，这种不断的前进“深深地根植于我们的信仰”。这些年，英国和欧洲其他国家也都认为，中产阶层也是他们国家的中坚力量。中产阶层和放荡不羁的文化人，这两者之间长期以来都互不认可，互相冲突，但是，他们基本上是同一阶层的人，这可以一直追溯至 19 世纪的巴黎。（研究这个主题最好的著作是杰罗尔德·西格尔撰写的《波西米亚的巴黎：文化、政治和中产阶层生活的边界（1830～1930）》[*Bohemian Paris*：*Culture*, *Politics*, *and the Boundaries of Bourgeois Life*, *1830～1930*]。这本书清晰地呈现了中产阶层和放荡不羁的文化人这两个阶层共同的来源和意识形态。）

从那时开始，年轻的艺术家和他们的同路人一直试图否认他们中产阶层的身份，试图和中产阶层拉开真正的以及象征意义上的距离。已故的社会批评家保罗·福塞尔对社会行为做了颇具影响力的分析，他把创意类型的人看作“X 类型”，认为他们在追求文化的过程中找到了“逃避阶层的唯一去处”。“年轻人涌入城市，献身于‘艺术’‘写作’‘创意工作’……作为一个 X 类型的人仿佛有很多自由，也具备一点儿能力成为高高在上的人或者上等阶层的人，但是没有钱。X类型的人是没有钱的贵族。”（他们那皱巴巴的衣服发出信号：“我比你更聪明，更有趣：请别烦我。”）福塞尔是一个怀疑论者，是一个坏脾气的人，他对这样的年轻人没有同情心。

我们还可以思考一下乔伊斯的著作《一个青年艺术家的画像》（*Portrait of the Artist as a Young Man*）中的人物斯蒂芬·迪达勒斯，他高高地飘在主流社会之上，就好像希腊神话中与他同名的高高在上的建筑师迪达勒斯一样。但是，艺术家、作家、作曲家、音乐评论家和文化推销员都没有逃脱社会、经济、科技的大环境，而且这个环境三四十年来一直在削弱中产阶层的剩余部分（“你以为你很聪明，很自由，不属于任何阶层。”约翰·列侬讥讽另外一个阶层）。他们仍然深深地陷入赢者通吃的文化里，最顶端的人受益，其余的人受损。赢者通吃和收入的极端不平等不是一回事。但是，前者以明显的或者更微妙的方式引出了后者。

创意人士仍然生活在这样的一个世界：不富有的人越来越难以谋生，而且，无论是创意人士还是做传统工作的人，要守住中产阶层的生活越来越困难。在美国人生活的世界里，沃尔顿家族的4个成员（沃尔玛公司创始人的后代）拥有的财富超过了美国下层40%的同胞（超过1亿人）的财富。2010年高等法院对联合公民组织提案的裁决是，不再限制公司对政治支出的支持，这意味着富豪对美国政治的影响只会继续增长。那么，请猜测这些群体一般来说想要什么。为自己多捞点儿钱、权力和影响力，撕碎其他人的安全网络！中产阶层的薪酬一路下跌，然而唯有消费者增加开支，才能够带领我们走出萧条期（并且能够让创意阶层赖以为生的唱片、书籍等更多地销售出去），但是这种情景没有到来。

1965年，美国公司CEO的平均收入是公司内普通员工收入的20多倍；那时，这是文明世界里最明显的差距。现在，在世界500强企业里，这个比例是380∶1，而且还在急剧攀升。（这意味着这些公司的普通员工必须工作将近两个月才能得到老板一小时的收入。甲骨文公司的CEO拉里·埃利森一小时挣的钱是普通美国工人一整年的收入。2008年市场崩溃两年后，对冲基金经理约翰·保尔森每小时的收入是240万美元。）中产阶层的队伍从20世纪30年代一直增长到70年代末，在世人的眼中它变成了最大、最强的阶层。然而，它现在正变成一个小群体：自从1980年以来，中产阶层更长时间地更努力地工作，存的钱却更少了；他们目睹更多人破产，一直操心，失眠，更没有向上的阶层流动。生产力急剧上升，而薪酬并未上调。这种状况在经济大衰退之前也存在。经济大衰退把这些趋势放大了，原本应该是中产阶层退休储蓄的资产被弄得四分五裂，现在越来越多地被对冲基金操控了。

创意阶层生活的世界究竟还发生了什么事？在美国，60%的雇主如今都查看未来雇员的信用等级，这让那些在经济萧条时期受到重创的人得不到翻身的机会。即使在经济环境恶劣的时候，大多数地区的房租也在大幅度上升，除了创意阶层中那些富有的人，其他人都不可能居住在洛杉矶、华盛顿哥伦比亚特区、西雅图、波士顿以及其他传统上有艺术、音乐创作中心的城市的市内或周围。尽管旧金山和纽约享有艺术声望，它们也正沦落为没有中产阶层的城市：投资银行家和软件操作员正在替代作家和音乐家，还有一个庞大群体的服务阶层，他们从贫穷的区域乘车进入城里，去打扫富人们奢华的厨房，给他们照看孩子（莉娜·邓纳姆曾经说过，因为房租暴涨，她这一代的帕蒂·史密斯不得不离开曼哈顿下城到坦帕去）。拥有房屋就更加困难了，这不单单是因为房屋市场正在变成一个大赌场，还因为投机商和华尔街的某些集团（比如，百仕通集团）全部买下了那些失去赎回权的物业。住房危机已经让很多人失去家园，信用遭到破坏，然而这危机还没有结束。经济记者凯瑟琳·拉姆佩尔2013年在《纽约时报》上写道：“研究显示，繁荣—萧条—倒卖的现象是金融危机让上等阶层得利、残酷对待中产阶层的一种最明显的方式。房租上升的幅度是整体生活费用指数的两倍，部分原因是：中产阶层的家庭没有买房所需的信用等级。”

说到经济衰退，你认为它真的平等地伤害每一个人吗？有些银行家失去了他们7位数的奖金，有些没有失去。但是，经济恢复带来的好处几乎全部归于最顶层的人：自2009年以来，收益的95%都归于顶层1%的人，经济恢复带来的好处有60%都归于顶层0.1%的人所有，也就是那些年收入近乎或多于200万美元的人。同时，美国人的中等收入事实上下降了。即使在所谓的经济恢复时期，底层40%的人的实际收入下降了6%。保罗·克鲁格曼写道：“大致来说，当大多数美国人依然在经济危机里生活时，富人已经挽回了差不多所有的损失，正在快速前进。”他论证说，就美国绝大多数人来说，美国过去几十年的发展只不过是一次具有观赏性的体育运动而已。

《经济学人》(*Economist*)是属于商人阶层的研究自由市场的杂志，就连这本杂志也为美国不平等的严峻程度而哀叹。美国中央情报局的《世界概况》(*World Factbook*)中的坚尼系数图表用于衡量收入分配的平等性，这个图表显示，美国稍稍好于乌拉圭、牙买加，但比乌干达、喀麦隆和伊朗糟糕一些。(世界银行的坚尼系数显示，美国是世界上位于第112的最平等的国家。)这一切已然发生，顺便提一下，几十年来，人们一直在做什么？左翼、右翼提倡文化平民主义，打碎等级制度；新自由主义者为市场必胜而趾高气扬；保守主义者鼓吹市场的魔力；麦迪逊大街的广告业为自由掌握自己命运的消费者摇旗呐喊，制造出难以计数的“让你成为你自己”的广告；数字空想家们充满活力地进行励志演说，鼓舞人们释放潜力，还有无休无止的民主讨论。我们很难放弃“命运掌握在我们自己手里”这一思想。但是，这一思想已经不再反映我们的现实。

当然，人们要想在任何层面的艺术、娱乐领域内工作，需要许多钟情于文化的有钱人。在西方社会的几百年里，一直是富人让文化保持活跃；在美国文化的某些领域里，尤其是非盈利的艺术领域，仍然是这样。我们最好的政治杂志大多是富人拥有的，他们还在大学里提供了无数的职位。但是，他们引发的极端的两极分化、财富集中、收入的极大差距没有使小说家和音乐家的日子好过。有人挑战富人的支配地位，别人就告诉他说："这些人为我们创造了工作机会，他们让我们的世界运转。别朝他们咆哮！不然，他们会逃到开曼群岛或者月球上去！"这种责备，最温和的版本是："让这些富人拿走他们的战利品吧！这又不影响你。不平等是不可避免的。"比较严厉的回应则是控诉批评家，说他们煽动阶层斗争。但是，沃伦·巴菲特说过一句有名的话：阶层斗争好端端地活跃着，而且他的阶层正轻而易举地取胜。创意阶层从来不会这么幸运。

"这种形势不只是美国才有，"专栏作家苏珊娜·穆尔在《卫报》上写道，"在这个全球化程度越来越严重的世界里，不单单是英、美两国是这样的。"不管中产阶层的局限如何，"没有了这种中产阶层的心态，由贵族统治的愈加严重的不平等体系绝对不是民主体制，倒像是一个尚未摆脱封建主义的体制。"这么说，几乎是没有错的。巴黎经济学院的两位学者托马斯·皮凯蒂和加布里埃尔·朱克曼做了一项重要的研究"资本的归来：1700～2010 年间富裕国家的财富-收入比"(Capital Is Back: Wealth-Income Ratios in Rich Countries, 1700～2010)。他们在研究了美国、英国、德国和法国之后，得出结论："事实上，今天的比率好像正在回归到 18 世纪和 19 世纪在欧洲观察到的最高值(600%～700%)。"当然，皮凯蒂也因 2014 年初出版的著作《21 世纪资本论》(*Capital in the Twenty-first Century*)而声名鹊起。这本著作依据几个国家的税收数据论证说，极端的不平等正悄然开始。人们一两个世纪以来朝着平等前进，所获得的进步在一代人之后就化为泡影。西蒙·约翰逊曾经是国际货币基金组织的首席经济学家，他描述说，金融业的成功是以我们其余的人为代价的，是"安静的政变"。

要明白正在发生的事，看清我们当前的处境，明确如何走出这个僵局，我们必须仔细研究两个相关的问题，它们都有经济、科技和文化维度：第一，围绕创意阶层存在着一个更大的、极其恶劣的赢者通吃的社会;第二,爆款文化一直在创意阶层内部演变。

赢者通吃的结构是和现代市场经济中各种各样的繁荣时代联系在一起的。1928 年,即大经济危机前夕,收入的不平等大约和 2007 年即大经济衰退的前夕一样糟糕。很多经济学家认为,过去财富的集中导致了内部坍塌,今天不平衡的状况一样糟糕。但是,这种现象可追溯至盖茨比[①]那个时候,也可追溯至 19 世纪强盗资本家那时候,甚至可追溯至资本主义刚刚到来的日子。事实上,它至少可以追溯到创意阶层最早的一个强盛时期。在古希腊,我们有一些与赢者通吃机制有关的第一手资料:在荣耀宙斯的奥运会上,这可以追溯至公元前 8 世纪;在希腊黄金时代的酒神节,雅典人举办戏剧演出比赛,那时,3 万人涌来观看埃斯库罗斯的悲剧,中间穿插着供献牺牲的祭祀活动和阳具崇拜的游行活动。纵观历史,赢者通吃的市场在体育运动、娱乐活动中最为普遍,这不足为奇。从某些方面来看,这些市场从自己的圈子里渗透出来,进入生活的其他领域,变成一个范围更大的故事。

人性可能有一种深不可测的东西,孤注一掷的机制以及该机制产生的超级明星会使人性中的这种东西强烈地产生反应。前现代社会的民间传说记录了与动物有关的比赛。"跳蛙、赛马、奶牛、表演狗、纯种公牛——所有这些动物还有其他一些动物都是赢者通吃的市场里的竞争者。"康奈尔大学的经济学家罗伯特·H. 弗兰克说道。他和杜克大学研究政策的学者菲利普·J. 库克一起对上述现象做了最具深刻洞察力的研究。我们这个物种的本质——性选择和性进化——本身就是一个潜在的赢者通吃的结构,因为将基因传下来依靠的就是寻求伴侣时的竞争。这种竞争,在人类史前时期的大部分时间里,都不是公平公正的。

---

① 盖茨比是 F. 司各特·菲茨杰拉德的长篇小说《了不起的盖茨比》(*The Great Gatsby*)中的主人公。作品描写了美国 20 世纪 20 年代"爵士乐时代"的社会生活状况。——译者注

从历史上看，因为有85%的人类社会都是一夫多妻制（一个男人娶多个妻子），一直有许多男人生活中没有异性伴侣，而另外若干男人会娶几十个甚至几百个妻子（300多年前，有一个摩洛哥的国王，生了1 000多个孩子。在有些物种里，比如，海豹的"一夫多妻"在比例上显示的不均衡更加惊人）。有些社会强制执行一夫一妻制，这是社会削弱赢者通吃机制最重要、最基本的方式之一。

一个赢者通吃的市场，其关键就是对相对业绩的奖励——冠军比亚军跑步快0.1秒；举重运动员举上去的重量比对手多1盎司；棒球击球员比另一位运动员多1个本垒打；歌手多卖1张唱片，使自己在流行音乐排行榜上占得一席之位。经济学家们，至少远至亚当·斯密，他们大多忽视这种相对的、依据环境的评估；他们强调绝对的商品，把人视为理性的、独立的行为人而不是因果关系网络里的参赛者。不用说，在一个赢者通吃的市场里，业绩和奖励上存在的差距渐渐地走向令人难以接受的极端。这跟人们本能的预测完全相反。弗兰克和库克这样写道：

> 工作努力程度比别人多10%，或者才华多10%，这样的人多收入10%的报酬，这是一码事。但是，小小的差距产生薪酬上的10 000%或者更多的差距，这是另一码事。冠军和亚军之间成绩的差距哪怕是微乎其微的，奥运冠军在广告代言中能获得几百万美元的收益，而亚军很快被人抛之脑后。

正如詹姆斯·格雷克特别指出的，造成职业生涯毁于一旦的差额可能是由某种轻如鸿毛的原因决定的，是"一阵风或者一只不同的跑鞋"。

当比分十分接近时，比赛者就有了极大的动力去发挥任何可能的优势——不管这样做是否合法、是否道德。在棒球运动中，几次本垒打就可以使一个运动员成为替补队员或者一个国家级体育明星，所以棒球运动员有成千上万个理由服用可提高成绩的兴奋剂，选择不服用兴奋剂的理由少之又少。如果很多运动员都这么做，那么任何拒绝服药的运动员比赛时就处于劣势，尤其是当放宽了管制的薪酬制度创造了超级巨星自由职业的文化时，更是如此。当苏联以严重危害财政状况的比例将税收花费在核弹和导弹上时，美国也不得不这样做。军备竞赛意味着更多的枪支以及每个人（那些建造、销售核弹的人除外）更少的奶油。在这种关系中，个人理性的行为不是为群体服务的。弗兰克和库克用"对一人聪明、对所有人愚蠢"来描述这种关系，它是平民百姓的一个经典的悲剧。行为心理学家知道，位置关系对人们极其重要，它深深地扎根于我们的心里，甚至是我们的神经系统里。但是，一些新古典主义的经济学家和政治评论员缺乏描述这种关系的语言和阐释工具，他们就把它归因于"嫉妒"。但是，这种位置上的军备竞赛将看不见的通货膨胀强加给同一市场里的每一个人。

这种机制在历史上可以找到根源。但是，就在文艺复兴后的世界里，当探险、旅行、通信、商业将各地的小市场联系在一起时，这种机制就有了一个全新的维度。在城邦那个年代，每个日耳曼的宫廷都能支持一帮音乐家，也许还能支持一个小型的剧团，每个艺术家都向当地的一个贵族宣誓效忠。当这些城邦联合在一起成为一个国家或者帝国时，有了一种不同类型的规模经济，突然只能给一个艺术家或一个剧团提供空间。这和美国 19 世纪时铁路将以往与世隔绝的城市联系在一起是一个道理。参加奥运会的运动员因为百分之一秒之差和金牌失之交臂，同样，以往只在某一座城市里成功演出节目的剧团现在突然命运不济。这在 21 世纪的说法是："要么成功，要么回家。"

在仔细观察艺术和娱乐领域里赢者通吃的市场运作方式之前，有必要仔细考虑它们的平衡抵消物。如果人类社会看起来是从这种状态开始（再次看看一夫多妻制和古希腊的竞技活动），而在其他时候一直沿着这个方向下滑（市场资本主义的富人变得更富这一过程），那么，我们何不看看人类历史上每一处、每一段时间的赢者通吃文化？有些原因属于经济和政治领域，但是现代的赢者通吃现象也具有社会学的维度。

从传统上说，美国社会包含了某些力量，可以去平衡赢者通吃这种结果。有些力量是很古老的（一夫一妻制以及公益或共同牺牲的精神在美国建立之前已经形成），而另外一些力量大致可追溯至一个世纪或更久以前：累进税制度、工会对工人的保护、对童工的限制以及西奥多·罗斯福提倡的反托拉斯法。在很多社会里，宗教价值观和家庭文化（往往都是由女人传播的）传递这样的理念：在自身利益和市场之外有更重要的东西。还有一些力量是近代才有的，比如，竞选筹款法限制富豪操控政治程序，限制他们淹没不富有的国民的声音。所有这一切都削弱了——虽然没有完全消灭——权贵富有阶层牺牲他人利益、巩固自己的收益这一过程。在20世纪中期阶段即40年代、50年代、60年代以及70年代的大多数时间里，美国并不是一个赢者通吃的社会。相反，出现了经济学家所说的“大压缩”阶段，薪酬、政府投资、累进税制度这整个结构导致了一个更大更稳定的中产阶层以及经济的稳定增长。（战后西欧的模式和这个是类似的。）许多政治评论家——比如，雅各布·哈克、蒂莫西·诺厄、克里斯托弗·海斯——已经说明这种压缩是如何遭到翻转的。（海斯指出，80年代初，1%的美国人已经稳固了自己的收益，与此同时，国会成员的富有程度也比以往高了260%。）但是，文化这一力量依然在起作用。

文化这一力量最初是最不可捉摸的，但对文化机构的存在来说却至关重要：这一力量就是一种理念，一种广泛传播的亏本销售的理念或者“贵人行为理应高尚（位高则任重）”的理念。依照这种理念，某些文化是重要的，它之所以重要，原因存在于它的交换价值之外。然而，这种理念消失了。

以爵士乐为例。在过去几个世纪里，从事音乐的大部分商人都想让自己的投资有所回报。但是，并非所有的商人都这样。比如，爵士吉他手肯尼·伯勒尔还记得20世纪五六十年代为唱片公司的领头羊——蓝色音符、声望、河岸等唱片公司——录制音乐的经历。这些公司都把音乐视为一种艺术形式。他回想起经营蓝色音符唱片公司的那些人,他们当中有些人还是来自纳粹德国的逃亡者。伯勒尔说:“那些人**酷爱**音乐。他们并不关注音乐是否轰动一时,也不关注能否挣 100 万美元。”几十年后,他仍然看到了这种精神。“我记得是在欧洲,我坐在出租车里,看到某一广播电台的一则广告,说他们播放的是‘500 年来的伟大音乐’。他们不仅列出了巴赫、莫扎特,还列出了埃林顿公爵。”再跳跃到 21 世纪的美国,美国橄榄球联盟运动员的妻子们占据的主流媒体报道比所有在世的爵士乐艺术家还要多。新的经济类型本来应当帮助小众文化,可是它已经加速了爵士乐的消亡。“如果电台、电视不再播放这种类型的音乐,报纸也不再评论它,那么,你如何能够推广它呢?”加里·吉丁斯问道。他曾经是《乡村之声报》的音乐评论员,还记得事情从何时开始与往日不同(在加州大学洛杉矶分校主持爵士乐节目的伯勒尔也目睹了所有这一切产生的实实在在的影响。他说:“我认识的有些学生去了纽约,为付房租苦苦度日。”有时候,他听说以前的学生——包括才华横溢、尽心竭力的学生——就住在自己的车里)。

在这种困境中挣扎的不只是爵士乐。大型电影公司支持一些不可能打破票房纪录的电影。主流出版商冒更大的风险。主要的唱片公司也和那些稀奇古怪的或文艺的乐队签约,这些乐队看起来不可能收回他们的投资(比如,传声头像乐队和 Sire 唱片公司签约了)。“最完美无瑕的例子就是 20 世纪 60 年代(以及 70 年代早期的)华纳兄弟,”歌唱家兼作曲家理查德·汤普森说,“那些人都是音乐人——他们从流行音乐里获得收入,这有助于他们资助更长久的事业。他们靠直觉工作,而不是盲目地跟从市场走向——‘这个群体的某个人我们需要,那个群体的某个人我们也需要。’他们说,邦尼·雷特这个人,我喜欢她。兰迪·纽曼这个人——他会有前途的。赖·库德这个人,还有范·戴克·帕克斯这个人……如果他尚需 10 年时间才能收支平衡、不盈不亏走向成熟,那就可以。让他去从事自己喜欢的事，我们会竭尽全力，以尽早看到这一天。因为我们乐意把自己视为一个范围宽广的音乐的供应者。”

当然，英裔美国人的价值观也变了，其原因我们在前面讨论过。因此，机构也随之发生变化。但是，一个关键的因素是不断变化的文化，这种变化不是发生在体验文化的大众之中，甚至不是在那些受过教育、常常光临爵士乐表演或者购买诗集的人群里。亚当·斯密在18世纪末就看到这一现象正在来临："土地的拥有者，他的田产在哪个具体的国家，他必定就是那个国家的公民。"他在《国富论》里这样写道："股票的拥有者，严格说来，是一位世界公民，不一定依附于某一个具体的国家。"富有的阶层从拥有土地转型为拥有某一企业的一部分之后，这个富有的"拥有者"就开始将自己的位置从一个城镇或社区脱离出来。跨国公司又把这一现象向前挪动一步。20世纪90年代，世界经济开始全球化，数字科技使之向前更进一步。此时，业界巨头、资本巨头最终开始使用私人飞机，想在哪儿生活就在哪儿生活。这种随意的生活我们原本是从尼尔·斯蒂芬森的科幻小说里知道的。（这种阶层在文化上可能与那些嘻哈艺术的明星对等，因为他们乘飞机满世界地去为那些发号施令的人演出。）

文化在社会顶层发生的变化，被克里斯托弗·拉希称为"精英的反叛"。它使人们放弃了公共空间、共享文化的理念。最近克里斯蒂娅·弗里兰以这种转变作为主题撰写了她的著作《巨富：全球超级新贵的崛起及其他人的没落》（*Plutocrats: The Rise of the New Global Super-Rich and the Fall of Everyone Else*），对这本书的新闻报道非常细致、非常彻底。弗里兰付出很多时间，在公司董事会的会议室里、在前往各种商务会议的飞机上、在达沃斯的高层论坛上和无数个千万富翁待在一起，发现这些人有许多都很聪明，正派。但是，其中多数人都是因苏联以及其他新近私有化的国家开放市场而赚到钱的，或者在数字化淘金热中成为富豪的，他们跟亨利·福特、安德鲁·卡内基截然不同。福特付给装配线上的工人足够的薪水，让他们能够买得起一辆福特汽车；卡内基捐出了所有的财富，建造了数不清的图书馆、音乐厅还有其他文化渠道——尤其是在他曾经居住过的、视为自己家乡的匹兹堡。相反，21世纪的巨富没有真正的家乡，也没有任何意义的国内的团队。他们的贡献完全给了资本，以及充满倾轧的国际交流。

在几十年的时间里，苏联一直是世人目睹的最恶劣的独裁国家之一，它解体了，人们很难为之感到痛惜。但是，它的解体对我们西方人造成的影响不易说清。“从国有制到私有制的转变，这可能是财产在人类历史上唯一最大的转变。”弗里兰如此写道，他同时用证据证明，在21世纪，这种转变造就的千万富豪的数目比硅谷或华尔街成就的富豪还要多。在20世纪90年代，人们兴高采烈地大谈特谈如何“解放”以前由中央政府规划的市场，谈论着做好这件事需要的“电击治疗法”。近些年，斯大林死了，但是，“俄罗斯的寡头政治家为自己的利益做得尽善尽美，今天，不平等的程度比沙皇统治时还要高”。这种解放还伴随着GDP大约40%的下降，现在经营企业的都是由苏联共产党养育的那些常坐飞机旅行的富豪们。一位盎格鲁-撒克逊白人新教徒或犹太精英跟普通民众在同一座城市居住下来并且开始资助市中心的博物馆，从那时开始，美国的社区就彻底转变了。今天，公司不太可能赞助当地的艺术活动，很难恢复到由本地人拥有报纸和杂志的状态，这很奇怪吗？如果在本地的声誉（出版物的拥有者凭借它的质量在社交界接受邀请去赴宴）不再重要，所有这一切都不会归来。

对“位高则任重”的理念造成损害的另一个因素是伴随着冷战的结束一起到来的。那时，从爵士乐手在海外的巡回演出（暂时掩盖种族冲突）、对抽象表现主义画家的推广活动（为了表明艺术家在自由社会里坚定的个人主义）到尼克松政府给国家艺术基金会加倍的预算，美国政府不再支持文化。（刘易斯·海德已经指出，美国因为与苏联斗争而将自己推向半社会化的、非市场的艺术政策，这种斗争有一种讽刺意味。）无须说，在冷战以前，公共事业振兴署[1]在困难时期养活了作家、摄影师、演员及其他艺术家。尽管今天的人文学科和艺术领域的领导人做了最大的努力，我们也没有看到那样的状况。

文化批评是市场的另外一个传统的对抗力量。新闻业和市场有一种复杂的关系；波琳·凯尔把评论家称为“广告商和公众之间唯一的声音”，但是，评论家们，包括凯尔自己，也塑造了明星。在文化领域里，批评家或者新闻报道所做的等同于新闻业的旧格言所表达的：抚慰那些受折磨的人，折磨那些舒服的人。一位无名的艺术家可能因为富含同情心的新闻报道而突然得到关注——比如，凯尔对马丁·斯科塞斯执导的电影《穷街陋巷》(*Mean Streets*)撰写的影评——而超级巨星积累的财富一般不会因为负面的评论或新闻报道而遭到损失，但是他们的声誉会受损害。但是，文化批评现在逐渐被市场代替，至少对于那些被视为“不受批评影响”的艺术类型来说是这样的。由电视播放的赢者通吃的竞赛就属于这个程序。《美国偶像》仿佛告诉人们，挑选忧郁的低吟男歌手去翻唱人们听过无数遍的流行歌曲，这是民主社会里最纯正、最高尚、最平等的行为。有一个艺术博物馆还依据《美国偶像》的模式来将它两年一次的、10 万美元奖金授予参选获胜的艺术家。

赢者通吃的竞赛不仅取代了流行音乐，也取代了电影报道。关于奥斯卡金像奖和票房收入的信息曾经留给报纸文化版的最后几页。例如，在 20 世纪 70 年代，《纽约时报》对待奥斯卡金像奖的方式，好像它是好莱坞 alter kakers 乐队的集会。当时，报纸和杂志将奥斯卡金像奖从一个虚拟的事件上升到诸神的审判（提前好几个星期、好几个月就开始思考），通过这种方式创造巨大规模等级的膨胀。小型的、可信度低的竞

---

① 公共事业振兴署(Works Progress Administration, WPA)是富兰克林·D. 罗斯福总统创建的一个政府机构(1935～1943)，作为其新政的一部分，后来更名为公共事业计划署(Works Projects Administration)。它在经济大危机时期为失业者创造了数百万个就业机会，主要集中于建筑业和文艺界。——译者注

赛——比如，金球奖、美国演员工会奖等等——因为它们能够暗示奥斯卡金像奖的走势，现在也得到媒体的屏息关注和预测。同样，报纸对电影的商业面有了更多的讨论，将票房纪录放在最重要的位置(票房纪录无处不在，这跟10年前大相径庭)。当媒体愿意讨论电影质量时，它们彻底摒弃了美学上的评判。相反，它们即使在距离奥斯卡金像奖季节很遥远的时候，就开始向神一般的奥斯卡投票人打听，问他们会作出什么评价。

有许多趋势都带着自己的源头和轨迹，现在聚拢在一起。在自由放任的美学这一哲学理念里，视觉艺术的价值来源于它与通俗文化的联系以及它在市场里的表现(这一美学术语来源于艺术评论家杰德・珀尔，他也解释了所谓的沃霍尔主义如何摧毁了细微的差异)。反智主义——往往和市场平民主义以及对文化的仇视形影不离——是导致一个相反的价值体系遭到摧毁的另外一个因素。它首先摧毁了陈旧的权威体系，电视和广告非常善于做这件事。企业已经变成"消费者文化不言而喻的超级英雄"，媒体学者马克・克里斯平・米勒说：

> 你的父母是讨厌鬼，你的老师也是；除了公司的赞助商，没有人真的懂得孩子。这就属于广告的公开的世界观。他们忙着出售这样的假象：他们的使命就是解放年轻人，让年轻人自由，成就自我，有与众不同的想法，等等。

回顾老电影，你就能看见有一个时代，即使是愤世嫉俗的制片人也允许自己的电影里有内心世界非常丰富的、受过良好教育的人物，允许对非企业的艺术有某种程度的理解。"对高雅文化的渴望，其表达方式往往是一组芭蕾舞镜头，或者一家人围坐在收音机旁倾听歌剧的情景，"菲利普・洛佩特写道，"当然，我们今天会暗自嘲笑那些幕间节目传播文化的笨拙方式；但是，那一组组天真、幼稚的镜头是对我们的谴责。因为这些镜头让我们看见那个时代美国的电影里高雅文化和通俗文化并存，而今天的电影只映射通俗文化。”过去，主流电影常常有一个知识分子作为次要的角色，洛佩特称之为“一个成熟的、智慧的典范”。就连 20 世纪 60 年代的《吉利根岛》中也有一位教授。今天，电视荧屏上有多少老师或者学者呈现出的形象不是白痴、不是流氓？连剩余的一点儿光辉也消失殆尽了。

美食撰稿人迈克尔·波伦用有力的证据说明，当环境不复存在——当现代化磨灭了与饮食有关的传统的民族习惯——将会发生什么事。如果一个社会不保持审慎的态度，传统的饮食习惯就由快餐、假的营养添加剂、健康问题取而代之。同样，这些老的文化符号和中等品位的比喻被一扫而光，取而代之的，不能确切地说就是麦当劳，而是一种名人文化。当然，名誉和名人不是我们这个时代全新的：利奥·布劳迪把这一现象追溯至亚历山大大帝。但是，文化等级体系消失，大多数类型的权威也很快消失，数字科技彻底改变了我们的心理，我们的文化和媒体也随之被名人操控。因为名人文化在顶层的空间非常有限，它便成为赢者通吃的社会的另外一个因果关系。其过程和结果仍令人迷惑不解。卡伦·斯藤海默是南加州大学的一位社会学家，她对影迷杂志和名誉的运行机制的研究是从早期无声电影时代开始着手的。她把名人文化比喻为在食物里加人工甜味剂。她说：“人们并非说：‘请在我们的色拉调味料里加更多的甜味剂。’但是，如果你把甜味剂加给我们，我们就喜欢。这是廉价的东西，也就成了恶性循环。”媒体提供越来越多的名人新闻，然后发现人们愿意购买，于是双倍地加料。

科技变化在这一现象中扮演了更重要的角色。你不用等《娱乐今宵》开播或者新的一期《美国周刊》的到来，你随时就能看到好莱坞的八卦新闻或者歌手德雷克豪宅的华丽照片。斯藤海默说：“这些八卦新闻会跳到你眼前。如果你有 Yahoo 的邮箱账号或者你在任何网站浏览，甚至是所谓的合法的新闻网站，这些八卦新闻也随处可见。”近几年，谁都可以使用推特，变成自由职业的狗仔队。你甚至还可以更进一步：你可以参加电视真人秀节目，自己也变成名人。“名人报道范围已经很大，新闻报道已经得不到资助，”斯藤海默说，“与报道名人结婚、离婚相比，资助调查性的新闻报道太昂贵了。‘戏剧性的故事’是一个闪亮的东西，它替代了新闻报道。”

在这样明显不平等、中产阶层的薪酬如死水一潭的年代，人们为何痴迷于富人、名人生活方式的报道？在1929年经济危机爆发之后，影迷杂志对物质的丰厚更加痴迷，常常佯装看不见或者干脆讥讽那些不能随之转型的导演，演员。今天，也一样。斯藤海默在她的著作《名人文化和美国梦》(*Celebrity Culture and the American Dream*)里写道：

> 名人和名誉以独一无二的方式反映了我们对美国社会流动性的理解。它们呈现了一种幻想：每个人都有可能拥有物质财富。美国梦随着经济、政治和社会背景的变化而转型、变异。当我们目睹为数众多的人进入名人圈子时，美国梦就显得非常真实了。

若有人在困难时期开始怀疑美国的前途，那么对他来说，乐观的、永不停止的名人文化也是一种安慰剂。像霍雷肖·阿尔杰的故事那样，驱动名人叙事的、超级个人主义的、白手起家的故事这样说：这个体制是可以的。（看看布兰妮！看看林书豪！）只是你失败了而已。

财富由穷人向富人滴流的经济塑造了大的社会环境，除此之外，文化的世界也蕴含着某些机制，它们创造、加强顶层的垄断。我们姑且称之为一鸣惊人的（爆款）文化，在社会学上等同于赢者通吃。其根源很深。音乐历史学家罗伯特·芬克说：“这和我们对‘伟大’一词的权威性的理解有关系。资本主义和独立自主的艺术家的理念一拍即合，产生了赢者通吃的现象。天才的思想和资本主义配合得完美无缺。因此，卖了一吨唱片的人就是伟大的艺术家。嘻哈文化是里根执政的20世纪80

年代兴起的艺术类型——最好的说唱乐手就是最受欢迎的那一位。”

“一鸣惊人(爆款)”这个术语是在第二次世界大战时开始使用的,开始时是指有足够破坏力的炸弹,能彻底摧毁城市里一整个街区。文化上的一鸣惊人者也扎根于曾经独立的诸多市场之间的联系。伊丽莎白·比林顿是工业革命初期英国的一位女高音歌手,她很富有(1801 年,她的收入相当于 500 个农场工人的收入),而且在国际上享有极高的声誉。她是一个伟大的天才,而且在她工作、生活的时代,交通、通信都在快速发展,工业主义正在创造巨额财富。倘若她早出生 100 年,她一样是一个伟大的天才,不过,在接下来的日子里她见的世面会少些,经济上会平庸些。

相反,她生活在才华和文化都被工业化的时代。我们走向瓦尔特·本雅明所说的“机器复制时代的文艺工作”。在这个录制的音乐和电影的时代,我们准确无误地走到了那里。查理·卓别林在电影中塑造了流浪汉这一角色,因此成为一位极其富有的明星;早期录音的艺术家,比如,恩里科·卡鲁索、阿尔·乔尔森、保罗·怀特曼、贝西·史密斯等,他们能在全世界同时“演出”,是因为有了留声机。这就像科技和经济领域内取得的大多数进展一样,有些人受益,其他人受损。如果你是地方上的一个乐手或演员,你的听众/观众也很可能会付出时间和金钱观看生活在几千里之外的或几百年以前的某个人的工业化了的形象。克里斯蒂娅·弗里兰在谈到超级巨星现象的诞生时说:“在 1900 年,几乎所有观赏性的娱乐都是现场演出的。1938 年之前,现场演出只占所有公共娱乐的 8%。20 世纪 20 年代中期,在有声电影引入之前,美国人平均每人消费 1.33 美元看戏,花费 3.59 美元看电影;到了 1938 年,消费朝电影这个方向有所倾斜,人们平均花费 0.45 美元看现场演出,花费5.11美元看电影。”不管你喜欢电影超过戏剧,还是与此相反,我们都走在通往赢者通吃的道路上。

有些机制看起来是无辜的,甚至是宽厚、仁慈的。例如,畅销书排行榜是一些出版物提供的唯一的图书报道。在美国，文化报道做得最精细、最具影响力的报纸是《纽约时报》。它制定了自己的一套图书排行榜，驱动出版商的图书发行。对于排行榜上前 10 或前 15 名的图书，书店常常打折销售。这就可能存在某种垂滴效应——人们来书店买一本畅销的、大力度推广的惊险小说，然而逛书店的时候找到了别的图书——但是，图书排行榜也起到了递减税的作用。迈克尔·德达曾经为《华盛顿邮报》(*Washington Post*)撰写书评，他把图书排行榜称为"文学和大众文化的一场灾难"。他在书评杂志《图书论坛》(*BookForum*)里写道："最重要的是，不管表面如何，畅销书排行榜并非是平民主义的；它是精英主义的。若有 12 个空缺，有 6 个是由名声已经奠定根基的作家来填充的。排行榜上多一本詹姆斯·帕特森的小说，其他人写的小说就在榜上少了一个位置。这是一个空间逼仄的、类似于俱乐部的小小的世界。"这是一个由名人操控的俱乐部，它冷落、排斥所有新的、不知名的小说、诗歌、散文、评论以及其他小众的品位。

摩城唱片公司曾拥有十几个乐队，竞相推出轰动性的歌曲；后来在这家公司只有迈克尔·杰克逊才能创造极其成功的作品。摩城唱片的前后转型说明了赢者通吃。互联网的计算程序将人们引向唯一最畅销的作品，这也说明了赢者通吃。国家重新签发免税代码，这样对冲基金拥有者比你少缴税或者公司的老板比他们的秘书按更低的比率缴税，这也说明了赢者通吃。

这对丹·布朗和 Lady Gaga 来说是福音，但是对中产创意阶层来说是坏消息。在出版业，销量居中的书籍可能在 20 世纪 70 年代就开始衰亡，尽管在大型超市建设的那些年有过一点儿假性崛起，但自那时开始，就加速衰亡了。图书进入全赢或全输两种极端局面的市场，这对出版公司来说极其残酷，因为它们要满足股份持有者，把自己的商业模式立足于好莱坞的商业模式之上。但是，即使在前企业时代的大部分时间里，法勒-施特劳斯-吉鲁公司前不久辞世的总编阿伦·阿舍就观察到了这一过程。

> 现在平装书出版社越来越不购买这些书。这并非因为面向大众的出版商为发行一本一鸣惊人的著作而投入100万美元，因而没有能力以每本5 000美元的价格再投资10本中等销量的图书——这对他来说是九牛一毛。是没有空间了。在一家平装书出版社，投资、精力和所有的思路都指向那本可以从中大赚一笔的图书。其他方面都是次要的。

从20世纪70年代开始，正如高收入的人群一直持有滨水区的物业，这个畅销书俱乐部越来越稳固，难道我们会觉得奇怪吗？弗兰克和库克指出："1978年的畅销书排行榜上的作家，其中有5位在前5年的排行榜一直居20名以内；与之相比，1990年排行榜前10位中有9位在此前5年的排行榜居20名以内。"这样的过程几乎在所有的市场都能看到。大片(爆款)时代是一个来源于好莱坞电影制作的术语，我们所有的人如今就生活在这样的时代。(在《大白鲨》《星球大战》获得轰动性的成功之后，好莱坞的电影制作在20世纪70年代将原本欣欣向荣的、导演风格独特的小型高品质电影推向了末路。)

在电影业，实际状况更糟糕。《星球大战》之后，与20世纪70年代风格独特的电影最接近的就是那些繁荣昌盛的独立电影，其中斯派克·李、史蒂文·索德伯格、哈尔·哈特利就制作了个性鲜明、异乎寻常的电影，压根儿没有打破票房纪录的意图。请尝试和音乐领域作比较：当音乐行业走向很强的企业化管理时，独立摇滚乐反传统而且形成了自己的价值体系，然后开始垮掉。90年代的独立电影和独立摇滚乐一样，被更凶猛的浪潮消灭了。(也有若干个案，独立电影制片人成了大片的导演；然而下一代风格独特的独立电影再也没有来到。)这和女高。音超级巨星和无声电影的明星那些例子一样，部分原因在于技术的崛起以及市场的融合。

电影制片人、电影业评论家琳达·奥布斯特说:"我们一直出口电影,我们的电影明星一直是国际明星。"很多国家都曾经拥有自己繁荣的电影业。但是,当国内DVD市场走向衰退的时候,平衡就被打破了。令人震撼的数字技术使《阿凡达》《哈利·波特》系列这些巨型电影成为可能。与此同时,俄罗斯、中国也对资本主义和电影开放了市场。这些新市场对此类电影疯狂地着迷,给电影制片厂带来了巨大的财务上的冲击。这些电影业在制作和营销过程中也投入了上亿美元甚至更多的资本。另一方面,有一种电影是走不远的:它有原创的故事情节;情节不是来自漫画书、电子游戏或主题乐园;它针对成人观众;对白或心理多于现场爆炸。奥布斯特说,外国的电影观众"不想要语言或细腻的表达"。"他们不想听我们的笑话;他们只想听他们自己文化特有的笑话。"他们想要的是"预先觉知"——一部电影讲述他们已经了解的东西:比如,一个超级英雄,或者像他们去年看过的一部电影《速度与激情》系列那样。近几年,中国的市场要么像一位内科医生给久病不愈的好莱坞打了一针兴奋剂,要么像一个横行霸道者,把成年人的电影都赶走。现在,中国每天几乎增加10个新的电影放映厅。大部分都是3D或者Imax宽银幕技术的电影院,专门为大型的动作片设计的。市场激励的宗旨不是为了产生下一个埃里克·侯麦或者小津安二郎。

既然电影制片厂为跨国公司提供内容,"制片厂就得撰写P(profit)和L(loss)(盈与亏)声明,"奥布斯特说道,"他们不能在上面写着'我喜欢这部电影'。这不符合规则。近来,每次资金集募的号召都是2.5亿美元,所以他们不想听'我相信这部电影'。他们想听'这能打开国际市场,因为……'"他们想要一套特效方案,想得到那些能使这部电影走红的俄罗斯、中国的动作明星。"你得有一个可以量化的算法。"(哈佛商学院的教授阿妮塔·埃尔伯斯在她的著作《爆款》[*Blockbusters*]中说,即使有过几次颇受媒体关注的一败涂地的作品,而且有人认为这些失败会把电影制片厂打垮，然而有了数字经济，人们搜寻爆款作品比搜寻娱乐公司更重要。）

这种急流峡谷还有另外一面，这也是中型电影过去所处的位置：电影制作多亏有了低成本的数字技术，现在可以用低廉的成本完成，这意味着有许多正在制作过程的电影没有预算，质量层次各异，但是大多数都找不到发行的渠道，工作人员也得不到薪酬。在电影业，中型电影被彻底挖空了，索德伯格最近说他制作完成了自己最后一部电影。即使史蒂文·斯皮尔伯格——一个几乎不会担忧知名度、对大众不缺乏吸引力的导演——差点儿没有拍成《林肯》这部片子，因为，据他说，电影制片厂只对一鸣惊人的动作电影感兴趣。

时光荏苒，究竟发生了什么？《大白鲨》，现在看来它就像睿智的、有节制的、由人物驱动的电影制作的典范。1975 年，这部电影首映时只有 400 个放映厅。那时，电影一般在两三个最大的城市里首映，然后慢慢向全国推广。到了 2012 年，《黑暗骑士崛起》（*The Dark Knight Rises*）——是由独立电影制片人克里斯托弗·诺兰导演的——首映当日在美国有 4 000 多个放映厅播放，全世界还有 1 万多个放映厅都在同一天播放。连环漫画书的人物一开始都是弱势群体，但是，在今天的通俗文化里，他们成了有权势的庞然大物。尽管所有的华丽说辞都在表明“通俗”就是“人们”真正想要的，但是爆款艺术家（比如 Lady Gaga）的推广策略类似于入侵小国家的计划。Gaga 的经纪人“在《舞力全开》（*Just Dance*）这首歌曲首发之后 6 个月内安排了 50 位流行音乐博客写手采访 Gaga；在这段时期，单单这些采访就印刷了 1 000 万次，”埃尔伯斯写道，“这有一个关键的因素，那就是人们喜欢赢家——他们喜欢消费别人也选择的娱乐产品。因此，好的开端往往就是推广成功的一个重要因素。就媒体产品来说，首战告捷，步步成功；开始阶段失利，往往意味着根本没有机会取胜。”

创意阶层中有很多人开始制作大型动画或主题公园电影。那些受媒体关注的一败涂地的作品已导致几百万美元的资产账面减记和好莱坞大幅度地裁员。但是，正如这些失败的作品所显示的，那些一鸣惊人的电影作品不只是将那些原本可以登上银幕的中型电影边缘化。这种爆款电影模型对创意阶层来说正好是一条可持续发展的道路，如同美国的经济一样——4 个幸运儿(偶然的好出身是他们最伟大的成就)拥有的财富和 1 亿人的一样多。

大赌注的比赛在艺术、娱乐领域里突然爆发，放大了这个过程。“我们生活在一个名人的社会里，大多数人根本得不到喝彩，”音乐家范·戴克·帕克斯说，“在我看来，艺术容不得竞争。艺术不是竞赛!”近几年，艺术肯定就是竞赛。每次只有一个赢家，这位赢家拿走所有的筹码。

如果一个小群体将运气、技能、勤奋融为一体进而攫取绝大多数利益，而其他广大的人群为了获得一点儿面包屑而你争我抢，那么我们会面对一个怎样的社会?这个社会很像我们现在生活的社会，它的规则、条款明显令人窒息。更为显著的是，在这个世界里，创意阶层越来越难以从事自己的职业，能够支付房租并获得微薄的收入。我们尚在路途中，正走向那个生活极度私有化的世界:企业将自己的名称贴在足球场上、音乐厅外面，而且，正如戴维·福斯特·华莱士在《无尽的玩笑》里所描写的，连时光岁月也用佳能保鲜袋和得伴成人内衣来命名!

我们再看看古时候的雅典。酒神节最大的赢家是欧里庇得斯、索福克勒斯和埃斯库罗斯。很难想象，若没有这三位悲剧作家，西方文化如何是好;也有可能他们确实是那个时代最伟大的剧作家。但是，有些作品没有流传下来可能有各种各样的原因，有的与赢者通吃的奖励体制有关，有的和亚历山大图书馆被付之一炬有关，我们不得而知。这三位悲剧作家的著作是从希腊黄金时代幸存下来的仅有的悲剧作品。这仿佛是 20 世纪 60 年代的音乐仅存的作品就是甲壳虫乐队、滚石乐队、鲍勃·迪伦。从来没有艾瑞莎·富兰克林、奇想乐团、僵尸合唱团、Love 音乐组合、飞鸟乐队，也没有奥蒂斯·雷丁、多克·沃森、迈尔斯·戴维斯、格伦·古尔德。埃斯库罗斯和索福克勒斯平均给我们留下 7 部戏剧，所以这也类似于去想象没有《橡胶灵魂》(*Rubber Soul*)、《金发佳人》(*Blonde on Blonde*)、《按钮之间》(*Between the Buttons*)的 20 世纪 60 年代。这是企业化的无线电广播一直运行的方式。赢者通吃将一条残酷的逻辑不仅强加给我们的创意生活，还强加给我们的文化记忆。

让我们也承认一样东西：文化名人和艺术竞赛不总是零和游戏。正如玛丽亚·卡拉斯、伦纳德·贝恩斯坦、温顿·马沙利斯所做的，一位明星不仅能够给自己的事业带来关注和刺激，也可以为整个艺术类型带来关注和刺激。范-克莱本国际钢琴比赛和塞隆尼斯-蒙克国际爵士乐比赛让媒体关注了古典钢琴和爵士乐。普利策奖、国家图书奖、布克奖有时候是小说家、诗人、作曲家能够出现在报纸头版的唯一的机会。

但是，当赢者通吃走向最极端的时候，它的结果就是残酷的。我们靠本能就知道这一点，正如我们从《寻找小糖人》(*Searching for Sugar Man*)这样的电影风靡一时的成功所看到的。这部电影讲述被人们遗忘的 20 世纪 70 年代早期的乡村歌手罗德里格斯的故事。在南非种族隔离时期，当他成为鼓舞人心的一个人物时，他还在底特律默默无闻，是一个劳碌工作的木匠。(一旦有人发现了他，他就开始四处演唱，最终从音乐中挣了一些钱。)这部电影的成功以及罗德里格斯接下来在事业上的成功都表明，那些受到不公正待遇、遭到忽视的艺术家的故事能让人感动。但是，这种故事正好发生在互联网、全球化之前的岁月里，那时国家的市场和音乐的圈子都是分开的。未来什么事都可能发生，但是这样的故事没有可能重新出现。在我们的内心深处，我们对弱势群体、美丽的失败者怀着一种爱，但是，在一个逐渐量化的、全球化的、无情的世界里，那些本能就像我们的尾骨一样，因为逐步演化而变得畸形。

那么，我们还能指望什么？结构上倘若没有巨大的改变，当前的趋势可能继续下去，越来越走向极端。那意味着什么？生活总是复杂的，文化的变化不可能只产生于某一个原因；事实上，人们对飞机失事、核反应堆核心熔毁导致核辐射泄漏的研究表明：小的，甚至是极其微小的变化和预料之外的后果，都会导致难以置信的、灾难性的结局。但是，从更广的范围来看：几十年来我们一直深信市场是衡量一切的准绳。这一命题从速配约会、魔鬼经济学、自私的基因，到引爆点，最后跨越出去，进入政治、学术的绝大多数领域内，现在不仅仅是我们市场行为的一部分，还是我们最隐秘的私人生活的一部分。后弗洛伊德时代，我们大多数人都靠这个最基本的隐喻来思考我们的行为以及与他人之间的关系。

市场作为比喻、引领商品的机制，对许多事情来说都行得通。但是，市场对于文化——尤其是我们讨论文化的方式——来说，是一团乱麻。在解释一位画家、钢琴家、诗人或一家报纸的相对价值的时候，市场理论几乎没有用。（尽管完全由市场驱动的文化和完全由国家操控的文化之间有天壤之别，它们却一样糟糕透顶。）当市场在文化、心理领域内高擎得胜的旗帜时，我们随之丧失了表达事物价值时可以运用的语言。相反，你会听到另外一样东西：一种对自己的膜拜。它存在于管理理论和嘻哈文化里，存在于纽特·金里奇、奥普拉·温弗里、萨拉·佩林的身上。虽然失控的资本主义导致最近出现的灾难，放宽管制以及企业模式继续向前发展。公共教育已经屈从，其结果也是可以预测的。医院和医疗保健也在走自己的路。大学体系（近来，有 76%的员工都是兼任教职、临时员工或者非终身教职）正在变成下一个试验场，因为政府的拨款已经削减，大学教职也像新闻业那样变得非专业化。对收益痴迷已然导致醉心于品牌，再加上数字化技术、全球化、一心谋私利的民主理论，这一切把我们带到大规模开放在线课堂（MOOCs）里来，这又很容易让一小部分学者变成全球明星，而剩余的学者则带着他们的藏书、学生时代的贷款证明，从一个校园到另一个校园，这里挣几千美元，那里挣几千美元。他们会加入创意阶层中居住在地下室的那个群体。21 世纪的市场膜拜意味着畅销的艺术家自称是神，这很奇怪吗？

在英裔美国人的世界里，我们有时候用许多自相矛盾的方式看待自己。到了21世纪，我们使这些方式和谐统一——以文化和创造文化的人为代价。我们对异议和个人主义的冲动——真正有价值的和高效率的冲动——已经变成对叛逆消费者的膜拜，或者就像冲撞乐队所称的“将叛逆变成钱”。年轻人买一张Jay-Z[①]的唱片就觉得自己在讨伐体制；他们的父母围坐在最后一间苟延残喘的连锁书店的桌子边，周围摆着一摞摞的书，这些书传授如何释放他们内在的企业管理技能。我们正在目睹打破纪录的贫穷程度，但是我们的文化英雄却和斯坦贝克、伍迪·格思里有十万八千里的距离。这个社会一直渴望成功，尽管有无数与之相反的证据，它依然渴望成功。我们就生活在这样的社会里，我们都是超级英雄，都在等待我们巨大的转机。《纽约时报》的专栏作家戴维·凯尔写道：“林书豪的故事突然出现在大众文化里，因为这是个极其渴望成功的故事，其中的理念与篮球或比赛毫不相干。我们中的大多数都不是超级巨星，但是我们相信，只要我们有机会，我们就能成为超级明星。事实上，我们整个国家就是由替补运动员构成的。谁没有在私下里想过：如果天公作美，我们有了机遇，我们就能爬到我们的企业、公司或团队的顶层？”

这种理念还有一个伙伴，它存在于这样的文化里：这种文化使个人主义和循规蹈矩协调起来，它否定更大的力量所起的作用，它将历史视为发生在他人身上的臭名昭著的事情。这个理念就是：如果你不是超级明星或者百万富翁，你要么离明星或富翁的距离还有一步之遥，要么就是一个失败者。戴维·拜恩曾说过：“一种傲慢、自恃、赢者通吃的文化已经形成。贫穷或者苦苦挣扎都不是什么漂亮的事情。人们祝贺、称赞那些恃强凌弱者，为他们摇旗呐喊。”这位以前的传声头像乐队成员正在描述当今的纽约城。但是，这让我们想起，自冷战以后，说英语的世界大

① Jay-Z是美国嘻哈音乐艺术家肖恩·科里·卡特的艺名。——译者注

部分越来越像后苏联时期的俄罗斯。

关于美国或民主的英国，现在还有其他的幻想，或者说，在不远的过去，一直存有其他的幻想。在战后繁荣的那些渐行渐远的日子里，政治哲学家约翰·罗尔斯试图以一种融合自由与平等的方式更新社会契约论。其理念的关键是，他认为一种起作用的正义论必须是从“无知之幕”的背后虚构出来的：它的缔造者们，无论出身高低或介乎其中，都不必知道他们在自己诞生的这个社会里所处的位置。如果我们抽中了或没有抽中超级明星身份这张彩票，我们都需要虚构一个管用的体系。它并不意味着绝对的平等——但是，它是相当公平、相当自由的。

罗尔斯的正义理论一直受到抨击——就像它用一些方式强调的对公益的普遍的共识和理念，遭到了左翼、右翼的抨击。但是，作为一个公正的社会模型，尤其是对于 21 世纪的创意阶层来说，它从来没有被替代。过去几十年的经验告诉我们，在一个创意遭到破坏的年代，我们不知道舞会上我们的位置会在哪儿。我们是拉小提琴挣点儿小费、吃野味喝红酒，还是擦洗地板呢？正如西纳特拉在歌里所唱的，我们会是木偶还是乞丐、海盗还是诗人、士兵还是国王？我们可以向前走，穿过那个演员阵容，或者我们可以向后退。如果 21 世纪让创意阶层领教了什么，那就是：除非我们家里特别有钱，否则我们要么泯然众人，要么什么人都不是。

文化要运作，我们就需要共同的语言。从历史上看，艺术源自一种通用的语言，不管这种语言是由图像、文字、声音还是由叙事构成的，都没有关系。如果我们在文化上、经济上日复一日地更加分裂，我们就不可能有艺术。难怪我们的共同语言变成了对名人的说长道短，变成了电视真人秀。过去我们曾做得很好，今天还会做得很好。我们需要去创造，这意味着我们要和继承而来的设想作斗争；我们需要创造的是这样一个世界：它不是掠夺成性的，不是娇惯溺爱的，它不是由封建主和苦挨日子的奴隶构成的；相反，它允许文化服务于人类的需要。这个世界里有文化的创造者、评估者以及基层的销售者。这意味着要打碎现在的神话，并且适应一个新的世界，这个世界支持、激励一个充满活力的、多产的、有安全感的创意阶层。这意味着我们要有叛逆精神，有远见卓识，要睿智通达。

后记：恢复中间部分

> 我认为，文化旨在竭力提供一套合乎逻辑的答案，解决所有人在生命旅程中遭遇的生存困境……因此，传统对一种文化的活力至关重要，因为它保留记忆的连续性，告诉人们他们的祖先如何也遇到同样的生存困境。
>
> ——丹尼尔·贝尔，《资本主义的文化矛盾》(*The Cultural Contradictions of Capitalism*)

凡·高割掉自己的一只耳朵；波德莱尔死在巴黎灯光昏暗的“风流社会”的女人堆里；贝多芬有意冷落奥地利的一位皇后，拿起椅子去砸一位公主；亨德里克斯用火烧了自己的电吉他。艺术家们的形象是大胆的，不可磨灭的。无论是高高在上的艺术家，还是身处底层的艺术家——饥饿的艺术家，激进的叛逆者，神一般的超级巨星，他们的故事都可拍成伟大的电影或者写成独具一格的小说。他们也可能严重地误导我们，让我们错误地理解艺术及艺术家本身的实质。

25 年的文化记者生活赋予我一个很大的窗口，让我看见创意人士的生活，让我了解神话和传说之外的真相。我和一位画家或电影导演见面后，可能一起只待一两个小时；有时候，我会和独立摇滚乐艺术家或者诗人开始长久的友谊。我发现，尽管会有浪漫的神话，大多数艺术家和其他在文化领域工作的人都来自中产阶层；他们希望过几年摸爬滚打、艰难糊口的生活之后依然回到中产阶层。这并不意味着他们放弃自己的品位和艺术献身精神，或者在有些情况下，这也不意味着放弃政治上的忠诚。但是，在大多数情况下，他们渴望安全和稳定，想拥有继续工作的能力。尽管他们认为艺术工作和职业道德都处于紧张状态，但是创意阶层靠自己的劳动来定义自己。芭芭拉·艾伦瑞克所说的“中产阶层心照不宣的享乐主义……一种无法商品化、不可出售的快乐，不会随着时间的流逝而淘汰或衰退的快乐”，创意人士对此心知肚明。然而，近几年，正如我前面所证实的，创意工作以及随之而来的快乐已难以为继。

中产阶层的价值观在前途渺茫的领域里显得很醒目。R.克鲁姆是地下漫画运动的发起者之一，他住在法国南部一个与世隔绝的地方，是一个臭名昭著、放荡不羁的文化人。但是我所认识的那些地下漫画家们，他们遵循克鲁姆与世隔绝和社会批判的传统，却不同程度地在努力工作着；他们不仅仅关心自己为之着迷的艺术，而且还竭力寻找安全的、能支付得起的住房，为孩子寻找质量好的学校，谋求继续工作的出路。同样，没有人说新表现主义画家埃里克·菲谢尔是小资产阶级。作为一名艺术家，他的目标不是成为富翁或一鸣惊人，而是想好好地、真诚地画画，好让自己能够继续画画，同时，努力解决我们称之为生计的那些基本问题。以效果的震撼、名人、先锋时尚为基础的当代艺术让大多数人都以为艺术不是为他们服务的。但是，菲谢尔说，艺术“使人生体验变得清晰明朗，充满意义”。他说，文化使我们超越外面世界给予我们的压力，让我们抵达某一高深之处，那是日常生活无法企及的地方。

菲谢尔在这儿描述的就是怀疑论者所遣责的东西，他们称之为中等品位——这个术语我们几乎不再使用了，但是这些年，有人使用它，多少是为了羞辱他人。这个术语和中产阶层以及大量涌现的大众受众有很深的联系，当然，中等品位的审美和经济的中产不完全是一码事。德怀特·麦克唐纳在他1960年的论文《大众文化和中产文化》(*Masscult and Midcult*)中使出浑身解数摧毁中等品位。麦克唐纳的多数文章我都很仰慕，包括这篇充满激情的论文。但是，在这篇文章里，他的观点错了，正如他对许多政治问题常常给出错误的观点一样。20世纪中期，有些知识分子大肆谴责中等品位，尤其斥责它居然满怀梦想，梦想让广大的受众参与到某种严肃的文化里。这些知识分子没有意识到那个时候我们过着多么美好的生活。

我认识许多艺术家和知识分子，他们对文化的激情就是由这样的中等品位点燃的：一座公共图书馆；伦纳德·贝恩斯坦的"青年人音乐会"这一电视节目；报纸对一个无名的摇滚乐队的简单介绍；高中的美术课；现代图书出版公司出版的一本外国小说；时代-生活图书公司出版的名画家系列图书等等。我生于1969年，父母深受前一个时代的影响，因此，我刚好看见他们的世界以及与之相伴的观念，看见那个世界和那些观念像无力的魂魄一样逐渐隐去。

我应当在这儿澄清我的观点。文化也许不能完善我们；它有时会，有时不会。但是，文化确实使我们的社会更美好、更警醒、更有活力、更具同情心，与过去和现在的联系更紧密。艺术和文化的广泛传播不只是让广大的社会受益，它也可能赋予创意阶层一个良好的前景。

想明确地说明这些问题，为什么看起来如此不受欢迎，甚或是(就像我的一个同事所说的)极其偏激？如果我们看看自己对文化的理解——以及我们对文化的假设——是如何形成的，那么答案就会清晰很多。我们有必要记住，在西方的历史里，艺术为艺术论的存在只有若干个极其短暂的片段：5世纪的雅典，文艺复兴时期的意大利，法国的某些地方，19世纪90年代的伦敦，格林尼治村兴许也算得上。在其他的时间和地点，艺术一直服务于别的东西。

然而所谓的别的东西在不停地变化，从来没有稳定过。史前的人类在洞穴的墙壁上画图像不只是出于审美的思考，猎人还要用这些图像吸引野牛或鹿。对古人来说，音乐缓和了血腥献祭的痛苦——这是一种美学上的致歉。后来，艺术家仿佛魔术师。对中世纪的人们来说，艺术家根本无足轻重——他除了赞美上帝的荣耀之外，跟一位木匠、鞋匠并无二致。当文艺复兴越来越近的时候，乐手驻扎在城外的塔楼里：Türmer（在德语里，意思是“守望员”）和 Pifferi（意大利语，意思是“守望员”），他们都有住处，有一件乐器，强盗来临或者有火灾发生，他们就吹起号角。后来，画家和音乐家就成为沽名钓誉的公爵、王子的广告。再到后来，大作曲家盛装出行，跟帝王公侯那些穿制服的仆从们走在一起。

艺术究竟服务于什么？古时候对于这个问题的解决方案看起来真的荒唐，至少今天看来，是过时了。但是，这些方案让文化的车轮继续前行，创意阶层不管地位多么卑微，但是有工作，有饭吃。那些身着盛装的作曲家明确无疑是“仆从”，但是今天我们依然记得他们的作品，而他们那些出身高贵的雇主下了什么命令，有谁记得呢？

但是，随着我们进入早期现代时期，事情发生了决定性的变化，而且从某些方面看，后现代时期以某种方式仍然和同样的压力与问题作斗争。在 18 世纪和 19 世纪，艺术受众猛增，文化市场扩大，对中产阶层的资助也急速增长，从表面看，这是最好的时代。创意阶层范围扩大，有了摄影师、音乐和图书出版商、记者、艺术经销商、像巴纳姆这样的经纪人等，交响乐团也充分利用科技和发行方面的变化。城市的发展使广大受众享受文艺演出，电力和供暖系统使剧院和音乐厅长年开放。教育的普及和中产阶层的女人获得解放，使图书有了广大的读者，尤其是小说。版画和巨幅装饰画让人们享受到视觉艺术的魅力；人们还可以在火车上阅读平装书。图书馆、公共画廊、音乐厅都开放了。

与此同时，旧的生活方式有时戛然而止：小的城邦合并变成大城邦，商人阶层代替了贵族阶层，对教堂和宫廷的资助暴跌。艺术家的新生活（出版、宣传、联票音乐会、市场竞争）只是碎片式地确定下来。正当艺术家尝试适应机械化复制、工业化和市场竞争的时候，1789 年巨大的分裂发生了，接着就是一个多世纪的混乱和革命，尤其是在作为文化重心的法国。艺术家无依无靠。有些人——拜伦、贝多芬以及他们的跟从者——把自己想象成贵族或纨绔子弟。有些人沦落到社会的最底层。巴黎"风流社会"的意识形态——放荡不羁的文化人对资产阶级的嘲讽——红红火火。福楼拜、柏辽兹、波德莱尔以及他们同时代的人，这些艺术家像饮水族一样，穷得喝不起酒。然而，他们的世界今天依然和我们在一起。

创意阶层坚信进步和毫发无损的社会，他们本来不可能经得起所有这些变化。（bourgeoisie[资产阶级]这个术语永远都带着一种嘲讽，然而它在德语中相对应的词 burgher[中产阶层的市民]不含讥讽之意。）先锋主义的坚持不懈，艺术家与近代西方资本主义（立足于名声和市场竞争的世界）之间的冲突，这些都不仅仅只在巴黎发生。沃尔特·惠特曼和艾米莉·狄金森各自以自己的方式为应对这个新世界而挣扎，和他们差不多同一时代的诗人埃德加·爱伦·坡将贵族式的虚荣和乞丐般的生活方式融为一体。

19 世纪，艺术家失去了在社会上的地位——开始走向地下——而且艺术本身渐渐地从支持艺术的阶层中脱离出来。有时候，艺术家和他们的工作是由对中产阶层的蔑视驱动的。但很快，这种感情互相影响。文化变成少数人的品位，艺术家的形象是郁郁寡欢，与世隔绝，疯狂酗酒，自我崇拜。在遥远的过去，艺术家和文化曾有一个重要的作用，那时，萨满教僧围着部落的公共火堆滔滔不绝地演讲；古代大规模的收获季节总有悲剧演出为收获助阵。从那时开始，艺术家就住在自己的邻里社区，从此开始就产生了放荡不羁的文化界，而且，在多数情况下，也就演变成了学术界。艺术家不仅同资产阶级、同不同时代的人隔离开来，甚至同自己的艺术类型里不同的流派也隔离开来。艺术家变成了局外人。

19世纪的法国创造了伟大丰富的文化财富，现代主义运动从中萌芽。尽管如此，你依然会想，文化和中产阶层永远不会和解。但是，它发生了，至少持续了一段时间。随着现代主义达到顶峰，中等品位的机制也在20世纪20年代早早地启动了。亨利·鲁斯是一位传教士的儿子，他受到"美国世纪"这一理念的激励，受到美国愈来愈高的教育水平的感染，在1923年创办了《时代》杂志，有着常春藤的朝气蓬勃的格调。戴维·哈伯斯塔姆后来描述说，它带着"一点儿身着浣熊毛皮大衣赶往足球场的大学生的味道"。鲁斯当然不是天使，但是，像他这样的出版商不仅仅是受利益驱动的巴比特式人物[①]。哈伯斯塔姆接着说："他最大的影响可能就在于扩大了美国文化的范围，让成千上万的中等品位的美国人参与到艺术、戏剧、宗教和教育当中。"《纽约客》几年后才出现，它是一份妙趣横生的杂志，明确了上层-中等品位的文化的严肃性。

在战后的岁月里，我们有了一个读书俱乐部，W. H.奥登、雅克·巴赞、莱昂内尔·特里林创立了"读者订阅图书俱乐部"，并担任该俱乐部的杂志编辑，同时写书评。"退伍军人福利法案"也算作一种支持。所有这一切使得艺术家和受众都受到了文化上的熏陶，国家艺术基金会和国家人文基金会得以成立，公共广播网建立，后来在1970年促使公共广播公司（PBS）和美国国家公共电台（NPR）的诞生。大学，有许多是州立大学，比以往任何时候发展得都快，或者自此以后有很大的发展。这个时候，文化在很大程度上是代表两党的：艾森豪威尔将黑人爵士音乐家派往全世界，尼克松支持国家艺术基金会（这是否有些谋私利、政治上权宜之计的成分？是否包含民族主义的吹嘘？当然）。英国也推广自己的中等品位，比如BBC由肯尼斯·克拉克导演的电视系列片《文明的轨迹》

---

① 巴比特式人物（Babbitts）源自辛克莱·刘易斯的小说《巴比特》中主人公的名字，指那些价值观狭隘、只关心财富的人，尤其指自满、庸俗、目光短浅的中产阶级实业家或自由职业者。——译者注

(*Civilisation*)，由雅各布·布朗诺斯基执导的系列纪录片《人之攀升》(*The Ascent of Man*)。后来，卡尔·萨根编导了给人以丰富灵感的电视系列片《宇宙》(*Cosmos*)，这是美国中等品位的原创文化在这个时期最后的重要作品。

尽管文化和创意阶层历经兴衰荣辱，有一种经典的理念一直存在，它每个世纪都穿上不同的服装：戏剧、诗歌、音乐、艺术不单纯是消磨时光或者展示自己魄力的一个方式，它是通往真理和启蒙的一条道路。状态好时，这就是中等品位的共识能承诺的。中等品位向人们声明：文化是对更广泛的社会阶层开放的；要欣赏文化，人们无需很多培训，一点训练就够了；文化传统是值得了解的；艺术和娱乐不同；研究人文学科会让你更有深度；无论如何，那些创造、评估、传播艺术的人，不管他们对 GDP 有何意义，他们对我们的社会是极有价值的。今天，那些声明中的每一句都与后工业的技术专家治国论格格不入。

20 世纪中期时，形势是否有所好转？当然没有。那是一个合法隔离、隐瞒身份、性别角色打不破的世界，我对那个世界丝毫没有怀念之情。但是，有些东西我们已经拨乱反正。在这一相对公平的、经济学家称之为“大压缩”的时期，中产阶层快速增长，中等品位的共识也保证了文化的繁荣发展。在过去这几十年，创意阶层和中产阶层发觉自己的稳定生活受到了损害。我的理解是，他们会一起东山再起，或者同时跌落。我们最需要的是，将文化和中产阶层重新联系起来，重新缔造以前那种使这种关系运行良好的机构。这也意味着我们承认创意阶层需要中产阶层的某些保护。从传统上看，保护来自唱片公司、出版公司、订阅量大的报纸、工会等——这些机构自己将风险承担起来，让“内容的创造者”在学术上、创造性上保持相对的独立。在一个创意阶层和中产阶层互相分离的年代，他们的好日子也都快到头了。

这也有一种政治意义。无论左翼还是右翼，但凡诚实的人都会承认:依赖公司资助而不依赖真正的受众或混合经济的艺术家、记者绝对不是独立的。

当然,对19世纪放荡不羁的文化人或20世纪早期的现代主义者来说,寻找稳定的中产阶层的生活并在这样的生活状况里去创作艺术,这样的想法是愚蠢可笑的。但是,我们看看今天的学者:有些人把自己看成诉说真理的人,认为自己的工作独立于市场竞争和国家的权力。另外也有一些人,他们的自我概念比较谦卑。但是,几乎所有人都寻求一种稳定性,事业单位的终身职位或稳定工作能够保证的那种稳定性。学术界以及终身职位体系也许需要改革,但是只有那些最无情的新自由主义者才会辩解说:如果知识分子都是"自由职业者",教学和学术会变得更好。

20世纪中期中等品位的理念对文化和社会共融方式的理解是完美无缺、无可指摘的吗?可能不是。先锋派、低等品位者、高等品位者对它的攻击合理吗?甚或说,这些攻击在某些方面有成果吗?当然。从短期看,这些批评可能使人们对文化产生兴趣,或者一次性地向前推动创意阶层。但是,他们有意或无意地摧毁了一个重要的根基,其损失使创意阶层难以向前移动。未来某一天,人们可能会想起比"中等品位"更好的一个概念。在这之前,这个概念优于其他的选项——新自由主义派的实用主义珍惜文化仅仅因为它可以赚钱;极端保守主义逃避文化;伪激进的学术界认为文化的唯一价值是它的颠覆能力。经济上放宽管制削弱了创意阶层,社会规范的变化使艺术失去了荣耀,互联网以及相关的科技也使文化的中产阶层连续遭到打击。市场变得更小,而且执著于名人,与此同时,愚蠢地、无情地以极快的速度商业化。奉行高雅文化的先锋派稳稳地根植于学术界和基金会里,他们像封闭的社区那样存活下来,变得越来越不可接近。中等品位的阶层正在枯萎,仿佛久旱无雨之后渴望甘霖的花园。

我们要一心一意地支持文化的中产阶层这块阵地,帮助顽强的创意中产阶层，尽可能广泛地传播文化，这么做并不是说艺术老套乏味，令人窒息。我所希望的文化未必像这个陈旧咒语“中等品位”所暗示的那样狭窄。我并不是说，爱乐团体只是上演柴可夫斯基的交响曲和其他反复演出的陈腐的歌剧；我也不是说，博物馆只是展出人们熟悉的印象派大师一鸣惊人的作品。独立电影依靠中等规模的预算；独立摇滚乐的乐手和听众都来自中产阶层，尽管他们都反对“另类的”状态。过去 10 年，雄心勃勃的文艺电视节目激增，比如，《火线》(*The Wire*)、《广告狂人》和《国土安全》(*Homeland*)，它们在文化上是中等品位的，在经济上是由订阅和捆绑那些老掉牙的营销形式驱动的（这意味着这些电视节目不亏本）。中等品位绝对可以生机勃勃，而且难以预料。

显然，我们需要某种传统——文化左翼中许多人一直抵制的那种通用的语言。但是，每个人都在自己的方言里说、听这一通用的语言。我们不需要一种官方认可的文化。无论它是企业-商业版本的文化（以专辑为主导的摇滚乐无线电台不停播放的 Foreigner 乐团以及休伊·刘易斯的歌曲），还是斯大林主义的文化（小说的高潮部分有浇筑水泥的情景；作曲家肖斯塔科维奇运用了铿锵有力的、不协调的和弦，那位独裁者就重重地迫害这位作曲家），我们并不需要官方共识的文化。但是，我们确实需要参照标准。

中等品位的时代持续了三四十年（现在至少看起来像一个白银时代），它目睹了德怀特·麦克唐纳所讥笑的那种安全、传统的工作，也看到了具有挑战性的、别具一格的艺术。例如，今天很难想象像塞隆尼斯·蒙克这样真正激进的音乐家（像蒙克 1964 年那样）出现在《时代》杂志或者一本相对主流的杂志的封面上；很难想象像格伦·古尔德这样勇敢、充满想象力的古典艺术家能拥有他在 20 世纪五六十年代那样的追随者。那时，哈珀·李和雷·布拉德伯里是家喻户晓的名字；即使电视机频道比现在少得多，依然能看到罗伯特·弗罗斯特、詹姆斯·鲍德温。《艺术与建筑》杂志从 20 世纪 40 年代末到 60 年代早期曾做过案例房屋项目，然而，今天能有一本杂志引领一个以设计项目为自信的现代主义中产阶层的家庭服务吗？所有这些艺术类型，包括垮掉的一代、贝蒂·弗里丹、奥尼特·科尔曼，还有《党派评论》，带着从未有过的偏激的色彩，与中间派一同蓬勃发展。2007 年，达纳·乔亚在斯坦福大学的毕业生典礼上致辞，他说："我并不认为那时候美国人更英明，但是，那时美国的文化更英明：连大众媒体都更着重呈现广泛的人类成就。"

恢复中等品位并不意味着推广主流。它意味着唤醒学童和大学生对文化的激情；它意味着媒体要和"罪过"及奢华以外的东西联系起来；它意味着学者们关心学术机构围墙之外的话语的命运，并注意到他们的文章已经变得多么难以理解了。尽管埃德蒙·威尔逊、莱斯利·菲德勒和简·雅各布斯不可能认为自己是中等品位的，但是他们代表了当今环境之下不可能再出现的一种公共知识分子的风格。麦克唐纳在研究院的外面寻找艺术受众，避免跟学术圈子有瓜葛；如今，像麦克唐纳这样的思想家几乎是不可想象的。

这种恢复还依赖中型机构：足够大的新闻机构，可以承担严肃的项目，承受得起法律诉讼，但是不依赖地区性的垄断；中型电影制片厂能制作中型预算的电影，不是大腕如云的爆款电影，也不是那种根本找不到发行和销售渠道的微型预算的独立电影；出版业有一个健康的生态环境，允许销量中等的作家得以谋生。尽管我们有白手起家的传奇故事，但最终永垂不朽的艺术大多是由劳作了很多年的艺术家们创造的，他们奋斗了很多年，然后在他们身上或者艺术受众的身上才产生了某种东西，使一种突破得以诞生。倘若没有中等品位这一阵地，倘若我们坚持不懈地崇尚效率，那种突破就不会到来。

为一种通用的文化语言辩护，在当今肯定会被贴上保守的标签；为人人得享艺术而辩论最终会被认为是社会主义者而遭到谴责。究竟是什么让学生不再学习人文学科，让中产阶层的成年人不再去剧院看戏，让新闻机构迷失方向而不再提供富有价值的新闻报道？原因很简单：

钱。重要的事务如果没有了公共支持，它们就会逐渐离去。这说明，乔亚支持的那种典型的主流工作（莎士比亚、"大阅读"活动①、为退伍的老兵策划教育项目）需要艺术资助，戴维·塞夫顿在澳大利亚阿德莱德艺术节呈献的先锋派戏剧和试验音乐也需要艺术资助。没有强壮结实的主流文化，边缘文化就会日益枯槁并消失。

我不是在呼吁一种新的杂志出版商协会，但是，我呼吁我们对文化和新闻报道的支持需加倍增强。无线电广播因为企业合并和自动化几乎遭到摧毁，但是，它因为公共网络而复活。同样道理，我们的新闻源头也需要恢复元气。如果标题党的文章与思想缜密、谨慎细致的新闻报道之间的分离不可能再回来，如果订阅模式不可能恢复，我们则需要遵循北欧多数国家走过的路。这并非意味着拥有一个新的《真理报》（*Pravda*）新闻中枢，而是像英国给予 BBC 的公共支持或北欧国家（即使是自由市场模式的《经济学人》也称这些国家是世界上最民主的国家）给予新闻机构的公共支持。这并非意味着国家的控制，而是意味着一个牢固的基础，它让新闻界无论在公共领域还是私人领域的报道都更有进取精神。资助以及类似的支持在早期美国的新闻业里起了很重要的作用，我们现在不能只依靠几个基金会或慈善人士来挽救我们。顺便说一句，所有这一切所需的资金，跟我们的军事或监控预算相比，就是零花钱而已。

就健康文化来说，还有另外一个中间部分应当恢复，即文化中间人。书店的工作人员、报纸艺术评论家、电台音乐节目主持人、图书管理员等，他们在文化流通过程中起着关键作用；他们中的大多数人负责将艺术同非专业的受众联系起来。人们常常忽视他们的作用，科技空想家们将他们妖魔化，说他们是"精英主义者"。乔治·帕克写道："但是，守门

---

① "大阅读"活动是英国 BBC 于 2003 年举办的书籍票选活动，邀请英国全民票选最喜爱的 100 本小说。——译者注

人往往就是一道屏障，防止思想完全商业化，让有才华的新秀有时间缓慢地自我发展，并且学会讲述不易讲述的真理。”数字技术有用吗？公私合作关系呢？扩大了的非营利领域和重新修改的免税代码呢？也许有用。

21 世纪的许多挑战可能都是无法解决的。科技和经济领域的大趋势对创意阶层以及我以为珍贵的东西都是极其不利的，但是有些东西在我们的掌控之中。细节很复杂，而且，因为形势变化很快，所以在这里提出具体的解决方案可能是无意义的。

但是，我想看到这样的世界：在这个世界里，那些不写诗的人读诗，从中获取营养和智慧；那些不是舞蹈家的人参加舞蹈表演会；那些并非专业音乐家或者外国客商的人去听爵士乐演奏会；阅读、讨论小说的人以及在报纸杂志里了解作者及其思想的人逐渐增多而不是减少；学习乐器、支持音乐学校和音乐教师的不仅仅有孩子，还有成年人。每一座大小相当的城市都有一系列的书店、唱片店和演出场所；它还有一份质量上乘的报纸，敢于刊登与艺术相关的报道以及起监督作用的、坚定自信的新闻报道。有理想的、努力学习的学生能够上一所好大学，学习他们认为有意义的东西，长大后，能够为文化付出时间和金钱，并且关心它的未来。这意味着购买艺术作品、图书、出版物的人们从购得的商品中获得益处，和他们购买本地出产的绿色时蔬或阴生咖啡豆一样严肃认真。这意味着无名的艺术家或创意阶层中其他才华横溢的人士只要努力工作，就能在城市里生活。总的来说，它意味着这个世界与我们现在拥有的世界截然不同，甚至不同于我们将要进入的世界。如果不满怀憧憬，如果不激情澎湃，我们永远也不会有这样的世界；倘使有勇气，有行动，再加上一点儿运气，我们或许能抵达那个世界。

参考文献综述

引言:我们一起垮掉

本章几乎和本书其他部分一样,都源自我的新闻报道和研究。2011年10月1日,我为《沙龙》杂志撰写了那篇《创意阶层是一个假象》(*The Creative Class Is a Lie*)(www.salon.com/2011/10/01/creative_class_is_a_lie/)的报道,在此之前我还做了一系列的访谈,这篇引言就是以这些访谈为依据的。关于本章的内容,我还和评论家李・西格尔以及歌唱家、词曲作家理查德・汤普森有过交流。

关于博德斯图书集团的统计数据来自《美国新闻与世界报道》的一篇文章,即2011年9月16日里克・纽曼的文章《为何大企业都在裁员》(*Why Big Companies Are Axing Jobs*)(www.usnews.com/news/blogs/rick-newman/2011/09/16/why-big-companies-are-axing-jobs)。此前,纽曼还在《美国新闻》发表了一篇名为《12个行业仍在丧失就业机会》(*12 Industries Still Losing Jobs*)的文章。他在文章里提供了他称之为"传统出版业"的有关数据(http://money.usnews.com/money/blogs/flowchart/2010/11/10/12-industries-still-losing-jobs)。

罗伯特·麦克拉姆关于英国小说家的新闻报道是《卫报》2014 年 3 月 1 日的文章《从畅销书到破产：这是作家生活的终结吗?》(*From Bestseller to Bust: Is This the End of an Author's Life?*)(www.theguardian.com/books/2014/mar/02/bestseller-novel-to-bust-author-life)。

对戴维·拜恩的引述源自 2013 年《沙龙》杂志的一次访谈(www.salon.com/2013/12/21/david_byrne_do_you_really_think_people_are_going_to_keep_putting_time_and_effort_into_this_if_no_one_is_making_any_money/)。

贾米·奥尼尔的《今天的多萝西娅·兰格在哪儿?》刊登在 2011 年 9 月 12 日的《洛杉矶时报》(http://articles.latimes.com/2011/sep/12/opinion/la-oe-oneill-culture-20110912)。

唐纳德·加斯蒂斯的引语取自他的同名著作《遗忘：关于作家与作品》(Storyline Press, 1998)；拜厄斯·沃尔夫的引语出处在他给《1994 年美国最佳短篇小说》(*Best American Short Stories, 1994*)(Houghton Mifflin, 1994)撰写的引言里。

理查德·佛罗里达在研究中得出的结论，有一些我不赞同，但是他的研究对我在本书里所做的研究来说非常重要。我参考了他最重要的论著《创意阶层的崛起》(*The Rise of the Creative Class*)(Basic Books, 2012)；他的著作《大重启》(HarperCollins, 2010)对我的研究也颇有帮助。这篇引言里还提到其他一些著作：克里斯·安德森的《长尾理论》(Hyperion, 2008)和《免费》(Hyperion, 2010)；戴维·布鲁克斯的《乐园里的布波族》(Simon & Schuster, 2000)。然而这几本书的观点我实在不敢苟同。

我阅读了杰伦·拉尼尔的著作《你不是一个小玩意儿》(Knopf, 2010)、《谁拥有未来?》(Simon & Schuster, 2013)，不过，本章里的引语来自我和他的谈话。他的著作以很多种方式促进了本书的形成。《谁拥有未来?》里面有一句话——“当机器廉价得难以置信时,人就相应显得昂贵了”可以作为本书的题词。同样,我参考了安德鲁·基恩的著作《业余爱好者的狂热》(Doubleday, 2008),但是文中引用的他说的话来自一次电话访谈。

关于“退伍军人福利法案”以及其他对爵士乐手的教育给予的公共支持,我了解到的最好的研究就是马克·迈尔斯撰写的无比珍贵的社会历史《为什么爵士乐会产生》(*Why Jazz Happened*)(University of California Press, 2012)。

最后,我对巴黎波西米亚文化的了解主要归功于杰罗尔德·西格尔的作品《波西米亚的巴黎:文化、政治和中产阶层生活的边界,*1830～1930*》(Viking, 1986)。

第一章　当文化繁荣之时

本章的总体框架有一部分参考了戴维·拜恩的《音乐的奥秘》(McSweeney's,2012)、特德·乔亚的《西海岸的爵士乐》(*West Coast Jazz*)(University of California Press, 1998)、蕾切尔·科恩的《偶遇》(Random House, 2004)、简·雅各布斯不朽的作品《美国大城市的死与生》(Random House, 1961),还有她不甚有名的作品《城市的经济》(*The Economy of Cities*)(Vintage, 1970)。布鲁诺·拉图尔的行动者-网络理论,虽然常常应用于科学历史中,在文化研究方面证明也是很有用的。安德斯·布洛克和托宾·埃尔加德·詹森合著的《布鲁诺·拉图尔:混合世界里的混合思想》(*Bruno Latour: Hybrid Thoughts in a Hybrid World*)(Routledge, 2011)包含了一些对拉图尔英文翻译版的作品最清晰明了的评价。

对音乐学者罗伯特·芬克、文艺批评家亚当·基尔希、研究生戴维·布莱克以及艺术节目主持人克里斯蒂·埃德蒙兹的引语均来自电话访谈。

本章涉及三个地方的文化繁荣现象。就波士顿这部分来说，最重要的文本是彼得·戴维森针对20世纪50年代文学圈子的回忆录《逐渐消逝的微笑》(Knopf, 1994)。普拉斯、威尔伯、洛威尔以及其他诗人的诗歌都是我耳熟能详的，我顺手就写下来了。

在我撰写洛杉矶的文化繁荣时，我使用的最重要的参考书是亨特·德罗霍乔斯卡-菲尔普的《乐园里的叛逆者：洛杉矶的艺术界和20世纪60年代》(Henry Holt, 2011)。亚历山德拉·施瓦茨的《爱德·鲁沙的洛杉矶》(*Ed Ruscha's Los Angeles*)(Massachusetts Institute of Technology Press, 2010)是以南加州的电影、建筑和设计领域为背景研究艺术家鲁沙以及和他同龄的艺术家们，是一本非常有价值的书。

我也和艺术批评家戴夫·希基有过讨论。他曾经在洛杉矶生活过，他的著作《空气吉他》(*Air Guitar*)(Art Issues, 1997)以及《看不见的龙》(*The Invisible Dragon*)(University of Chicago, 2009)是我整本书的背景。

关于奥斯丁的文化繁荣，我参考的最关键的一本书是简·里德的《乡村摇滚乐奇异的崛起》(University of Texas Press, 2004)，它那漫无边际的风格跟它描述的场景非常匹配。彼得·多格特对另类乡村音乐的发展进行了10多年的研究和阐释，我认为他的著作《你准备好听乡村音乐了吗?》(*Are You Ready for the Country?*)(Penguin, 2000)的内容是最全面的。听音乐，从飞鸟乐队的专辑《牛仔的心上人》到露辛达·威廉斯的歌曲，丰富了我对乡村音乐的认识，使我看问题的视角更清楚。对这些艺术家(尤其是威利·纳尔逊)进行访谈，也给我带来丰富的信息。

关于奥斯丁的这部分，我还参考了我和音乐记者戴维·门科尼、埃德·沃德的谈话。

第二章　日渐消失的店员和地方感的逝去

与本章有关的报道大部分来自《沙龙》杂志 2011 年 12 月 18 日刊登的我的一篇文章《职员，安息吧》（*The Clerk, RIP*）（www.salon.com/2011/12/18/the_clerk_rip）。另外，我给《洛杉矶时报》写了两篇文章，追踪唱片店和书店职员的状况。这两篇文章分别是：2003 年 8 月 25 日刊登的《请听他们说话》（*Lend Them Your Ear*）（http://articles.latimes.com/2003/aug/25/entertainment/et-timberg25）；2004 年 12 月 9 日登载的《让你的世界旋转起来的唱片职员》（*The Music Clerks Who Can Spin Your World*）（http://articles.latimes.com/2004/dec/09/news/wk-cover9）。本章也参考了这些文章。

我做过多年文化销售员（在淘儿唱片店和两家书店）的工作，也认识做同类工作的其他人。我的这些体验，加上尼克・霍恩比的小说《高保真》以及斯蒂芬・弗里尔斯的同名电影《高保真》，还有凯文・史密斯的电影《店员》，这一切成为本章的基本背景。

史蒂夫・诺珀记录唱片业崩溃过程的著作《自我毁灭的欲望》（Free Press, 2009）以及我自己写的与独立摇滚乐有关的一些文章，对本章的撰写都有很大的帮助。

关于"地方感"这个概念，丽贝卡・索尔尼的著作比任何人写得都好。我主要参考了她的两部著作：《闯入天堂之门》（University of California Press, 2007），《浪游之歌：走路的历史》（Viking, 2000）。

迈克尔・沙邦的《电报街》（Harper, 2012）具体地关注唱片店及其职员创造的文化感、社区感。雷・奥尔登伯格的著作《那绝好的地方》（Paragon, 1989）笼统地概括了文化感、社区感的重要性。

皮克・耶尔热情洋溢地描写全球化，不过，在我和他用邮件交流时，他说到全球化的丧钟已敲响。本章中，我引用了我们邮件中的某些内容。我还引用了他的一篇文章，这篇文章收录在理查德·拉索主编的《我的书店》(Black Dog and Leventhal, 2012)一书中。

安德鲁·麦卡菲和埃里克·布林约尔松合著的两本著作《与机器赛跑》(Digital Frontier Press, 2012)和《第二次机器革命》(*The Second Machine Age*)(Norton, 2014)描述了从人工劳动到计算机劳动的转型。我跟麦卡菲有过两次电话沟通，本章中他的引语是从第一次电话交谈中摘录的。

温德尔·贝里的文章聚焦于人对土地、场所的感情，给了我长久的、莫大的激励。我对他的引述源自华莱士·斯特格纳1992年的文章《地方感》(*A Sense of Place*)，这篇文章后来收录在斯特格纳的《蓝色知更鸟为柠檬泉唱歌的地方》(*Where the Bluebird Sings to the Lemonade Springs*)(Modern Library, 2002)。这两位作者有关"地方感"的文章写得有力、传神。

对家庭财务稳定中心所做研究的报道出现在2013年9月19日玛丽·德拉奇·伦纳德为《圣路易斯灯塔报》(*St. Louis Beacon*)撰写的文章《五年之后：股市兴旺，但大多数家庭并未收回失去的财富》(*The Five-Year Mark: Stock Market Is Booming, but Most Households Have Not Regained Lost Wealth*)(https://www.stlbeacon.org/#!/content/32792/household_snapshot_hourglass_091713)。经济衰退后，洛杉矶的房租价格依然上涨。本章中这方面的信息来源于2013年7月18日"价格经济"(Priceonomics)网站的文章《旧金山房租暴涨》(*The San Francisco Rent Explosion*)(http://priceonomics.com/the-san-francisco-rent-explosion/)。

本章中我还参考了两本小说，即菲利普·K.迪克的《机器人会梦见电子羊吗?》(Doubleday, 1968)和唐·德里罗的《白噪音》(Viking, 1985)。

第三章 长期临时工和心甘情愿的被压迫者

本章关于零工经济的论述主要来源于我于 2011 年 10 月 13 日在《沙龙》杂志发表的文章《为什么"品牌化"不能拯救创意阶层》(*Why 'Branding' Won't Save the Creative Class*)(www.salon.com/2011/10/13/why_branding_wont_save_the_creative_class/)。

已故学者丹尼斯·达顿的著作《艺术本能》(Bloomsbury, 2009)对本章及其他章节都有很大的帮助。当然,我这么说,并不是意味着我赞同这位艺术哲学家从自由论的角度评价文化历史。本章我还参考了丹尼尔·平克的著作《自由职业者的国度》(Warner, 2001)。

文中引用的社会评论家托马斯·弗兰克的话,还有我对音乐家斯图和互联网怀疑论者杰伦·拉尼尔的引用,都是来自电话访谈(关于柯达公司被 Instagram 公司收购,这些信息来自拉尼尔的著作《谁拥有未来?》,我在前面也引用过这本书)。

在《连线》杂志的《众筹网站 Kickstarter 克隆品的袭击》(*Attack of the Kickstarter Clones*)(www.wired.com/design/2013/05/kickstarter-knockoffs/)这篇文章里我也找到了有用的信息和可以引述之处。

艺术家搬离日落公园街区的仓库建筑群,这一信息源自卡拉·巴克利 2014 年 3 月 7 日在《纽约时报》发表的文章《上涨的房租让纽约艺术家无家可归》(*Rising Rents Leave New York Artists Out in the Cold*)(www.nytimes.com/2014/03/09/arts/design/rising-rents-leave-new-york-artists-out-in-the-cold.html)。

第四章 独立摇滚乐那没有尽头的路

我和本章涉及的许多作家和音乐家都有电话交流或者面对面的访谈。与他们有关的信息主要的来源就是电话和访谈。这些作家有克里斯·鲁恩、罗伯特·莱文、史蒂夫·诺珀;音乐家有迪安·韦勒姆、戴维·洛厄里、克里斯汀·赫什、克里斯·斯特福利诺、约翰·麦克雷、理查德·汤普森,还有艺名为斯图的马克·斯图尔特。描述埃米莉·怀特和戴维·洛厄里之间争论的那部分内容来自于 2012 年《沙龙》杂志的文章《偷走这张专辑》(*Steal This Album*)(www.salon.com/2012/06/20/steal_this_album_what_happens_if_no_one_pays_for_music/)。

音乐之前景联盟所做的研究《艺术家的收入来源》(*Artist Revenue Streams*)(http://money.futureofmusic.org)包含很有价值的信息。我和该联盟的主管克里斯汀·汤姆森有过多次谈话,受益匪浅。该组织近期对音乐家以及医疗保险所做的研究是《诊脉于 2013 年》(*Taking the Pulse in 2013*)这篇文章(http://futureofmusic.org/article/research/taking-pulse-2013-artists-and-health-insurance-survey-results)。

在概括危机涉及的范围时,我发现有几本书称得上是无价之宝:鲁恩的《免费下载》(*Freeloading*)(OR, 2012)、爱德华多·波特的《凡物必有价》(*The Price of Everything*)(Penguin, 2011)、诺珀的《自我毁灭的欲望》(前面也引用过该书)、阿斯特拉·泰勒的《人民的平台》(*The People's Platform*)(Metropolitan, 2014)。我引用的有些音乐家的话也源自《免费下载》一书。迪安·韦勒姆的回忆录《黑色明信片》(*Black Postcards*)(Penguin, 2008)从一个音乐家的视角记录了独立摇滚乐的兴衰过程。罗伯特·莱文的《搭便车》(Doubleday, 2011)是本章也是其他章节的一本重要的参考书。

我找到了关于独立摇滚乐经济状况的一些优秀的文章。《音乐的新数学》(*Music's New Math*)是《纽约》杂志 2012 年 9 月 30 日刊登的与这个话题有关的文章(http://nymag.com/arts/popmusic/features/grizzly-bear-2012-10/),文章还附有许多有趣的图表和详细的乐队介绍。《灰熊乐队是独立摇滚乐的皇室成员,可这个称号能在 2012 年给他们买来什么?》(*Grizzly Bear Members Are Indie-Rock Royalty, But What Does That Buy Them in 2012?*)是尼图·阿比比的文章(www.vulture.com /2012/09/grizzly-bear-shields.html)。

艾琳娜·西蒙娜的文章《安静音乐的终结》(*The End of Quiet Music*)于 2013 年 9 月 25 日发表于《纽约时报》(http://opinionator.blogs.nytimes.com/2013/09/25/the-end-of-quiet-music/)。

艾伦·克鲁格在克利夫兰的讲话《摇滚乐、经济和中产阶层的重建》(*Rock and Roll, Economics, and Rebuilding the Middle Class*)可以在这个网站上找到:www.whitehouse.gov/blog/2013/06/12/rock-and-roll-economics-and-rebuilding-middle-class。

演唱会行业出版物《明星选票》(*Pollstar*)对音乐会顶层那些"1%"的人所获收益的数据,收集在 www.digitalmusicnews.com/permalink/2013/07/05/onepct 这个网站,并且有进一步的分析。

戴维·拜恩的引语来源于他 2013 年 10 月 11 日在《卫报》上发表的文章《互联网会吸走世上所有的创意内容》(*The Internet Will Suck All the Creative Content Out of the World*)(www.theguardian.com/music/2013/oct/11/david-byrne-internet-content-world)。

在谈到 Spotify 串流音乐服务时,贾森·肖格伦说的那句话来自于迈克尔·席格尔 2013 年 6 月 21 日发表于《纽约时报》的一篇文章(www.nytimes.com/2013/06/23/arts/music/roots-bands-in-the-wyoamericana-caravan-build-a-tour-themselves.html)。戴夫·艾伦谈到 Spotify 时说的那句话源自《喧闹》杂志刊登的他和里克·穆迪的对话;艾伦后来对音乐串流服务的批评委婉了许多(http://therumpus.net/2013/07/swinging-modern-sounds-46-the-distribution-problem-part-two/)。

关于佐薇·基廷的信息出现在斯图尔特·德雷奇 2014 年 2 月 24 日在《卫报》上的文章(www.theguardian.com/technology/2014/feb/24/

zoe-keating-itunes-spotify-youtube -payouts)。

比尔·凯勒对《禁止网络盗版法案》的评价，观点和我的几乎是一样的。参见他 2012 年 2 月 5 日在《纽约时报》发表的文章《偷走这个专栏》(*Steal This Column*)(www. nytimes. com/2012/02/06/opinion/steal-this-column.html?pagewanted=all)。

因立法问题，谷歌等公司向国会游说使用的资金等数据信息来源于莱文的著作《搭便车》。

清晰频道通信公司、无线电台合并、虚拟的唱片节目主持(即创造本地音乐节目主持人这一假象)，关于这些方面的信息，我获得的最好的资料是埃里克·博勒特在《沙龙》杂志上的报道，尤其是《无线电行业恃强凌弱的霸主》(*Radio's Big Bully*)这篇文章(www.salon.com/2001/04/30/clear_channel/)。

关于"卢克博士"的信息来源于约翰·西布鲁克 2013 年 10 月 14 日在《纽约客》上发表的文章《这位博士真时髦》(*The Doctor Is In*)。

引用埃罗尔·科洛辛的那句话来自于 2013 年 6 月 21 日《纽约时报》的一篇报道《谁需要评论家？用隐晦的方式倒好》(*Who Needs the Critics? Go Cryptic Instead*)(www. nytimes. com/2013/06/22/arts/music/who-needs-the-critics-go-cryptic-instead.html)。

温迪·福纳洛的《尘埃帝国：英国独立摇滚乐的美学和惯例》(*Empire of Dirt: The Aesthetics and Rituals of British Indie Music*)(Wesleyan University Press, 2006)从人类学的角度研究独立摇滚乐，其中的信息对本书很有帮助。

第五章　建筑业的灾难

本章涉及的报道和研究，有一部分来自于 2012 年我在《沙龙》杂志上发表的文章《建筑业的灾难》(www. salon. com/2012/02/04/the_ architecture_meltdown/)。为了修改那篇文稿并将其纳入本书,我又重新找到有关人士进行访谈,并和美国建筑师协会的研究总监詹姆斯·朱交换过意见。对平面艺术家所做的研究在本章中是全新的,为了这部分的研究,我访谈了埃里克·阿尔门德拉尔、丽贝卡·约翰逊、杰夫·克拉林和费利克斯·索克维尔。

克米特·贝克的那句话来自于美国建筑师协会 2013 年 6 月 19 日的新闻发布会《建筑业营业额指数的大反弹》(*Strong Rebound for Architecture Billings Index*)(www.aia.org/press/releases/AIAB099230)。该协会在 2014 年对营业额新的下降所做的报道,可见美国建筑师协会 2014 年 1 月 22 日的新闻发布会《建筑业营业额指数的再次下降》(*Another Decline for Architecture Billings Index*)(www.aia.org/press/releases/AIAB101427)。

有关平面设计专业的失业率,其统计数字来源于乔治城大学的研究《艰难的时代:大学的专业、失业率和收入》(*Hard Times: College Majors, Unemployment, and Earnings*),安东尼·P.卡尼瓦尔、谢阪(音译)著,乔治城公共政策研究所,大学教育与就业中心,2013 年(http://www9.georgetown.edu/grad/gppi/hpi/cew/pdfs/unemploy ment.final.update1.pdf)。

《纽约客》杂志关于 Powerpoint 软件的那篇文章是伊恩·帕克的《绝对的 Powerpoint》(*Absolute Powerpoint*)(www.newyorker.com/archive/2001/05/28/010528fa_fact_parker?currentPage=all)。

第六章　游手好闲的梦想家:对创意阶层的诅咒

本章的大部分内容都来源于我 2012 年为《沙龙》杂志撰写的《创意阶层未获同情》(*No Sympathy for the Creative Class*)这篇文章(www.salon.com/2012/04/22/no_sympathy_for_the_creative_class/)所做的

研究和报道。

国家艺术基金会发布的报告《艺术家就业状况》，其中的研究成果(http://arts.gov/publications/artists-workforce-1990-2005)奠定了本章的基础，在撰写本书其他的内容时，这一研究成果一直指引我的思路。美国劳工统计局对每个行业内的所有工种进行了统计，其数据也非常重要(www.bls.gov/bls/industry.htm)。除了上面我写的那篇文章以外，我还采访了艺术家、作家亚力克西斯·克莱门茨，同时也参考了艺术工作者和大经济组织(WAGE)对非盈利领域的艺术家所做的调查(www.wageforwork.com/resources/4/w.a.g.e.-survey-report-summary)。克莱门茨的文章《艺术家是如何获得薪酬的?》(*How Are Artists Getting Paid?*)2013 年发表于在线艺术杂志《超敏感》(*HyperAllergic*)(http://hyperallergic.com/75549/how-are-artists-getting-paid/)上。

莱斯利·菲德勒对美国人自我形象的解读主要是由他的著作《美国小说里的爱与死》(*Love and Death in the American Novel*)(Anchor, 1992)来阐述的。

罗伯特·布鲁斯汀的引语来自于我 2005 年在《洛杉矶时报》发表的一篇文章《情况危急》(*Critical Condition*)(http://articles.latimes.com/2005/may/22/entertainment/ca-critics22)。

菲利普·洛佩特的论文《最后的禁忌》收录在凯瑟琳·沃什伯恩和约翰·索顿编纂的《标准降低:美国文化的露天开采》(*Dumbing Down: Essays on the Strip-Mining of American Culture*)(Norton, 1996)一书中。

托马斯·弗兰克对市场崇拜的嘲弄，来自于他那部有先见之明的著作《上帝庇佑的市场》(*One Market Under God*)(Doubleday, 2000)。

路易斯维尔交响乐团申请破产保护，人们对此事毫无怜悯之心。这一现象引起我的注意是源于蒂姆·史密斯在 2011 年 1 月 4 日发表于《巴尔的摩太阳报》的一篇文章，该文的主要内容是“与反文化的大众作斗争”(http://weblogs.baltimoresun.com/entertainment/classicalmusic/2011/01/a_tough_battle_for_2011_fighti.html)。

关于好莱坞乐手的信息来自于理查德·位力尔在2014年5月27日发表于《洛杉矶时报》的文章《好莱坞之不和:乐手恳请好莱坞停止在海外为电影配乐》(*Discord in Hollywood: Musicians Implore Hollywood to Stop Scoring Films Overseas*)(www.latimes.com/entertainment/envelope/cotown/la-et-ct-musicians-outsourcing-20140527-story.html)。

第七章　印刷行业的终结

这章《印刷行业的终结》取材于我为日报、周刊、杂志当供稿人、当编辑的20年的收获和体会,其程度远远大于本书其他的章节。我的父亲、弟弟、妻子和许多朋友都是全职的或者兼职的新闻记者,他们的想法也给本章提供了许多信息。为了本章的撰写,我采访了基特·拉克利斯、罗伯特·麦克切斯尼、托马斯·伯恩·埃兹尔、戴维·戴利、萨沙·阿纳沃特、道格拉斯·麦克伦南、约翰·卡罗尔,还有曼诺拉·达吉斯、罗伯特·莱文、莱昂内尔·乔治、乔·马修斯、R. J.史密斯、拉姆齐·弗林、特德·乔亚、托尼·奥尔特加、玛丽亚·拉索,我和他们的交流也帮助我理清了思路。

我看问题的视角以及此处的一些数据(包括炮制稿件的人和新闻记者之间的数量比、活动于华盛顿的游说集团成员的数量)都来自罗伯特·麦克切斯尼和约翰·尼克尔斯撰写的《美国新闻业的死与生》(*The Death and Life of American Journalism*)一书的修订版(Nation,2010)。关于按需媒体、联合供稿网站、媒体公司Journatic的信息也是从这本书而来的。麦克切斯尼和维克多·皮卡德共同编纂的文集《最后一位记者请关灯》(*Will the Last Reporter Please Turn Out the Lights*)

(New Press，2011)几乎是一样重要的。我也参考了麦克切斯尼在《沙龙》杂志上发表的文章《主流媒体的崩溃》(*Mainstream Media Meltdown*)(www.salon.com/2013/03/03/mainstream_media_meltdown)。

理查德·罗德里格斯那一句引语出自他的著作《亲爱的：一本心灵自传》(*Darling：A Spiritual Autobiography*)(Viking，2013)。

本章引述泰勒·格林关于艺术家的话出自《圣迭戈渴望艺术评论家的回归》(*San Diego Wants Its Art Critic Back*)一文，2010 年 7 月 7 日发表在《现代艺术笔记》的网站上。苏珊娜·卡本诺关于舞蹈评论家的那一句引语是她讲给萨沙·阿纳沃特，又由阿纳沃特转述给我的。

蒂姆·鲁滕对《赫芬顿邮报》的评价源自《洛杉矶时报》2011 年 2 月 9 日的一个评论版专栏，原名为《美国在线？赫芬顿邮报。输家？新闻业》(*AOL？HuffPo. The Loser？Journalism*)(http://articles.latimes.com/2011/feb/09/opinion/la-oe-rutten-column-huffington-aol-20110209)。

约翰·卡罗尔 2006 年对美国报纸编辑协会的讲话已改编，融入《约翰·S.卡罗尔对报纸重要性原因的论述》(*John S. Carroll on Why Newspapers Matter*)这篇文章，于 2006 年 4 月 28 日发表在尼曼监督(Nieman Watchdog)网站上(www.niemanwatchdog.org/index.cfm?fuseaction=ask_this.view&askthisid=203)，该网站属于哈佛大学尼曼新闻基金项目。

克莱·舍克那篇重要的文章《报纸与思考那不可思考之事》(*Newspapers and Thinking the Unthinkable*)最先是 2009 年 3 月 13 日在他的博客里出现的(www.shirky.com/weblog/2009/03/newspapers-and-thinking-the-unthinkable/)。

道格拉斯·拉什科夫那段话选自他的著作《生活公司》(*Life Inc.*)(Random House，2011)。

迈克尔·沃尔夫关于页面浏览量的信息出处是《连线》杂志 2010 年 8 月 17 日的一篇文章《万维网死了。因特网万岁！》(*The Web Is Dead.*

Long Live the Internet)(www. wired. com/magazine/2010/08/ff _ webrip/)。

对网络新闻时代错误信息的描述来自克里斯托弗·海耶斯的著作《精英的没落》(*Twilight of the Elites*)(Broadway, 2012)。

雅各布·韦斯伯格那句话的出处是尼克·萨默斯 2010 年 11 月 10 日在《纽约观察者》(*New York Observer*)周刊发表的一篇文章(http://observer. com/2010/11/jacob-weisberg-was-a-web-pioneer-but-he-doesnt-much-care-for-what-works-on-the-web-now-can-slate-recover/)。

埃里卡·史密斯报业裁员网站是 http://newspaperlayoffs.com。

迈克尔·阿泽拉德的《我们的乐队可能是你的生活》(Little, Brown, 2001)讨论了媒体在促进独立摇滚乐运动的发展方面所起的重要作用。

迈克尔·舒德森的著作《发掘新闻》(*Discovering the News*)(Basic, 1978)是描述报纸业的一本很有帮助的社会历史著作,尤其是它谈到客观性的准则以及新闻敏感性的变化。

詹姆斯·法洛斯的《揭穿新闻界》(*Breaking the News*)(Vintage, 1997)是另外一本我参考的重要著作。汤姆·斯坦迪奇的著作《墙上书写:社交媒体前 2000 年》(*Writing on the Wall: Social Media —The First 2,000 Years*)(Bloomsbury, 2013)用长远的目光看待今天的变化。

我提到的《纽约客》关于《卫报》的那篇文章发表于 2013 年 10 月 7 日(www. newyorker. com/reporting/2013/10/07/131007fa_fact_auletta?currentPage=all)。

詹姆斯·奥谢的著作《来自地狱的交易》(*The Deal from Hell*)(Public Affairs, 2011)提供了许多与《论坛报》的崩溃有关的详细信息。

与 2002 年利润幅度有关的数据可以在约翰·莫顿的文章《重创》(*Buffeted*)里找到。该文发表于《美国新闻学评论》(*American Journalism Review*)2007 年 10～11 月的那一期(http://ajrarchive.org/

article.asp?id=4416)。

摩根·士丹利对《纽约时报》股票管理体系的批评是在《控制〈纽约时报〉的家族从摩根·士丹利手里撤资》(*New York Times Family Pulls Funds from Morgan Stanley*)这篇文章里描述的。该文于2007年2月2日发表于《纽约时报》交易录博客区(*DealBook*)(http://dealbook.nytimes.com/2007/02/02/ny-times-owners-pull-funds-from-morgan-stanley/)。

戴维·西蒙2009年对美国参议院讲话的网址是:www.reclaimthemedia.org/index.php?q=journalistic_practice/wire_creator_david_simon_testi0719。西蒙还写了一篇名为《竖起这堵墙》(*Build the Wall*)的文章,探讨报纸和有线电视之间的相似与不同之处。文章于2009年7月21日发表在《哥伦比亚新闻评论》(*Columbia Journalism Review*)这一学术刊物上(www.cjr.org/feature/build_the_wall_1.php?page=all)。

斯蒂娅·弗里兰的著作《巨富》(Penguin, 2012)用以作为本章还有其他章节的背景。

丹尼尔·布尔斯廷的著作《形象》(*The Image*)(Vintage, 1992)是一本经典之作,它会持续显示它的重要性,而且随着时间的流逝,它的内容会变得更真实。

本章中把非营利的调查性新闻报道和苹果公司的预算作比较,这一比较来自于阿斯特拉·泰勒的著作《人民的平台》(Metropolitan, 2014)。关于旧金山湾区的数字来自罗伊·格林斯莱德2014年6月4日在《卫报》上写的博客《"值班的"新闻记者越来越少》(*Fewer Journalists 'On the Beat'*)(www.theguardian.com/media/greenslade/2011/apr/13/us-press-publishing-newspapers)。

对阿尔·纽哈斯的描述以及托马斯·弗兰克所作的评价均来自弗兰克的《明亮而疯狂的工厂》一文,它于2010年12月发表于《哈珀杂志》

(http://harpers.org/archive/2010/12/bright-frenetic-mills)上。

说到与摇滚乐有关的博客和网站收受贿赂等问题,鲁恩的《免费下载》是最好的参考著作。新闻记者吉姆·德罗加提斯探讨了在音乐新闻上网后各个方面的标准发生的变化,他在这方面做了最早、最重要的工作。比如,2008 年 3 月 5 日《芝加哥太阳报》网站刊登的文章《Pitchfork 的创始人瑞安·施赖伯谈网站的新未来》(*Pitchfork's Ryan Schreiber Talks About the New Future of the Site*)(http://blogs.suntimes.com/music/2008/03/pitchfork_founder_and_indieroc_1.html)。

朱诺特·迪亚兹痛惜自己在网络上丧失的时间。这一信息源自亚历克斯·马尔 2013 年 3 月 8 日在《纽约时报书评》上发表的文章《百秒孤独》(*One Hundred Seconds of Solitude*)(www.nytimes.com/2013/03/10/books/review/one-hundred-seconds-of-solitude. html? pagewanted=1&_r=1)。

最近去世的媒体历史学家尼尔·波兹曼撰写的两本书《娱乐至死》(Penguin, 1985)、《技术垄断》(*Technopoly*)(Vintage, 1993)给本章以及其他章节都提供了资料。在本章,我对这两本书都有引述。

对斯文·伯克茨的引用源自《古登堡哀歌》(*The Gutenberg Elegies*)(Ballantine, 1994)一书。这本书跟我的整本书是呼应的。最后,还有克里斯托弗·拉希的著作,尤其他那篇文章《辩论:逝去的艺术》(*The Lost Art of Argument*),我的想法也与之共鸣。这篇文章说:"当辩论变成一种逝去的艺术,即使信息可能随时得到,信息也无法产生影响。"

第八章　自伤

我曾经是卫斯理大学的学生,学习后现代主义,学习与法国文化相关的理论。在这一章,我得出了意想不到的结论。为了撰写本章,我和罗伯特·芬克、特德·乔亚、安德拉斯·桑托、蒂姆·佩奇、萨沙·阿纳沃特面谈过，同时，我还和里克·穆迪用电子邮件进行了沟通。

波莫纳学院以及其他学校英语专业学生的信息来自于维尔林·克林肯博格 2013 年 6 月 22 日在《纽约时报》发表的文章《英语专业的衰亡史》(*The Decline and Fall of the English Major*)(www.nytimes.com/2013/06/23/opinion/sunday/the-decline-and-fall-of-the-english-major.html)。

亚当·高普尼克的那段引语来自《为何教英语?》(*Why Teach English?*)这篇文章。该文 2013 年 8 月 27 日登载于《纽约客》的博客专栏《扣人心弦之书:漫谈书与写作生活》(*Page-Turner: On Books and the Writing Life*)(www.newyorker.com/online/blogs/books/2013/08/why-teach-english.html)。

本章参考的特里·伊格尔顿的著作是《文学理论导论》(*Literary Theory: An Introduction*)(Blackwell, 1983)。

波兹曼的引语来自《技术垄断》(前面也引用过此书)。

本章有一本重要的参考书，就是罗南·麦克唐纳那本不厚的著作《批评家之死》(Continuum, 2007)。我在这本书里找到了对路易斯·坎普的引述。

托马斯·弗兰克描述了左翼、右翼两个派别在互利互依中强烈地反对对方。该描述源自《堪萨斯怎么了?》(Henry Holt, 2004)。弗兰克就课程内容所说的那句话，还有彼得·科汉的那句话均来自《哈珀杂志》2013 年 10 月刊登的文章《课程修改》(*Course Correction*)。

我所描述的波琳·凯尔的大多数评论(顺便说一句，我欣赏她的作品)都出现在《我为电影痴狂》(*I Lost It at the Movies*)(Little, Brown, 1965)一书里。

威廉·M. 蔡斯 2009 年秋季在《美国学人》发表的文章是《英语系的没落》(*The Decline of the English Department*)(http://theamericanscholar.org/the-decline-of-the-english-department)，内容包

括主修人文学科的学生数量不断下降的数据。文章发表以后，这一信息得到了广泛的报道。

阿瑟·丹托的作品《艺术终结之后》(*After the End of Art*)(Princeton, 1997)在某种程度上为本章提供了一个有用的文化框架。文中对丹托的引述来自这本书。

凯莎·波利特 1991 年 9 月 23 日在《国家》杂志上发表的文章是《为何阅读：适合我的正典》(*Why We Read: The Canon to the Right of Me*)。

本章所指的国家艺术基金会的研究是该基金会 2004 年发布的报告《岌岌可危的阅读：美国人的文学作品阅读状况调查》(*Reading at Risk: A Survey of Literary Reading in America*)。

肯·沃里克的引语来自于一段简短的视频，该视频是针对《美国偶像：1～4 季最佳真人秀》那张 DVD(2002)的一个专题节目。

劳拉·米勒说的那段话出现在《沙龙》杂志 2008 年 5 月 22 日刊登的一次讨论《谁谋杀了文学批评家？》(*Who Killed the Literary Critic?*)(www.salon.com/2008/05/22/critics_2/)。

我引用的关于流行音乐主义者的报道是乔迪·罗森在 2006 年 5 月 9 日发表在《Slate》杂志上的文章《流行音乐主义者的巨大危险》(*The Perils of Poptimism*)(www.slate.com/articles/arts/music_box/2006/05/the_perils_of_poptimism.html)。

弗兰克·里奇的引语来自我的《情况危急》这篇文章(前面也引用过)。

大卫·福斯特·华莱士的文章《众目窥一：电视和美国小说》(*E Unibus Pluram: Television and U.S. Fiction*)，收录在《所谓好玩的事，我再也不做了》(*A Supposedly Fun Thing I'll Never Do Again*)(Little, Brown, 1997)这本书里。

引用的《家庭问答》这部分内容来源于乔治·W. S. 特罗的著作《在

无背景的背景中》(Atlantic Monthly Press，1997)。该书对本章有非常重要的影响。

关于亚马逊的艺术品销售，文中的引语来自帕特里夏·科恩 2013 年 8 月 6 日在《纽约时报》艺术评论专栏发表的博客文章《亚马逊重新登陆网络市场》(*Amazon Re-Enters Online Market*)(http://artsbeat.blogs.nytimes.com/2013/08/06/amazon-expands-to-sell-art-online/?_php=true&_type=blogs&_r=0)。

我也引用了威廉·德雷西维兹的文章《品位的问题》(*A Matter of Taste*)。该文于 2012 年 10 月 26 日发表于《纽约时报》(www.nytimes.com/2012/10/28/opinion/sunday/how-food-replaced-art-as-high-culture.html)。

卡尔·威尔逊的《说爱》(Continuum，2007)是近年来最好的与音乐有关的专著之一，而且，正如我所论证的，这本书有点儿危险(有多少批评家可以获得这样的评价?)。有一本书曾经激发了威尔逊的灵感，那就是皮埃尔·布迪厄的《区别》(Harvard University Press，1984)，对这本书我也有着同样复杂的情感。

国家对大学的资助越来越少，对这方面的研究有一些优秀的著作；对我所谴责的一些学术动向，也有一些资料是为之辩护的。迈克尔·伯鲁比的思想已经产生了 20 多年的影响。我也阅读了他那清醒、睿智的作品《人文学科的自由是什么》(*What's Liberal About the Liberal Arts*)。我把它作为本书的背景信息。

还有其他一些图书为本章提供了重要的论据支持，包括路易斯·梅南德的《思想的市场》(*The Marketplace of Ideas*)(Norton，2010)、丹尼尔·贝尔的《资本主义的文化矛盾：20 周年纪念版》(Basic，1996)、托尼·朱特的《记忆小屋》(*The Memory Chalet*)(Penguin，2010)、拉希的《精英的反叛》(*The Revolt of the Elites*)(Norton，1996)、雅克·巴赞的《我们应有的文化》(*The Culture We Deserve*)(Wesleyan University

Press，1989）。

拉塞尔·雅各比的著作《最后的知识分子》（Basic，1987）对本章和其他章节的思想都产生了影响。

第九章　迷失在超级市场里：赢者通吃

为了在本章阐述赢者通吃的文化，我阅读了很多与经济和资本主义有关的书籍，包括乔伊斯·阿普尔比的《无情的革命》（*The Relentless Revolution*）（Norton，2010）、保罗·克鲁格曼的《兜售繁荣》（*Peddling Prosperity*）（Norton，1994）、罗伯特·赖克的《超越愤怒》（*Beyond Outrage*）（Vintage，2012），还有亚当·斯密、卡尔·马克思、约翰·梅纳德·凯恩斯、约翰·肯尼斯·加尔布雷斯、约瑟夫·熊彼特以及其他人的著作。我撰写本章时，给我启发最大的作品是罗伯特·H. 弗兰克和菲利普·J. 库克合著的作品《赢者通吃的社会》（*The Winner-Take-All Society*）（Penguin，1996）。我跟弗兰克有过短暂的讨论，还阅读了他的《落后》（*Falling Behind*）（University of California Press，2007），阅读了《纽约时报》刊登的他的大部分的新闻报道。雅各布·哈克和保罗·皮尔逊合著的《赢者通吃的政治》（*Winner-Take-All Politics*）从政治的角度而不是从经济的角度分析了同一个问题。

我和罗伯特·芬克、理查德·罗德里格斯、卡伦·斯藤海默、肯尼·伯勒尔、理查德·汤普森、迪安·韦勒姆、加里·吉丁斯、范·戴克·帕克斯还有其他人的谈话、通信都使我在本章中思路更清晰。我引用了斯藤海默的《名人文化和美国梦》（Routledge，2011）以及我们的谈话。

丹尼尔·T. 罗杰斯的《断裂的年代》（*Age of Fracture*）（Harvard University Press，2011）体现了很强的洞察力，是与近代历史有关的最好的书籍之一。我在本章里描述的有些现象，在罗杰斯的书里能找到以文化为视角的精辟的解释。乔治·帕克的《解密》（Farrar，Straus &

Giroux，2013)一书既热情奔放又冷酷严峻。从新闻工作的角度看，本书与《解密》的观点有相似之处。

保罗·福塞尔的引语来自他那本可爱的书《格调》(*Class*)(Touchstone，1983)。

琳达·奥布斯特的《好莱坞夜未眠》(*Sleepless in Hollywood*)(Simon & Schuster，2013)论述了电影业发生的变化，为本书提供了一个重要的背景；我对她的引述源自我和她的一次谈话。我当时和她交流是为了撰写《沙龙》杂志 2013 年 7 月 21 日的文章《有线电视前来拯救》(*Cable TV to the Rescue*)(www.salon.com/2013/07/21/cable_tv_to_the_rescue_will_the_quality_subscription_model_work_for_books_movies_music/)。

美国公司 CEO 与普通员工收入的对比数据来源于美国劳工联合会-产业工会联合会(AFL-CIO)的《高管薪酬观察》(*Executive Pay Watch*)。帕特·加罗法洛在《世界 500 强 CEO 平均收入是普通员工的 380 倍》这篇文章里提供了详细的信息，于 2012 年 4 月 19 日发表于美国新闻博客《进步思考》(*Think Progress*)(http://thinkprogress.org/economy/2012/04/19/467516/ceo-pay-gap-2011/#)上。赛义德·基拉尼撰写的文章《对冲基金经理约翰·保尔森一小时的收入比大多数人一生的收入还多而且缴税的比例更低》(*Hedge Funder John Paulson Earns More Hourly than Most Americans Do in a Lifetime and Pays a Lower Tax Rate*)重述了对冲基金经理约翰·保尔森的收入。这篇文章于 2011 年 5 月 13 日发表于美国新闻博客《进步思考》(http://thinkprogress.org/politics/2011/05/13/166068/hedge-funder-john-paulson/)上。拉里·埃利森的收入信息在马克·卡林 2013 年 7 月 2 日在 BuzzFlash.com 网站上的文章《甲骨文公司 CEO 每小时的收入是普通美国工人一年的收入》(*Oracle CEO Earns Hourly What Average US Worker Makes in a Year*)(www.truth-out.org/buzzflash/commentary/oracle-ceo-earns-hourly-what-average-us-worker-makes-in-a-year/18065-oracle-ceo-earns-hourly-what-average-us-worker-makes-in-a-year)。

凯瑟琳·拉姆佩尔说到的“繁荣、萧条、倒卖”现象源自《纽约时报杂志》(*New York Times Magazine*)2013 年 10 月 1 日的文章(www.nytimes.com/2013/10/06/magazine/boom-bust-flip.html)。

关于经济衰退期间以及衰退后的岁月里那些与经济和财富有关的数字来自保罗·克鲁格曼的评论版专栏文章《富人的恢复》(*Rich Man's Recovery*)。该文 2013 年 9 月 12 日刊载于《纽约时报》(www.nytimes.com/2013/09/13/opinion/krugman-rich-mans-recovery.html)。

美国中央情报局的《世界概况》与国民收入分配的有关信息出自《家庭收入分配-坚尼系数》,美国中央情报局,《世界概况》(https://www.cia.gov/library/publications/the-world-factbook/rankorder/2172rank.html)。世界银行的坚尼系数出自 http://data.worldbank.org/indicator/SI.POV.GINI。

苏珊娜·穆尔在《卫报》的专栏文章《中产阶层的灭亡会削弱我们的民主国家》(*The Death of the Middle Class Will Undermine Our Democracy*),发表于 2013 年 8 月 28 日(www.theguardian.com/commentisfree/2013/aug/28/death-middle-class-undermine-democracy)。

我在文中提到的托马斯·皮凯蒂和加布里埃尔·朱克曼的报告出自《资本的归来:1700～2010 年间富裕国家的财富-收入比》,2013 年 7 月 26 日,巴黎经济学院(www.parisschoolofeconomics.com/zucman-gabriel/capitalisback/PikettyZucman2013WP.pdf)。

关于性别选择和一夫一妻制的信息来源于弗兰克和库克的著作《赢者通吃的社会》。阿伦·阿舍的引语也来自这本书。

海斯的数字来自《精英的没落》(前面引用过该书)。

对伊丽莎白·比林顿、查理·卓别林的简单介绍以及音乐录制的转型的信息出自弗里兰的作品《巨富》(前面也引用过这本书)。

文中提到的受《美国偶像》的启发而给艺术家颁奖的艺术博物馆是洛杉矶的哈默博物馆，这家博物馆通常都是很理性的。

杰德·珀尔在《新共和》(*New Republic*)杂志上发表的对“沃霍尔主义”的看法是在2012年《沃霍尔主义的诅咒》(*The Curse of Warholism*)(www.newrepublic.com/article/books-and-arts/magazine/110175/the-curse-warholism)这篇文章里。

关于Lady Gaga的数字和引述来自于阿妮塔·埃尔伯斯的著作《爆款》(Henry Holt, 2013)，Slate网站上有节选(www.slate.com/articles/business/when_big_businesses_were_small/2013/10/lady_gaga_artpop_how_the_icon_s_grass_roots_approach_to_stardom_turned_into.html)。

蒂莫西·诺厄的《大分流》(*The Great Divergence*)(Bloomsbury, 2012)帮助我拟定了本章的框架。

迈克尔·德达与畅销书排行榜有关的文章是《出版业错误的数字》(*Publishing's Wrong Numbers*)，发表于2011年夏季的书评杂志《图书论坛》(http://bookforum.com/inprint/018_02/7780)上。

关于学术界“兼职的陷阱”，我了解到的最好的文章是《半岛电视台英语频道》(*Al Jazeera English*)的专栏作家萨拉·肯济奥尔撰写的。她的一篇重要的文章是2013年4月11日发表的《学术界的契约仆人》(*Academia's Indentured Servants*)(www.aljazeera.com/indepth/opinion/2013/04/20134119156459616.html)。

戴维·凯尔关于林书豪的那篇报道《媒体对林书豪的炒作在种族问题上栽了跟头》(*Media Hype for Lin Stumbles on Race*)于2012年2月19日发表于《纽约时报》(www.nytimes.com/2012/02/20/business/media/jeremy-lin-media-hype-stumbles-on-race.html)。

戴维·拜恩的引语来源于他2013年10月7日在《卫报》发表的专栏文章《如果1%的人让纽约的创意人士窒息，我这就走》(*If the 1%*

Stifles New York's Creative Talent, I'm Out of Here)(www.theguardian.com/commentisfree/2013/oct/07/new-york-1percent-stifles-creative-talent)。

约翰·罗尔斯《正义理论》(*A Theory of Justice*)最初是在1971年出版的,我阅读的是修订版(Belknap, 1999)。

后记:恢复中间部分

本书结语部分的主要内容就像其他部分一样,源自我二三十年的思考、讨论所得。这里列出一些比较具体的文献。

对芭芭拉·艾伦瑞克的引述来自《害怕倒下:中产阶层的内心世界》(*Fear of Falling: The Inner Life of the Middle Class*)(Harper, 1990)。

我对历史的概述参考了许多文本,包括弗兰克·P.钱伯斯的《品位的历史》(*A History of Taste*)(Greenwood, 1971)、阿诺德·豪泽的《艺术的社会历史》(*The Social History of Art*)(Knopf, 1951)、亨利·雷纳的《音乐的社会历史》(*A Social History of Music*)(Barrie & Jenkins, 1972)、约翰尼斯·奎斯顿的《异教和基督教习俗中的音乐和敬拜》(*Music and Worship in Pagan and Christian Antiquity*)(Pastoral Press, 1983)、约翰·兰德尔的《古希腊和古罗马的音乐》(*Music in Ancient Greece and Rome*)(Routledge, 2001)。

文中对巴黎放荡不羁的文化人的描述,出自杰罗尔德·西格尔的《波西米亚的巴黎》(前面也引述过该书)、玛丽·格鲁克的《流行的波西米亚》(*Popular Bohemia*)(Harvard University Press, 2008),还有波德莱尔的诗歌和随笔,尤其是《现代生活的画家及其他随笔》(*The Painter of Modern Life and Other Essays*)(Phaidon, 1995)这本文集中的作品。

利奥·布劳迪的《声望的狂热》(*The Frenzy of Renown*)(Vintage,

1997）和彼得·盖伊的《史尼茨勒的世纪》（*Schnitzler's Century*）（Norton，2002）帮助我明察历史。同样，埃里克·霍布斯鲍姆仔细审视"漫长的19世纪"而撰写的技艺精湛的三部曲——《革命的年代》（*The Age of Revolution*）（Vintage，1996）、《资本的年代》（*The Age of Capital*）（Vintage，1996）和《帝国的年代》（*The Age of Empire*）（Vintage，1989）——为本书提供了不可或缺的背景。

德怀特·麦克唐纳的文章收录于《美国精神之逆反》（*Against the American Grain*）（DaCapo，1983）一书中。

引用达纳·乔亚的那句话来自于他在2007年6月17日在斯坦福大学毕业生典礼上的致辞。

埃里克·菲谢尔的引语出自他的回忆录《坏男孩：我画布里外的人生》（*Bad Boy: My Life On and Off the Canvas*）（Crown，2013）。

乔治·帕克的引语来自于他2014年2月17日在《纽约客》上发表的文章《廉价的文字》（*Cheap Words*）（www.newyorker.com/reporting/2014/02/17/140217fa_fact_packer?currentPage=all）。

其他文献

不管引用与否，有许多书都赋予我很多的信息，让我看问题的视角更清晰。这些书包括：

Nicholas Carr, *The Shallows* (Norton, 2011)

James Lincoln Collier, *Jazz* (Oxford, 1993)

Matthew B. Crawford, *Shop Class as Soulcraft* (Penguin, 2009)

Ben Davis, *9.5 Theses on Art and Class* (Haymarket, 2013)

David Denby, *Do the Movies Have a Future?* (Simon & Schuster, 2012)

Terry Eagleton, *After Theory* (Basic, 2003)

Dana Gioia, *Can Poetry Matter? Essays on Poetry and American Culture* (Graywolf, 1992)

Lucy Lippard, *Overlay* (Pantheon, 1983)

Leo Marx, *The Machine in the Garden, 35th Anniversary Edition* (Oxford, 2000)

Yevgeny Morozov, *The Net Delusion* (Public Affairs, 2011) and *To Save Everything, Click Here* (Public Affairs, 2013)

Vance Packard, *The Hidden Persuaders* (Pocket, 1958) and *The Status Seekers* (Pocket, 1961)

Robert Putnam, *Bowling Alone* (Touchstone, 2000)

Douglas Rushkoff, *Present Shock* (Current, 2013)

Lee Siegel, *Against the Machine* (Spiegel & Grau, 2008)

Patti Smith, *Just Kids* (HarperCollins, 2010)

Sarah Thornton, *Seven Days in the Art World* (Norton, 2008)

Louis Uchitelle, *The Disposable American* (Knopf, 2006)

David Foster Wallace, *Infinite Jest* (Little, Brown, 1996)

Margot and Rudolf Wittkower, *Born Under Saturn* (Random House, 1963)

致　谢

在撰写本书的过程中，我得到了许多人的帮助。有几百个信息提供者，感谢他们愿意做我的采访对象，肯花时间跟我讲话，尤其是创意阶层中我的同仁和朋友，他们不得不为了讲述自己的经历而揭开事业发展中痛苦的伤疤。本书对他们大多数人都有引用，有些人未加引用。但是，他们所有的人都帮助我更深入地探索本书的主题，理解人们付出的代价，遭受的损失。在我酝酿本书时，也多亏他们和我不断地讨论，让我的观点更加明朗。

衷心感谢戴维・帕克、R. J. 史密斯、莱昂内尔・乔治、吉姆・米勒、玛丽亚・拉索、彼得・比德尔贝克、艾梅・韦斯特、斯坦・霍尔和弥尔顿・穆尔，在我撰写此书的过程中，他们花时间阅读了我全部或者部分的书稿。

我特别地向特德・乔亚表达感谢，他有很强的洞察力，在两年的时间内他无数次给我提出建议，而且审读我写好的章节。在本书撰写的最后阶段，我的弟弟克雷格・蒂姆伯格开始协助我，认真谨慎地阅读了我即将成书的文稿，让此书又有了很大的提升。

几年前，我的父亲罗伯特・蒂姆伯格邀请我回到马里兰州的家里，和我一起讨论，为本书的思想献计献策。虽然我们谈了很久思想的火花才亮起来，但是，没有我父亲的启发，也就没有这本书，这么说不算夸张。另外，我也感谢我其他的家庭成员。多年来，他们一直爱我、支持我，吃饭的时候也在帮我提高我的论证、思辨的能力。

本书背后的理念，有一部分来自于曾经教过我的许多伟大的老师，比如，我读大学本科时的导师、卫斯理大学的哈其格・托洛扬。

戴维・戴利是我的老朋友，也是《沙龙》杂志的编辑。2011 年他告诉我，需要关注创意阶层的悲凉状况，从此就开启了与本书有关的项目；他也曾编辑过本书的一些章节的最初版本。我的代理人戴维・帕特森对本书的论证有很深的体会；某些时候，我们的讨论十分激烈，但他依然能保持冷静的头脑。

非常感谢我的编辑史蒂夫・沃瑟曼，还有耶鲁大学出版社的团队，包括助理编辑埃里克・汉森和文字编辑菲利普・金。我和史蒂夫十几年前初次见面，我想，我们谁都不曾预料，我们最终会合作。

我的一个老朋友埃文・加夫尼在最后关头给我设计了本书的封面。我们两人六年级时就认识了，高中的时候一起办文学杂志；他能来参与这个项目，实乃一大荣幸。

我非常感谢加利福尼亚州的格伦代尔、伯班克和帕萨迪纳公共图书馆，还有罗耀拉玛丽蒙特大学（我在这里教过两个学期的课程）的汉农图书馆。还有位于洛杉矶鹰岩和高地公园两个社区的好几个咖啡屋，我深表感谢，我在里面占用了太多的空间，太长的时间。我的几位吉他老师，他们让我对音乐生活有了与以往不同的视角。我曾在名副其实的、毫无名气的 Slowpoke 和 Subterraneans 这两个车库乐队里演奏，在那些后来证明是极其艰苦的日子里，是我的那些乐手同伴们让我头脑清醒，脚踏实地。这本书前面描述过我失业，失去房屋，同样也是相当痛苦的经历。有朋友帮助了我，使我不至于被这些不幸的事件击倒：你们知道的，我双手献上永恒的感激。当一个人被踢到马路边时，他知道友谊的珍贵。

从更大的意义上说，我从《新伦敦日报》(*New London Day*)、《洛杉矶新时代报》(*New Times Los Angeles*)、《洛杉矶时报》的同事们身上学到了与写作、文化、生活有关的很多东西。每当回忆起我为这三份出版物工作的岁月，一股强有力的暖流就涌上我的心头。

这本书有几章是在《沙龙》杂志上发表过的文章，我做了或大或小的修改。这几章得到许可，纳入本书重印。

第二章关于唱片店的一些资料，最初是我给《洛杉矶时报》写的两篇文章；在本书重印时，也得到了许可。版权：斯科特·蒂姆伯格，2003 & 2004，《洛杉矶时报》。

最后，我要谢谢我的妻子萨拉·斯克里布纳。很多年前，我们在好莱坞行吟诗人剧场邂逅时，她是一个音乐记者，现在依然是我最钟爱的读者。

《城市研究系列》总目

☑ 已出版，☐ 待出版

- ☑ 马克思主义与城市
- ☑ 保卫空间
- ☑ 城市空间的社会生产
- ☑ 城市：非正当性支配
- ☑ 现代性和大都市
- ☑ 驱逐：全球经济中的野蛮性与复杂性
- ☑ 浮现的世界：21 世纪的城市与区域
- ☑ 空间问题：文化拓扑学和社会空间化
- ☑ 文化崩溃：创意阶层的衰落
- ☐ 为增长而规划：中国的城市与区域规划
- ☐ 社会理论和城市问题
- ☐ 未来是什么？
- ☐ 阁楼生活方式：城市变化中的文化与资本